JN431968

프로그램개발의 새로운 패러다임

개 입 연 구

홍순혜 · 이시연 공저

청목출판사

머리말

개입연구를 처음 접하게 된 것은 1988년, 그러니까 약 20년 전의 일이다. 미국 미네소타대학 박사학위과정 중에 수강했던 모델개발 수업을 통해서였다. Rothman교수와 Thomas교수와 『개입연구(*Intervention Research*)』 책의 일부를 함께 썼던 Ronald Rooney 교수가 개입연구에 대해 강의하였다. 참 유용한 내용이라고 생각했다. 한국에서 교수생활을 하면서 현장에 효과적인 개입이 부족하다는 생각이 들 때마다 개입연구를 보급하고 싶다는 생각을 했다. 개인적으로는 수년간 박사과정에서 개입연구를 가르쳤다. 하지만 개입연구의 교과서라고 할 수 있는 Rothman과 Thomas의 책 『개입연구』가 편집된 책인데다가 이해하기가 쉽지 않아 많은 학생들이 배운 것을 논문으로 연결시키지 못했다. 아마 가르치는 교수의 자질부족도 한 몫을 했을 것이라고 생각한다. 다행이 이 책의 또 다른 저자인 이시연 교수가 개입연구를 활용하여 박사논문을 썼고 현재 몇몇 학생들도 개입연구 논문을 진행 중에 있다.

실천현장에서 사회복지사로 일하면서 우리 현실에 적합한 효과적인 프로그램을 찾기 어렵다는 점에 늘 고민했다. 박사과정에서 홍순혜 교수님으로부터 개입연구를 배우면서 개입연구가 이러한 고민을 풀어가기 위한 효과적인 방법이 될 수 있을 것이라는 생각을 했다. 최근에는 프로그램 개발 및 평가에 대한 관심이 증가하고 개입의 효과성을 과학적으로 검증하기 위한 연구자와 실천가의 노력이 이루어지고 있지만 효과적인 개입을 개발하기 위한 체계적인 과정에 대한 이해는 여전히 부족하다. 개입연구는 개입의 효과성 검증뿐만 아니라 개입을 개발하는 체계적인 과정을 제시하고 안내하는 유용한 도구가 될 것으로 생각된다.

얼마 전 미국 유학 중 개입연구를 접할 기회를 가졌던 서인해 교수가 개입연구의 필요성을 주장하는 논문을 발표하였다. 반가운 마음으로 저자들은 이제는 보다 적극적으로 개입연구를 국내에 소개해야겠다는 생각을 하게 되었다. 현장실험 없이 외국의 모델이나 프로그램을 실제 실천현장에 그대로 가져다 쓰거나, 충분한 문헌검토 없이 개입을 디자인하여 곧바로 평가에 들어가고, 개발된 개입이 보급되지 않은 채 일개 기관에서만 사용되거나 일회 사용 이후 사장되는 우리의 현실에서 개입연구방법이 기여할 바가 많다고 생각하였다.

그동안 준비해온 자료들이 많이 있었음에도 불구하고 책 집필에 많은 애를 먹었다. 왜 Rothman과 Thomas의 책이 그다지 쉽게 와 닿지 않는지 이해할 수 있었다. 그들도 설명하기 어려웠을 것이라는 생각을 했다. 어떻게 설명을 해야 잘 전달이 될까 고민을 많이 했다. 그래서 생각해 낸 것이 본문의 곳곳에 예시를 삽입하는 것이었다. 앞으로 많은 연구들이 진행되면 더 좋은 예시들로 대체할 수 있으리라 생각한다.

이 『개입연구』 책에 담긴 내용들은 여러 면에서 유용성이 있다. 개입연구 전체 과정을 이해할 수 있도록 돕는다는 점에 가장 큰 유용성이 있겠지만, 실행가능성 평가, 메타분석, 체계적 연구합성, 디자인, 보급의 개념 등은 앞으로 사회복지연구에 많은 기여를 할 수 있을 것으로 생각된다.

개입연구는 계속 발전되어 가고 있는 방법론이다. 따라서 앞으로 이를 연구하는 우리의 학자들이나 학도들이 새로운 방법들과 기법들을 추가해 가면 좋을 것이다. 일본의 Shibano 교수나 호주를 비롯한 여러 나라의 개입연구센터들이 시도하는 개입연구 과정의 간략화나 간편화도 현장 실무자들의 활용도를 높이는데 도움이 될 것으로 생각된다. 비록 저자들이 고유의 창의적 아이디어를 가지고 시작한 저술활동은 아니지만 이 책을 통해 개입연구가 보다 정리되고 우리 현장에 이를 보급하는 계기가 되었다면 더 바랄 것이 없다.

이 책은 모두 4부 14장으로 구성되어 있다. 1부(1-3장)는 3개 장으로 되어 있는데, 1장에서는 개입연구의 필요성을 제시하였다. 2장에서는 개입연구의 범위, 개념, 목적, 특성, 과정, 학문적 토대 및 발전과정 등 개입연구에 관한 기초지식을 살펴보았다. 3장에서는 개입연구의 각 단계를 깊이있게 설명하기 이전에 개입연구의 전체 과정을 개괄적으로 살펴보는 기회를 마련하였다. 2(4-9장)부에서는 개입연구의 과정을 단계별로 구체적으로 다루고 있다. 4장은 개입연구의 첫 번째 단계인 분석 및 기획 단계를 기술하고 있는데, 문제 확인 및 분석, 개발 목적 설정, 실행 가능성 확인, 프로젝트 기획, 정보검토 개시, 현장과의 협력적 관계 구축 등의 과업을 중점적으로 살펴보고 있다. 5장은 정보수집 및 통합단계로, 정보원 결정, 정보검색 및 자료수집, 정보통합 등에 대해 설명하였다. 6장은 디자인 단계로서, 우선 좋은 개입이란 무엇을 의미하는지 살펴보았으며, 개발의 유형을 검토하고, 개입연구에서의 디자인 과정과 이에 관련된 과업들을 제시하였다. 7장은 현장실험 및 초기개발 단계로, 디자인을 통해 개발된 프로토콜을 현장에 처음 적용해 보고 이 결과를 토대로 초기 프로토콜을 수정하는 작업을 설명하고 있다. 이와 관련하여 현장실험 준비, 현장실험 실행, 초기개발에 대해 살펴보았다. 제 8장은 현장실험을 통해 수정된 개발물을 효과성 검증을 통해 보다 나은 형태로 수정하는 평가 및 후기개발 단계를 설명하고 있다. 이와 관련하여 평가 준비, 평가 실행, 후기개발의 내용을 다루고 있다. 9장에서는 보다 잘 수정된 개발물을 보급하고 사후관리하는 과정을 다루고 있다. 3부(10-12장)에서는 개입연구에서 매우 중요한 과업 중의 하나인 정보검색과 정보통합을 예시와 함께 별도로 상세히 다루고 있다. 특히 10장에서는 컴퓨터로 문헌을 검색하는 방법을 자세한 예시와 함께 다루고 있으며 11장과 12장에서는 정보통합 방법 중 메타분석과 체계적 정보합성 방법을 예시와 함께 자세히 분석, 기술하고 있다. 4부(13-14장)에서는 개입연구에 대한 보다 큰 이해 도모를 위해 우리나라에서 발표된 논문 2편을 중심으로 개입연구의 과정을 검토해 보았다.

이 책의 집필과 관련해 여러 사람들이 도움을 주었다. 특별히 이 책을 위해 정보검색의 실제 부분을 집필해 준 서울여대 박사과정의 정은주에게 감사한다. 또한 학회지에 발표된 원고의 요약발췌본을 이 책에 실을 수 있도록 허락해 준 서진환 교수에게도 감사한다. 수업을 통해 좋은 의견들을 공유해준 서울여대 박사과정 학생들에게도 감사한다. 그리고 여러 차례에 걸친 원고 수정에도 불구하고 꼼꼼히 원고를 편집해 준 청목출판사분들께도 감사를 드린다. 그리고 마지막으로 앞으로 이 책의 결점과 함께 개선방안들을 제시해 줄 독자들에게 저자들의 열린 마음을 전하고 싶다. 많은 지적과 격려를 기대한다.

2007년 6월

저자 일동

차 례

제 1 부

개입연구 개괄

제 1 장

개입연구의 필요성

최근 복지에 대한 사회적 비용이 증가하고 국가의 세금이나 공적자금의 활용에 대한 책임성이 강조되면서 제한된 복지 자원을 효과적, 효율적으로 활용하고 평가하는 데 대한 관심과 중요성이 커지고 있다. 그러나 인간 서비스 분야에서는 프로그램의 개발에서부터 실행, 평가, 보급에 이르는 전 과정을 총괄할 수 있는 체계적인 방법론에 대한 이론적 정립은 미흡한 실정이고, 실천가들이 직접 서비스를 제공하는 현장에서 이러한 방법론을 사용한 사례는 더욱 찾아보기 어려운 상황이다. 현재 우리나라 사회복지 프로그램 개발과정의 문제점으로 서인해(2004)는 ① 프로그램 개발과정의 전체적인 이해 및 노력 미흡, ② 다양한 자료 수집 및 활용 부족, ③ 조사 및 분석적 방법에 의한 프로그램 개발 미흡, ④ 현장과 학계의 협력 부족 등을 제시하고 있다. 이러한 맥락에서 볼 때, 변화하는 사회가 요구하는 혁신적인 개입을 개발하기 위한 체계적이고 과학적인 방법론이 인간 서비스 영역에 제시되고 보급될 필요가 있다고 하겠다.

효과적인 프로그램 개발의 필요성이 부각되면서 주목받게 된 개입연구(Intervention Research)는 인간 서비스 실천 영역에 혁신을 가져올 수 있는 새로운 패러다임으로 평가되고 있다. 개입연구는 혁신이 필요한 인간 서비스 영역에서 분석, 디자인, 개발, 평가, 보급에 이르는 체계적 절차에 따라 연구를 실행하는 방법이다. 전통적인 연구 방법은 개입의 결과와 그 평가에 초점을 둔 반면, 개입연구는 체계적인 형식을 기반으로 한 새로운 실천 모델의 형성을 강조한다. 개입연구의 목적은 기존의 이론과 선행 연구, 실천적 정보 등을 근거로 상세한 실천 지침을 제시할 수 있는 새로운 실천 모델이나 기제를 개발하는 것이다.

개입연구에 대해서는 Thomas(1978)에 의해서 인간 서비스 영역에 소개된 이후 지금까지 다양한 논의가 이루어져 왔다. 이러한 연구 방법은 사회적 서비스를 필요로 하는 내담자에게 개입하기 위한 새롭고 향상된 전략들을 제시할 수 있다는 장점이 있다. 따라서 개입연구는 일반적으로 장기간의 시간을 필요로 하고 연구 방법을 실행하는데 다양한 조사 및 실천 기술을 필요로 한다는 등의 어려움이 있음에도 불구하고 인간서비스 분야에서 혁신을 개발할 수 있는 방법론으로 그 가능성을 인정받고 있다.

사회복지를 포함한 인간서비스 영역에서 개입연구의 필요성을 살펴보면 다음과 같다.

① 새로운 사회문제의 등장과 혁신적 개입 개발의 필요성

역사상 어떤 나라도 지난 50여 년 동안 한국이 겪은 것보다 더 빠르고 철저한 변화를 겪은 적이 없으며 앞으로 20여 년 동안도 한국이 변해야 할 만큼 빨리 그리고 철저히 변하는 나라는 없을 것이라는 Drucker(2002)의 말은 한국 사회의 급격한 변화를 매우 잘 표현하고 있다. 이러한 사회 환경의 변화는 개인의 삶의 질을 향상시킨 측면도 있지만 한편으로 끊임없이 새로운 사회문제를 양산하고 있다. 이러한 사회문제는 기존의 해결 방법으로 접근하는 데에는 한계가 있기 때문에 효과적인 문제 해결책의 개발이 요구되고 있다.

특히 새로운 접근을 도입하는 과정에서 외국에서 연구하고 개발한 모델이나 프로그램을 많이 활용하는 한국의 실정에서 볼 때, 개입연구는 외국의 모델이나 프로그램을 우리의 실천 현장에 적용·수정·보완함으로써 우리의 상황에 적합한 모델을 개발하는데 기여할 수 있을 것으로 생각

된다.

② 실천과 조사의 연계 강화 필요

사회복지 실천에서 프로그램의 개발과 평가에 대한 관심이 높아지면서 조사는 사회복지 실천과 교육에서 핵심 영역으로 간주된다. 경험에 근거한 실천(empirically based practice)의 출현으로 조사와 실천은 서로 밀접한 관계가 되었고, 실천가들은 실천 현장에서 조사와 평가 방법론의 사용을 요구받게 되었다. 경험적 근거가 미흡한 실천은 직관적이고 주관적인 방법으로 여겨질 수 있고, 내담자에게 서비스를 제공하는 과정에서 실제로 이러한 위험을 초래할 수 있다.

최근 사회복지 분야에 소개된 증거기반실천(evidence-based practice) 또한 같은 맥락에서 실천에서의 실증적 증거를 강조하고 있다. 증거기반실천은 내담자를 원조하는 과정에서 결정을 내릴 때 존재하는 가장 최선의 증거를 의도적, 명시적, 판단적으로 사용하는 것을 의미한다(Sackett et al., 1997). 오늘날 사회복지 전문직은 제한적인 자원과 사회복지 조직 간에 가속되는 경쟁적 환경 내에서 엄격한 평가와 효과성 입증을 요구받고 있다. 효과적인 서비스 제공을 위해서 조사에 기반한 결정을 내려야 하고, 이러한 증거기반 실천은 조사방법이 개선되고 조사결과가 보급되는 통로가 확대되어야 가능하다.

이러한 맥락에서 볼 때, 실천에서 사용하는 실용적 기제의 개발과 실천과 관련된 조사 결과라는 상호연관적인 산출을 생산하게 되는 개입연구는 사회복지 프로그램 개발과 평가에 있어서 중요한 문제해결 도구가 될 수 있다.

③ 프로그램 개발을 위한 이론적, 방법론적 틀 필요

사회복지 영역에서 개입연구의 개념과 절차는 아직까지는 낯설고 익숙하지 않은 용어이다. 하지만 기존에 발표된 프로그램 개발 및 평가에 대한 연구들을 살펴보면, 개입연구라는 용어를 사용하지 않았어도 이러한 접근법의 맥락에서 이루어진 연구들을 발견할 수 있다. 이로 미루어 볼 때, 프로그램의 개발에서 실행, 평가에 이르는 절차에 따라서 연구를 진행하는 것은 이미 사회복지 전문직에서 친숙한 실천-조사 과정임을 알 수 있다. 하지만 프로그램 개발 또는 프로그램 개발 및 평가에 관한 국내의 많은 기존 저서들은 대부분 효과성 평가에 초점을 맞추고 있으며 프로그램 개발에 관한 유용하며 명확한 방법론적 틀은 제시하고 있지 못하다. 따라서 개입연구는 프로그램 평가뿐만 아니라 개발에 관한 이론적 근거와 체계적 절차를 제공할 수 있을 것이다.

④ 사회변화의 과정으로서 보급의 중요성 대두

혁신적 프로그램을 개발하고 이에 대한 효과성을 평가하는 것도 중요하지만 개발된 프로그램을 실천 현장에 보급하는 것도 연구자와 실천가가 책임져야 할 주요 과제 중 하나이다. Rogers(2003)는 보급(diffusion)을 일종의 사회변화로 정의하였다. 사회변화는 사회복지 전문직의 실천 목적이다. 개입연구는 기존 사회복지 프로그램 개발 및 평가에서는 중요하게 다루지 않았던 프로그램의 보급과 활용을 강조한다. 개발된 프로그램의 보급을 통해 개발물에 대한 실천 현장의 피드백을 받을 수 있고, 보급과 채택의 과정에서 특정 실천 현장에 가장 적합한 형태로 프로그램이 변화되거나 수정되는 재발명이 나타날 수도 있다. 최근 인터넷과 같은 새로운 커뮤니케이션 기술의 발달과 마케팅 활용 등은 새로운 사회복지실천 개입의 보급을 활성화시키는데 기여할 수 있을 것이다.

제 2 장

개입연구란?

1. 개입연구의 범위

개입연구가 무엇이라고 한마디로 설명하는 것은 쉬운 일은 아니다. 이처럼 설명이 어려운 이유 중의 하나는, 학자들마다 개입연구의 범위를 상이하게 표현하고 있기 때문이라고 할 수 있다.

이 책을 전개하면서 필자들은 개입연구를 '광의의 의미'와 '협의의 의미'로 나누어 설명하고자 한다. 이렇게 하는 것이 개입연구를 좀더 이해하기 쉽게 설명할 수 있으리라 생각되기 때문이다.

1) 광의의 의미

Thomas와 Rothman(1994)은 개입연구가 ① 지식개발(Knowledge Development: KD) ② 지식활용(Knowledge Utilization: KU) ③ 디자인·개발(Design & Development: D&D)이라는 세 영역을 포함한다고 설명하

고 있다.

여기서 **지식개발**이란 우리가 흔히 수행하고 있는 사회과학조사, 행동과학조사, 응용과학조사와 중복된다. 이런 분야의 지식으로부터 개입연구의 가장 핵심이라고 할 수 있는 디자인과 개발에 필요한 개념과 이론들이 도출된다. 도출된 개념과 이론은 특정 내담자 집단의 특성에 관한 것일 수도 있고, 특정 유형의 기관에서 행하는 실천에 관한 것일 수도 있다. 문제 아동을 가진 가족의 행동에 대한 것일 수도 있고 지역사회의 역동에 관한 것일 수도 있다. 이런 지식들은 차후 개입 전략을 개발하는데 사용되게 된다. **지식활용**은 지식개발로부터 얻어진 이론과 자료를 개입에 함의를 줄 수 있는 형태로 전환시키는데 관심을 둔다. 다시 말해, 지식개발 영역에서 생산된 인간행동에 대한 지식을 사회적 서비스를 받는 수혜자의 문제 또는 수혜자 문제 해결을 위한 개입에 적용할 수 있는 응용지식으로 변화시키는 것을 연구하는 학문영역이라고 할 수 있다(서인해, 2003). 앞으로 다루게 될 개입연구에서 활용되고 있는 정보통합방법들, 정보를 변환하여 실천지침으로 바꾸는 과정에 사용되는 방법론적 지식들, 개입의 보급과 관련된 이론 및 방법론 등에 대한 연구들이 이에 해당한다고 할 수 있다. 특히 The Journal Knowledge: Creation, Diffusion, Utilization이 이런 활동에 기여하고 있다(Rothman, 연도미상). **디자인·개발**은 효과적인 실천 도구를 포함한 개입을 생산해 내는 것이다. 여기서도 지식개발에서와 마찬가지로 조사방법론을 활용하게 된다.

이 세 분야의 독특성과 상호관련성을 자동차라는 제품을 통해 설명하면 쉽게 이해할 수 있다. 예를 들어 누군가 처음으로 자동차를 개발하기로 했다고 하자. 이 사람이 가장 먼저 생각해야 하는 문제는 내가 만들려는 자동차를 가능하게 하는 원자재가 있는가 하는 것이다. 자동차의 몸통에 들어갈 강판을 확보하려면 그동안 강한 강판을 어떻게 만들 수 있는지, 다양한 철의 특성에 관한 연구가 있어야 하며 철과 기타 성분들을 어떤 배율로 섞어 얼마정도의 온도에서 공정과정을 거쳐야 하는지 등에 관한 지식이 필요하다(지식개발). 원자재가 확보되면 이 자재들을 어떤 방법으로 자동차에 필요한 부품으로 만들어낼 수 있는지에 대한 공법을 필요로 한다(지식활용). 철판이 자동차 문짝이 되어야 하고 철근이 자동차에 적합한 볼트와 너트로 변환되어야 하고 탄력 좋은 용수철로 탈바꿈될 수 있어야 한다. 철근과 철판이 자동차에 필요한 부품의 형태로 전환될 수 있는 공법이 개발되어 있지 않다면 자동차의 개발은 환상에 불과해진다. 원자재를 부품화할 수 있는 공법이 개발되어 있다면 개발자는 이제 원자재를 다양한 형태로 디자인하여 부품을 만들어내고 이 부품들을 적합하게 연결하고 통합하여 신차를 만들어내게 된다(디자인 · 개발). 물론 신차를 만들어낸다 함은 단지 종이조각에 자동차 모양을 디자인하여 그려 넣은 것에 그치는 것이 아니라 실제로 다양한 부품들을 연결하여 자동차를 조립하고 이 자동차가 기대대로 주행할 수 있다는 것을 보여줄 수 있어야 할 것이다.

위의 연계성을 볼 때, 어떤 신제품의 개발에서 지식개발, 지식활용, 디자인·개발은 모두 매우 중요한 과정이다. 하지만 실제적으로 대부분의 회사에서는 신제품 개발을 위해 위의 3가지 영역의 개입연구 과정을 다 거치지는 않는다. 아니 오히려 거의 모든 회사가 그렇게 하지 않는다고 말하는 것이 옳을 것이다. 사실상 대부분의 제품 생산회사들은 원자재 자체에 대한 연구에 초점을 두지는 않는다. 로켓을 개발하고 발사하는 거국적 나사 프로젝트에서는 우주 공간에서 보다 더 잘 견딜 수 있는 로켓 몸통 재질을 개발하기 위한 하부 프로젝트를 진행할 것이다. 그들은 현재 이 지구상에 개발되어 있지 않은 그 어떤 첨단재질을 원료로 원하기 때문이다. 그들만이 그 원료를 개발할 수 있는 당사자들이기 때문에 직접 원자재를 개발하거나 다른 전문가들이 원하는 원자재를 개발할 수 있도록 재원을 제공한다. 하지만 대부분의 제품회사들은 수많은 학자와 연구자들의 연구 결과에 근거해 타 회사가 개발해 놓은 원자재를 구입하여 자신들이 개발하고자 하는 자동차 등의 신제품을 개발한다. 다시 말해 좋은 원자재가 존재할 때 그 산업은 활성화될 가능성이 커진다고 할 수 있다.

이런 맥락에서 볼 때 대부분의 연구소나 연구자가 수행하는 개입연구란 디자인 · 개발 영역에 국한되게 된다. 필자들은 이 디자인 · 개발 영역을 협의의 의미의 개입연구라고 칭하고자 한다. 디자인·개발 영역을 개입연구라고 부르고자 하는 이유는 다음과 같다.

① 일반적으로 개입연구 프로젝트에서 이루어지는 연구영역은 디자인·개발 영역이다.

② Thomas나 Rothman과 같은 개입연구의 대가들의 저서에서도 개입연구라는 제목 하에 디자인·개발 영역만을 자세히 소개하고 있다.

③ 개입연구를 활용한 외국의 박사논문들(인간서비스 관련)도 모두 디자인·개발 영역의 연구 수행을 개입연구라고 지칭하고 있다.

따라서 다음에 제시하고 있는 협의의 의미의 개입연구란 광의의 개입연구 중 디자인·개발을 의미한다.

2) 협의의 의미

우선 '개입연구'라는 명칭은 우리에게 개입에 관한 조사일 것이라는 단서를 제공하고 있다. 그렇다면 개입연구라는 명칭도 지식개발이나 지식활용보다는 디자인·개발과 더 직접적인 관련성이 있어 보인다. 원자재나 자동차를 만드는 공정기술이나 자동차를 판매하는 마케팅 전략 등이 없다면 신자동차 개발이 가능하지 않거나 소용이 없겠지만, 이런 지식이나 기술들이 존재한다면 자동차 회사의 몫은 신차의 디자인과 잘 굴러가는 자동차의 실제적 개발이 될 것이다.

광의의 개입연구와 협의의 개입연구와의 관계를 도식화하여 보면 다음의 〈그림 2-1〉과 같다. 개입연구를 활용한 많은 논문들에서 개입연구 방법론을 활용했다 함은 흔히 광의의 개입연구 중 디자인·개발의 방법론을 활용했음을 의미하고 있다.

〈그림 2-1〉 개입연구의 범위

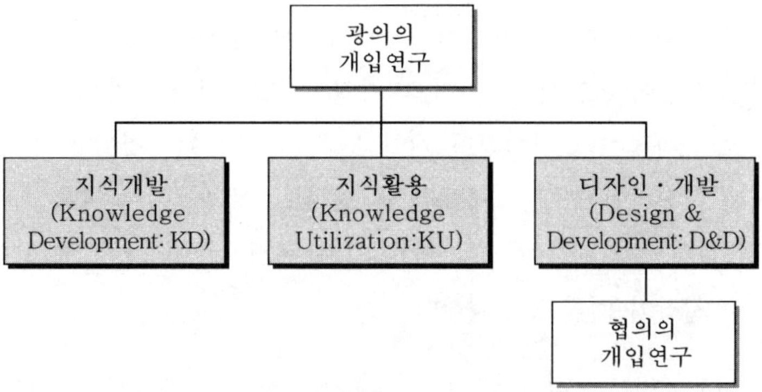

2. 개입연구의 개념정의

그렇다면 디자인 · 개발을 의미하는 협의의 개입연구는 무엇을 하는 것이며 어떤 특성을 갖는가? 광의의 개입연구의 일부로서의 지식개발과 지식활용에 대해서는 이미 전통적 조사방법론을 통해 실행방법을 상당히 많이 알고 있으며 새로운 프로그램이나 혁신의 개발은 디자인 · 개발 과정과 직접적으로 관련이 있으므로, 본 저서에서는 협의의 개입연구라고 규정한 디자인 · 개발에 대해서만 한정하여 다루기로 하겠다.

디자인 · 개발이란 개입을 개발하기 위한 조사기반 문제해결과정이라고 할 수 있다. 앞에서 소개한 지식개발이나 지식활용보다 더 직접적으로 개입개발과 직결된 영역이며 문제해결을 위한 여러 단계의 과정으로 구성된다. 많은 독자들에게 생소할 수 있는 디자인 · 개발의 개념을 간단하게 설명하고 이해시키는 일은 쉬운 일은 아니다. 하지만 구태여 한 마디로 정의해야 한다면 디자인과 조사에 기반을 둔 실천적 문제해결과정이라고 이야기할 수 있겠다. 이 개념정의를 좀더 구체적으로 살펴보면 다음과 같다(Rothman, 연도미상; Rothman and Thomas, 1994).

① 디자인 · 개발은 **문제해결과정**(problem-solving process)이다.

문제해결과정이란 개인적 또는 사회적 결핍이나 부족에 대한 해결책을 찾는 과정이라고 할 수 있다. 디자인 · 개발에서의 문제해결이란 흔히 적절하고 효과적이며 혁신적인 개입 도구를 개발하는 것이며 디자인 · 개발은 이런 혁신적인 도구를 개발해 낼 수 있는 체계적이고 예측 가능한 수단을 제공하여 문제해결(개입 개발)이라는 목적지에 도달할 수 있도록 안내해 주는 길잡이 역할을 수행한다.

② 디자인·개발은 **조사기반**(research-rooted) 문제해결과정이다.

한편 디자인 · 개발에서의 문제해결과정은 조사 관점 및 조사 기술과 밀접하게 접목되어 있는 조사기반 문제해결이다. 디자인 · 개발은 새로운 조사 패러다임이지만 전혀 다른 조사 기술을 사용하는 것은 아니다. 패러다임 자체는 복잡하고 다면적이며 새롭지만 조사자들이 일반적으로 사용하는 조사방법과 기술들을 사용한다.

디자인 · 개발 초기단계에서는 욕구사정 방법, 메타분석 등이 사용되며, 중간단계에서는 현장실험 절차와 평가조사가 활용된다. 마지막 단계에는 보급연구방법과 시장조사가 관여된다. 또한 서베이방법, 사례연구, 유사실험방법 등이 사용될 수도 있다. 따라서 개입연구자들은 전통적 조사방법론에서 흔히 활용되는 설문지법, 면접, 관찰, 자료분석 등과 같은 기술들을 알고 있어야 한다. 다시 말해 디자인 · 개발 방법론은 특정 개입을 개발하고자 하는 프로젝트를 위해서 다양한 조사 기술들을 단계적으로 서로 결합시켜 적절한 총체적 조사 유형을 만들어내는 것이라고 할 수 있다.

③ 디자인·개발에서의 조사는 실천에 대한 조사가 아니라 **실천을 위한 조사**(research for practice)이다.

디자인 · 개발에서의 조사도 다른 실천관련 조사에서와 마찬가지로 평가에 관심을 갖는다. 하지만 디자인 · 개발에서의 평가조사의 궁극적인 목적은 실천을 평가하려는 '실천에 대한 조사'가 아닌 효과적인 실천을 개발하려는 '실천을 위한 조사'이다. 따라서 디자인 · 개발에서의 평가조사는 문제해결(개입개발)을 위한 여러 단계 중의 하나로 이해된다. 효과적인 인간서비스 개입개발을 위해서는 보통 장기적이며 포괄적이며 복잡한 과정을 거치게 되는데 이 과정은 선택적으로 나누어 실행될 수도 있다. 디자인 · 개발 과정 전체를 실행할 수 없을 때 개발자는 선택적으로 일부분만 실행함으로써 개입개발에 기여할 수 있다.

④ 디자인·개발은 **디자인**을 통해 문제를 해결한다.

디자인이란 혁신을 창조하거나 재구조화할 수 있도록 관련 과학, 기술, 실천정보들을 계획적, 체계적으로 적용하는 것을 의미한다(Thomas, 1984). 디자인 · 개발에서 지식은 지식축적의 목적보다 문제해결을 위한 수단으로서의 중요성이 더 크다. 다양한 분야의 지식과 기술들을 통합하여 개입에 적합한 혁신을 새로이 만들거나 수정하는 디자인 작업은 예술이라고도 할 수 있으며 상상력과 창의성이 요구된다(Rothman, 1980).

3. 개입연구의 목적

디자인 · 개발이 문제해결과정이라면 디자인 · 개발의 목적은 당연히 문제해결이라고 할 수 있다. 그렇다면 문제해결은 어떤 형태로 생산되는가? 개입연구의 문제해결은 흔히 실천에서 사용될 수 있는 프로그램이나 사정도구 등의 실용적 기제의 개발인 경우가 많다. 하지만 디자인 · 개발 전 과정을 통해 조사가 활용되기 때문에 실천과 관련된 조사 결과들이 필연적으로 생산된다. 이 조사결과들은 디자인 · 개발의 부산물이 아닌 문제해결에 없어서는 안 되는 중요한 산물로서 조사결과들의 결집을 통해 궁극적으로 문제해결에 도달할 수 있게 된다.

따라서 개입연구를 실행하는 연구자는 ① 개입 실천에 사용되는 **실용적**

기제와 ② 실천과 관련된 **조사 결과**라는 2가지 상호연관적인 산출을 생산하게 된다. 연구자 또는 개발자라고 칭할 수 있는 개입연구의 주체는 이 두 가지 산출을 다 목적으로 할 수도 있고 둘 중의 하나에 더 큰 비중을 둘 수도 있다.

〈그림 2-2〉 개입연구의 목적과 결과 산출물

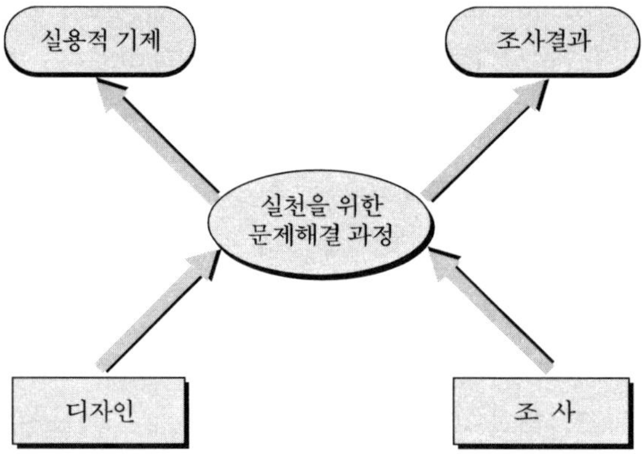

4. 개입연구의 특성

앞에서 기술한 개입연구의 개념정의나 목적은 개입연구만의 독특한 특성들을 반영하고 있다. 이미 기술된 특성들 이외에도 개입연구는 그 목적 달성을 위해 다음과 같은 독특한 특성들도 갖는다.

① 개입을 테스트해 볼 현장을 필요로 한다.

개입연구를 통해 만들어지는 개입 도구는 최종 소비자들이 그대로 사용할 수 있는 형태이어야 하기 때문에 개입을 테스트해 볼 수 있는 현장(예를 들면 사회복지기관, 학교, 병원 등)을 필요로 한다. 이 현장은 개발된 도구가 최종으로 소비될 환경과 비슷한 곳이 좋다(Haug, 1971; Twain,

1975; Rothman, 1994에서 재인용). 그래야 디자인된 개입이 실제 환경에서 실행가능하며 효과적이라는 것을 입증할 수 있기 때문이다.

② 개입연구는 조직적 기능을 필요로 한다.

이 조직은 현장실험과 평가 등의 기능을 수행한다. 이를 위해 현장실험을 수행할 기관을 접촉하고, 기관과 적절한 업무관계를 설정하고, 기관 수퍼바이저나 직원들의 협조를 얻어내고, 조사자와 실천가들 사이에 존재하는 목적 또는 작업 방식의 불일치를 조화시킬 필요가 있다.

③ 다양한 인력 구성원을 필요로 한다.

개입연구 프로젝트에는 서로 다른 세부전공과 능력을 갖춘 사람이 포함되는 것이 바람직하며 조사에 능통한 사람도 포함되어야 한다. 개발팀 인력은 전문성이나 기술적 능력 이외에도 복잡하고 모호한 상황에서도 적절히 행동할 수 있는 능력, 융통성, 요구에 신속히 대처하는 능력과 민감성, 의사소통기술 등 인간관계 능력을 지니고 있어야 한다.

개입연구가 연구소나 기관 차원에서 시행되는 경우에는 다양한 인력을 구성하는 것이 가능하나 개인 차원에서 연구를 시작하는 경우에는 인력 구성에 어려움이 있을 수 있으며 조직적 지원을 받는 것도 제한된다. 그렇다면 개입연구는 개인 차원에서는 지양되어야 하며 기관이나 연구소와 같은 조직체계에서만 수행되어야 하는가? 현재 외국의 박사논문들 중에는 개입연구를 활용한 연구가 다수 있으며 개인 연구자가 개발해 놓은 개입들도 많이 찾아볼 수 있다. 개발 주체가 개인인가 단체 또는 기관인가가 중요하다기 보다는 개발과정에서 가능한 많은 전문인력들의 자문과 지원을 받을 수 있는가, 현장실험과 평가를 수행할 기관과 유기적 협력관계를 구축할 수 있는가 하는 것이 관건이다. 이런 문제들을 효과적으로 해결할 수 있다면 개인 차원의 연구들도 좋은 성과를 생산해 낼 수 있다.

5. 개입연구의 과정

전통적 실증조사가 ① 문제제기 및 연구문제 설정 ② 문헌조사 ③ 연구방법론 결정 ④ 조사실행 ⑤ 자료분석 ⑥ 보고서 작성이라는 일련의 체계화된 과정에 따라 이루어지는 것처럼 개입연구도 그 목적 달성을 위해 가장 효과적이며 효율적인 일련의 과정을 필요로 한다. 현재 개입연구 학자들은 연구과정을 체계화하고 표준화하고자 노력하고 있는데, 학자들마다 그 단계를 보다 더 세분화하기도 하고 좀더 간결화하기도 하여 5-6단계 정도로 나누어 설명하고 있다. 하지만 각 단계들에서 설명하고 있는 개입연구자의 역할과 과업은 상당히 유사하다고 할 수 있다.

새로운 패러다임인 디자인·개발에 대한 이해도가 현재 낮은데다가 디자인·개발은 전통적 조사보다 실행 상에서 광범위한 활동과 기술을 필요로 하기 때문에 디자인·개발은 흔히 복잡하게 느껴질 수 있다(Rooney, 1994). 따라서 최근에는 간결하게 수정된 4단계 개입연구 과정이 소개되기로 하였다. 또한 디자인·개발의 전 과정을 실행할 경우 오랜 시간이 걸려 활용가능성이 떨어질 수 있기 때문에 디자인·개발 단계들을 분절하여 실행할 것도 제안되고 있다. 사실상 현재 사회복지학 분야의 교수나 박사학위 과정 학생들에 의해 이루어지는 개입연구 논문들은 디자인·개발의 전 과정을 실행하지 않고 현장실험 정도 단계에서 끝내는 경우가 많다. 이럴 경우, 보다 완전한 개입의 개발은 같은 연구자 의해 또는 경우에 따라 다른 연구자에 의해 후속연구를 통해 이루어지게 된다.

Thomas(1984)는 『원조전문직을 위한 개입 디자인(*Designing Interventions for the Helping Professions*)』이라는 책과 논문(Thomas, 1989)을 통해 개발연구와 활용(Developmental Research and Utilization: DR&U) 과정을 ① 분석, ② 디자인, ③ 개발, ④ 평가, ⑤ 보급, ⑥ 적용의

6단계로 나누어 설명하고 있다. 이후 Rothman과 Thomas(1994)는 『개입연구(*Intervention Research*)』라는 책에서 Thomas의 단계를 보다 정교화하여 ① 문제분석 및 프로젝트 기획, ② 정보수집과 통합, ③ 디자인, ④ 초기개발과 초기현장실험, ⑤ 평가와 후기개발, ⑥ 보급의 6단계로 디자인 · 개발 과정을 기술하였다.

한국의 서인해는 그의 논문(2003)을 통해 개입연구[1]를 한국에 처음 소개하는 과정에서 Rothman과 Thomas(1994)의 단계를 약간 수정하여 ① 문제분석과 정보수집, ② 디자인, ③ 초기개발 및 초기현장실험, ④ 평가 및 후기개발, ⑤ 전파의 5단계를 소개하였다. 이 과정에서 서인해는 Rothman과 Thomas(1994)가 제시한 문제분석 및 프로젝트 기획 단계와 정보수집 및 통합 단계를 함께 묶어 단계를 간략화하였다.

개입연구를 활발하게 수행하고 있는 호주의 직장보건및안전규정을위한 국가연구센터(National Research Center for Occupational Health and Safety Regulation)에서는 개입연구의 개념적 모델을 ① 배경정보 수집(욕구 조사 실시), ② 파트너십 구축, ③ 디자인과 방법론 선택, ④ 개발, 실행, 평가 완료, ⑤ 보고서 작성 및 보급의 5단계로 구성하고 있다. 이 센터에서는 개입연구의 과정을 현장에서 쉽게 적용할 수 있도록 간략화하여 보다 많은 기관들과 실무자들이 이 과정을 활용할 수 있도록 워크숍을 제공하고 있다(NOHSC, 2003).

일본에서 활발하게 개입연구를 연구하고 수행하고 있는 Shibano(2004)는 기존의 단계들을 보다 간략화하여 ① 문제의 파악 및 분석, ② 잠정적 실천모델 디자인, ③ 현장실험과 보완, ④ 보급 및 적합화(tailoring)라는 4단계의 수정 디자인 · 개발(Modified Design & Development: M-D&D)단계를 제안하고 있다.

학자들에 따라 개입연구 과정을 몇 단계로 나눌 것인가에 이견이 있지만 몇 단계로 설명되든지 관계없이 각 단계에서 다루어져야 하는 과업들은 유사하다. 이 책에서는 개입연구의 전 과정을 충분히 설명하기 위해 ①

1) 서인해는 개입연구 대신 개입조사라는 용어를 사용하였음.

분석 및 기획, ② 정보수집 및 통합, ③ 디자인, ④ 현장실험 및 초기개발, ⑤ 평가 및 후기개발, ⑥ 보급 및 사후관리의 6단계로 나누어 설명하도록 하겠다.

〈그림 2-3〉 개입연구의 과정

6. 개입연구의 학문적 토대 및 발전과정

1960년대 후반 이후 인간서비스 분야의 개입을 개발하기 위한 체계적이고 계획되고 검증된 다양한 접근법들이 등장하기 시작하였다. Rothman(연도미상)은 디자인·개발의 발전에 다음과 같은 연구의 흐름이 관련 있다고 보고 있다. 이 연구 흐름들은 독립적으로 진행되면서도 서로 상호의존적으로 영향을 미쳐왔다.

① 실험적 사회혁신 패러다임(Experimental social innovation paradigm) (Fairweather, 1967) : 사회적 프로그램의 효과성 평가를 위해 유사실험 디자인을 활용

② 사회적 연구·개발 접근(Social R&D approach) (Rothman, 1974, 1980) : 자연과학의 개발 공학 모델(Developmental engineering model)을 도입

③ 개발 연구(Developmental research)(Thomas, 1984) : 응용조사 및 실증조사에 근거한 실천모델 개발

④ 모델 개발 연구(Model development research) (Paine, Bellamy and Wilcox, 1984) : 혁신으로부터 표준화된 실천으로의 이동 강조

⑤ 행동적 지역연구(behavioral community research) (Fawcett, 1990) : 행동분석과 지역사회 심리학에 근거

〈그림 2-4〉 디자인 · 개발 발전에 영향을 미친 연구군

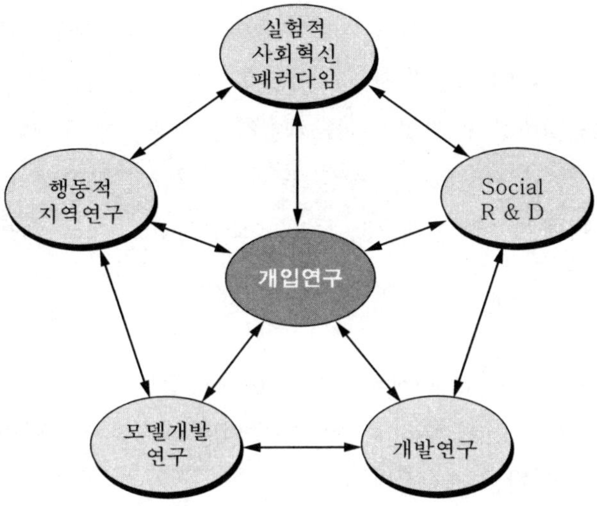

Rothman(연도미상)은 또한 디자인 · 개발의 개념 및 방법론의 발전에 영향을 미친 학자들과 요인들을 다음과 같이 지적하고 있다.

① Thomas(1985)는 개발 타당성(developmental validity) 개념을 제안하였다. 개발타당성은 언제 혁신이 이루어져야 하는지를 결정하는 근거가 된다. 이것을 결정하는 기준은 '개입이 의도된 목적과 개입의 신뢰성을 충족시킬 수 있는가' 하는 것이다. 이와 더불어 Thomas는 개발을 테스트하는 방법으로 절차화(procedualization), 개발일지(developmental logs), 결정적 사건(critical incidents), 실패 분석(failure analysis) 등을 도입하였다.

② Reid(1994)는 결정적 사건 방법에 덧붙여 사례연구와 반복적 자료수집 사용 전략을 제안하였다. "개입에 대한 초기 현장실험을 수행하고 이에 대해 단일사례 연구를 실시한다. 충분한 수의 단일사례연구가 실행되면 이

들 결과에 대한 자료를 수집하고 분석한다. 자료 수집을 반복하거나 통제된 형태의 단일사례나 집단 실험과 같은 보다 견고한 조사 디자인을 활용해 개입의 효과성에 대한 보다 확실한 증거를 제시한다(p. 245)."

③ Mullen(1983, 1994)은 실천가가 '개인적 개입 모델(Personal intervention models)'을 디자인할 수 있는 절차를 만들어냈다. Mullen은 문제상황을 일반화하고, 일반화를 제약하는 요소들을 구체화하고, 일반화를 이끌어내는데 사용된 증거의 질을 제시하고, 이들로부터 행동 가이드라인을 만들어내고, 디자인한 내용들을 명확화하고 자세히 설명하는 방법들을 도입하였다.

④ Thomas(1985)는 디자인 타당성(design validity)을 결정하는 기준을 제시하였다. 이 기준은 디자인 개념이 얼마나 불완전한지 또는 부정확한지를 검사하는 근거를 제시한다.

⑤ Fawcett(1991)와 Fawcett 등(1994)은 내담자가 직접 자신의 욕구를 사정하고, 개발의 목적을 설정하고, 지역사회 문제해결을 위해 필요한 논의사항을 결정하는데 활용할 수 있는 개발절차를 제시하였다.

⑥ Whittaker 등(1994)은 기관용 사회망 개입을 디자인할 때 기관직원의 적극적 참여와 협조를 이끌어 낼 수 있는 절차를 만들어냈다.

⑦ Rothman 등(1994)은 '체계적 연구합성(Systematic Research Synthesis : SRS)' 절차를 만들어냈다. SRS는 정보를 수집하고 통합하는 것을 돕는 절차인데, 개념적이며 질적인 메타분석 형태라고 할 수 있다. 이 방법을 통해 다양한 유형의 기존연구들이 디자인과 개발 목적에 맞도록 전환된다.

위와 같은 노력들과 여기서 언급되지는 않았지만 이와 관련된 다른 많은 노력들이 인간서비스 분야에서 개입연구를 발전시켜 왔다. 따라서 개입연구의 발전은 혁명적인 패러다임 전환이 아니라 점진적 과정을 통해 이루어지고 있다고 할 수 있으며, 지속해서 발전되고 변화되어 가고 있다.

제 3 장

개입연구의 과정 개괄

본 저서에서는 개입연구의 과정을 〈그림 3-1〉에서 보는 바와 같이 ① 분석 및 기획, ② 정보수집 및 통합, ③ 디자인, ④ 현장실험 및 초기개발, ⑤ 평가 및 후기개발, ⑥ 보급 및 사후관리의 6단계로 나누어 살펴보고자 한다. 그림에서 보면 오른쪽에는 각 단계와 관련성을 가지고 있는 활동들이 적혀 있다. 여기서 유념해야 할 것은 그림의 6단계는 순차적으로 진행되지만 한 단계가 끝나야 다음 단계로 넘어가는 것은 아니라는 것이다. 또한 각 단계의 관련 활동들은 다른 단계의 활동들과 중복적으로 진행될 수 있으며 어떤 단계에서 진행에 어려움이 있으면 이전 단계로 돌아갈 수도 있는 특징을 갖는다. 예를 들면, '분석 및 기획'단계에 속해 있는 현장과의 협력적 관계 구축은 디자인 단계에 와서야 본격적으로 시작되기도 하며 디자인 관련 정보 수집과 통합은 보통 '분석 및 기획'단계의 다른 활동들과 함께 진행된다. 현장실험 계획은 '현장실험 및 초기개발' 단계와 직접 관련된 활동이지만 이 활동 또한 이미 프로젝트 초기단계부터 기획에 포함되며 현장과의 협력적 관계를 구축하면서 동시에 진행될 수도 있다. 평가계획 및 보급 준비 활동도 '평가 및 후기개발' 또는 '보급 및 사후관리'단계 이전부터 시작되어 진행된다.

〈그림 3-1〉 개입연구의 과정 : 단계와 관련활동

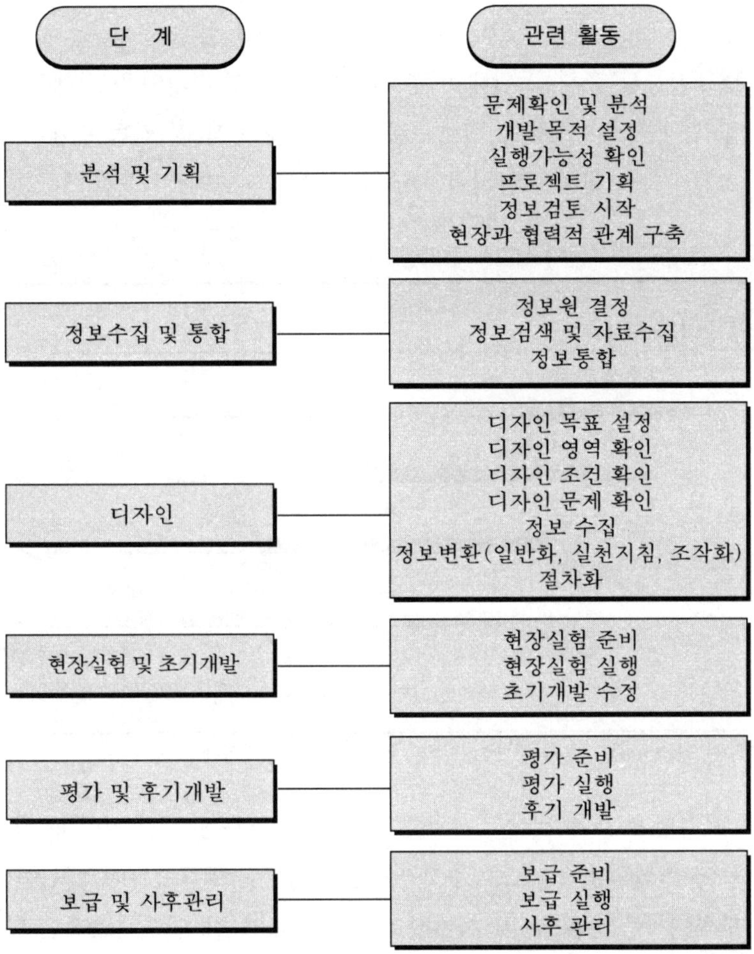

개입연구 단계들의 시간적 중복적 특징을 그림을 통해 살펴보면 〈그림 3-2〉와 같다. 이 그림에서 짙은 색 막대는 그 단계의 활동이 그 시점에서 일차적으로 중요한 활동임을 의미하며 빈 공간의 막대는 이차적 활동임을 보여준다. 이 그림에서 보면, 분석 및 기획 단계가 가장 먼저 시작되지만 다음 단계들이 전 단계가 끝나야 시작하는 것은 아님을 보여주고 있다. 특히 이 그림을 통해 정보 수집 및 통합 단계는 분석 및 기획 단계와 디자인 및 초기개발 단계에 걸쳐서 동시에 이루어지며 정보 수집 및 통합 단계의 활동만이 별도로 이루어지는(즉, 다른 단계의 활동과 중복 없이) 국면은 없다는 것을 알 수 있다. 정보수집이나 정보통합은 문제분석이나 개입연구 실행가능성 조사를 위해 이루어질 수도 있고 디자인을 위해 수행될 수도 있기 때문에 학자들은 정보수집 및 통합을 분석 및 기획 단계나 디자인 및 초기개발 단계에 포함시키기도 하고 별도의 단계로 기술하고 있기도 한다.

〈그림 3-2〉 개입연구 단계들의 시간적 중복성

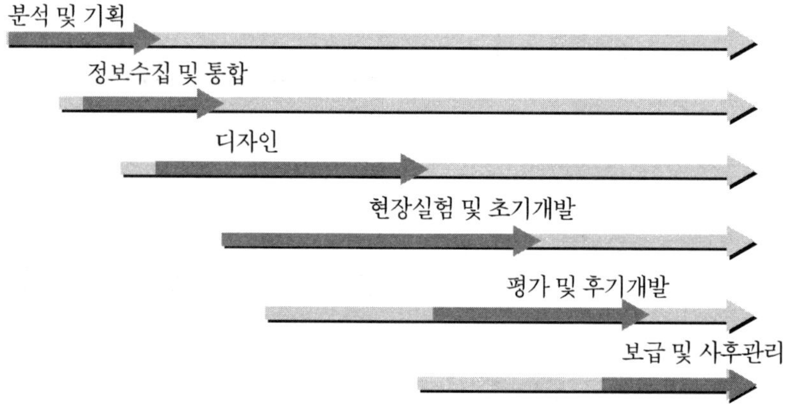

출처: Thomas와 Rothman(1994)이 제시한 그림을 본 저서의 단계 명칭에 맞게 수정

〈그림 3-3〉은 위에서 소개한 개입연구와 과정을 진행할 때 어떤 산출물들이 생산되는지를 보여주고 있다. 앞에서도 언급했듯이 개입연구는 문제분석에서부터 보급 및 사후관리까지 전체가 한 연구프로젝트에서 진행될 수도 있지만 각 과정이 분절되어 별도의 연구로 진행될 수도 있다. 이렇게 분절되어 진행될 수 있는 이유는 각 과정 과정에서 의미있는 산출물들이 생산될 수 있기 때문이다. 어떤 산출물들이 생산될 수 있는지를 〈그림 3-3〉을 통해 살펴보면 다음과 같다.

〈그림 3-3〉 개입연구 과정에서 생산되는 산출물

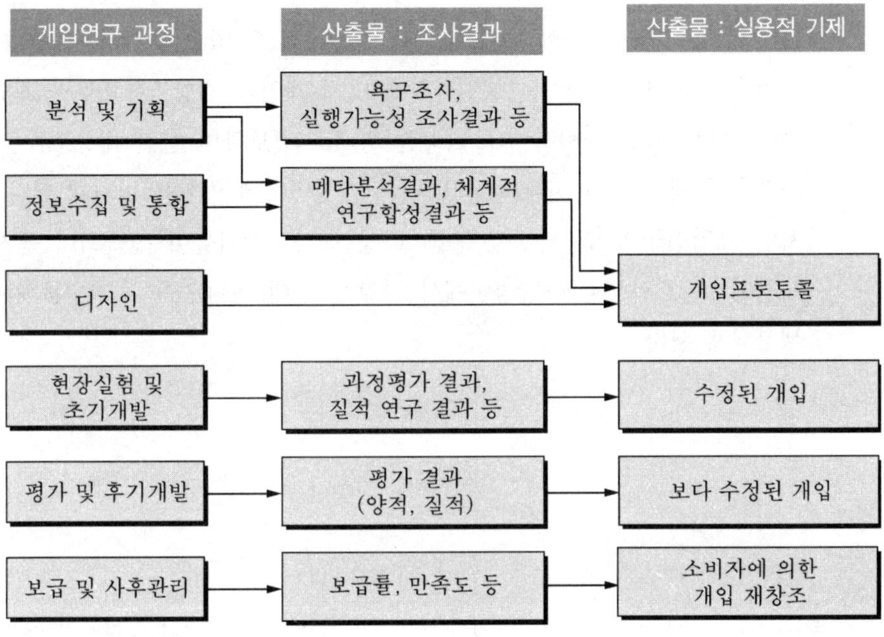

분석 및 기획단계에서는 문제분석에 대한 연구결과, 욕구조사 결과 또는 실행가능성 평가조사 결과 등이 산출될 수 있다. 정보수집 및 통합을 위해 메타분석이나 체계적 연구합성이 활용되는 경우에는 이 연구결과들이 별도의 보고서 또는 연구논문을 구성할 수 있다. 디자인 단계에서는 조사결과물보다는 개발하려고 하는 개입이나 기타 실용적 기제의 원형이라고 할 수 있는 개입 프로토콜이 생산된다. 하지만 개입 프로토콜은 현장실험을 거치지 않았기 때문에 매우 원초적 수준이며 현장실험과 평가를 통해 보다 효과적이며 효율적인 형태로 수정될 필요가 있다. 현장실험은 개발에 있어 매우 중요한 단계인데 현장실험을 통해 수정된 개입이 산출됨으로써 초기개발이 완수되게 된다. 이 과정에서 양적연구와 더불어 다양한 형태의 과정평가 및 질적 조사결과들이 생산된다. 이런 조사결과들에 근거해 개입 프로토콜이 수정되게 되는 것이다. 현장실험을 거쳐 수정된 개입은 다양한 양적 및 질적 평가조사를 다시 거치게 된다. 이 때 생산되는 다양한 조사

결과들에 근거해 개입은 보다 더 정교하게 수정되게 된다. 개입연구의 산출물은 여기서 그치는 것이 아니라 보급 및 사후관리 단계에서도 생산된다. 보급률, 만족도 등에 대한 조사가 이루어질 수 있으며 후기개발물을 보급받은 소비자가 자신이 처한 상황에 맞게 개입을 재창조함으로써 개입은 보다 개별화되고 소비자에게 편리한 형태로 진보하며 이런 재창조물은 피드백을 통해 새로이 시작되는 또 다른 개입연구에 영향을 미치게 된다. 이처럼 개입연구의 전 과정을 통해 다양한 조사결과들이 산출되며 동시에 개입이 그 효과성과 타당성면에서 다양한 형태(초기수준, 후기수준 등)로 생산되게 된다.

제 2 부

개입연구의 과정

제 4 장

분석 및 기획

분석 및 기획 단계에서는 다음의 6가지 과업을 중심으로 활동이 이루어진다. 문제 확인 및 분석은 개입연구에서 가장 먼저 이루어지는 활동이 된다. 이 단계에서는 광범위한 정보를 토대로 한 문제분석을 통해 새로운 해결노력이 필요한지, 기존의 해결노력을 일부 수정할 것인지 등에 대한 결정을 내리게 된다. 이렇게 하여 결정된 해결 노력은 과연 기술적, 조직적, 경제적, 재정적, 정치적, 사용 가능성 면에서 실행 가능한가를 평가받게 되며 실행가능성이 있다고 판단되면 개입개발을 위한 프로젝트가 기획되게 된다. 이와 동시에 현장실험을 행할 현장과 협력적 관계를 구축한다. 현장실험을 수행할 기관과 협력적 관계가 빨리 구축되면 될수록 기관은 현장실험의 수행뿐만 아니라 디자인 단계에서의 다양한 의견 투입에 이르기까지 개입개발의 여러 과정에서 기관의 도움을 받을 수 있다. 현장과의 관계구축은 차후 실제 개발될 개입을 활용할 기관이나 실무자들이 자신들의 욕구나 내담자에 대한 전문적 견해를 투입할 수 있다는 점에서 보다 소비자 중심의 개입이 개발될 수 있도록 하며 이는 궁극적으로 개입의 실행 가능성을 높여줄 수 있다는 점에서 매우 중요하다.

이 장은 다음의 6가지 내용을 중심으로 구성되어 있다.

① 문제 확인 및 분석
② 개발 목적 설정
③ 실행 가능성 확인
④ 프로젝트 기획
⑤ 정보검토 시작
⑥ 현장과 협력적 관계 구축

1. 문제의 확인 및 분석

이 단계에서 요구되는 것은 문제를 포괄적으로 이해하고, 그 심각성을 확인하고, 기존 개입이 부적절함을 확보하는 것이다.

1) 문제의 확인

문제를 분석하고 그것으로부터 무엇을 개발할 것인지 결정하기 위해서는 문제를 확인하는 작업이 우선되어야 한다. 그런데 지역사회의 문제를 확인하기 위해서는 우선 어떤 수준의 행동이나 복지가 적절한지를 정의할 수 있는 사회적 가치에 기반을 둔 지역사회의 기준 또는 규범이 존재한다는 것을 기본 전제로 한다. 이런 기준이나 규범이 존재하는데 이것과 특정 개인이나 집단의 행동 또는 복지 수준이 괴리를 보인다면 문제를 확인해 볼 필요성이 발생하는 것이다. 따라서 문제의 심각화라는 것은 문제를 발생시키는 현상의 악화에 의해 초래되기도 하지만 현상의 본질이 그대로 있다고 하더라도 사회의 가치나 규범이 변화하여 그것이 상대적으로 더 큰 심각성을 유발시킬 수도 있다. 예를 들면, 학교체벌은 과거에 더 심각했을 수 있으나 오늘날에 더 큰 사회문제가 되는 것은 학교체벌 자체가 더 빈번히 발생하고 있어서라기보다는 학교체벌을 바라보는 우리의 시각과 규범이 변화했기 때문이라고 할 수 있다. 따라서 문제를 확인할 때는 문제가 발생한 사회적, 경제적, 정치적, 문화적 맥락이 함께 고려되어야 할 것이다.

문제를 확인하는 데는 다음과 같은 방법들이 활용될 수 있다(Thomas, 1984).

① 문헌조사: 현재 존재하고 있는 통계치나 논문 등 다양한 자료를 검토한다.

② 이차적 자료: 이미 다른 연구자들이 수집해 놓은 자료를 분석함으로써 문제를 확인할 수도 있다.

③ 인터뷰: 문제로 인해 어려움을 겪고 있는 당사자나 그 가족들, 이들에 대한 정보를 제공해 줄 수 있는 지역사회의 주요 정보원들로부터 자료를 수집한다. 문제로부터 직접적인 피해를 보고 있는 당사자들의 경험이 가장 중요하며 문제해결을 위해 개입서비스를 제공하는 전문가나 기관·단체 종사자들, 문제해결에 영향력을 미칠 수 있는 정책입안자 등이 보는 문제의 시각을 확인하는 것도 도움이 된다.

④ 설문조사: 문제로 어려움을 겪고 있는 당사자나 가족들로부터 그들의 상황과 경험, 그들이 원하는 문제해결의 방향을 이해하기 위해 욕구조사를 실시한다.

⑤ 지역사회포럼/공청회 등

2) 문제의 분석

개입을 개발하기 위해서는 문제에 대한 확인만으로는 불충분하며 문제에 대한 면밀한 분석이 필요하다. 왜냐하면 개입연구에서의 문제분석은 문제가 존재한다는 것에 대한 확인에 그치는 것이 아니라 디자인할 영역과 우선순위 등을 포함한 방향을 제시해 주어야 하기 때문이다. 문제분석이 적합하고 완전할수록, 문제영역의 중요성과 개발을 위한 우선순위를 결정하기가 쉬워진다.

Kettner 등(정무성 역, 2004)은 문제분석을 위한 준거틀로서 다음의 9가지 질문을 제시하고 있다.

① 상황 또는 상태의 본질은 무엇인가?

② 용어들은 어떻게 정의되고 있는가?

③ 상황을 경험하는 사람들의 특성은 무엇인가?

④ 상황의 크기와 공간적 분포는 어떠한가?

⑤ 상황으로 인해 위협받는 사회적 가치는 어떤 것들인가?

⑥ 상황이 얼마나 널리 인식되고 있는가?

⑦ 누가 상황을 문제로 정의하는가?

⑧ 문제의 원인은 무엇인가?

⑨ 인종, 성별 등은 고려가 되었는가?

이와 유사하게 Thomas(1984)는 개입연구를 위한 문제분석에서 고려되어야 할 요소들로 ① 문제의 양상, ② 문제의 요소적 측면, ③ 문제를 야기시키는 원인들, ④ 문제의 영향 또는 결과, ⑤ 문제해결을 위한 현재 노력들을 강조하고 있다. 다음에서는 이 요소들을 좀더 자세히 살펴보고자 한다.

(1) 문제의 양상

① 문제의 심각성 및 중요성

어려움이나 갈등의 정도가 얼마나 큰가? 문제의 상태는 어떠한가?

② 문제형성의 크기

문제의 크기와 공간적 분포는 어떠한가?(개인, 가족, 집단, 이웃, 지역사회, 국가, 국제사회 등)

③ 문제를 경험하는 사람

누가 가장 큰 어려움을 겪고 있는 대상인가?

④ 관심의 주체

누가 문제에 대해 관심을 가지고 있는가? 누가 상황을 문제로 정의하는가?(문제를 경험하는 당사자들, 전문가집단 등) 문제를 가지고 있는 사람들에 의해 관심 또는 문제가 공유되고 있는가?

⑤ 변화에 대한 인가

문제나 행동이 변화하여야 한다는데 대한 법적 인가가 존재하는가? 변화되어야 할 사람들의 명시적 동의가 있는가? 개입연구에서의 문제분석은 분석 그 자체를 목적으로 하고 있는 것이 아니라 개입을 개발하기 위한 것이므로 문제를 경험하는 사람들이 변화에 대한 동기를 가지고 있는가 그리고 법적 인가가 존재하는가 등에 대한 분석이 중요하다. 이런 부분이 미흡할 경우 개발된 개입은 활용성이 떨어질 것이다. 그러나 문제를 경험하는 사람들 사이에 변화에 대한 동기가 부족하지만 문제의 심각성이나 사회적 가치의 훼손 등 때문에 개입이 필요할 경우에는 문제를 경험하는 사람들의 변화 동기를 향상시키는 내용이 개입에 포함될 필요가 있을 것이다.

(2) 문제의 속성

① 문제의 내용과 유형

예를 들어, 문제가 결핍의 문제인가, 또는 학대의 문제인가, 학대가 사춘기 시작과 함께 유발되었는가, 학대가 2살 때 발생했다가 사춘기 때 다시 재발했는가, 또는 아동기 내내 지속되었는가 등 문제의 유형을 파악한다.

② 문제를 야기시키는 원인들

문제는 실천가들의 훈련부족, 사회적 편견, 차별, 낙인, 사회제도의 구조적 문제 등에 의해 야기될 수 있다. 예를 들어, 알코올 남용의 문제는 유전적이거나 생화학적 요인에 의할 수도 있고 학습된 행동의 결과일 수도 있다.

③ 문제의 영향 또는 결과

문제가 낳은 결과는 무엇이며 문제가 해결되지 않았을 때 발생할 수 있는 결과는 무엇인가? 예를 들어, 알코올 남용의 경우, 신체적 건강 저해, 심리적 기능 저하, 직업 효율성 감소, 가족 관계나 아동양육에 역기능을 낳을 수 있다.

(3) 문제해결을 위한 방향

① 어떤 변화가 문제해결을 위해 필요한가?
② 수용할 수 있는 변화의 수준은 무엇인가?
③ 문제해결에 장애요인은 무엇인가?
③ 문제해결을 위해 고려해야 할 사항은 무엇인가?

(4) 문제해결을 위한 기존 노력

문제분석에서 다루어져야 하는 또 하나의 과업은 문제해결을 위해 이제까지 이루어져 온 노력에 대한 광범위한 검토이다. 문제의 확인과 분석은 문제영역의 중요성과 범위를 결정하는데 도움이 되지만 관련 개입이 존재하는지에 대한 검토가 함께 이루어지지 않으면 개발의 방향에 실제적인 도움을 주기 어렵다. 문제가 존재한다는 것이 확인되고 그 문제가 매우 심각하다고 하더라도 그 문제 해결을 위한 효과적인 개입이 이미 개발되어 있다면 유사한 새로운 개입은 불필요할지도 모른다. 문제해결을 위한 개입이 개발되어 있지 않거나, 존재한다고 하더라도 효과적이지 못하거나, 문제해결을 위해 적절치 못하다면 새로운 개입이 필요할 수 있다. 즉 문제해결을 위한 수단이 없거나 부족하거나 적절치 못할 때 개입 개발의 필요성이 정당화될 수 있다.

사실상 문제해결을 위한 기존 노력에 대한 검토는 개입연구의 필요성을 확인시켜 주는 동시에 디자인의 영역과 문제, 범위 등을 결정하는데 직접적인 도움을 준다. 기존 노력을 검토할 때는 약점이나 문제점뿐만 아니라 강점도 함께 분석해야 한다. 문제점은 디자인의 필요성을 정당화시켜 주지만 강점들은 디자인을 통해 새로이 개발될 개입의 내용으로 포함될 수 있다. 전혀 새로운 내용의 개입을 개발하는 경우도 있지만 오늘날 개발되는 여러 프로그램들은 기존 개입의 장점에 문제점을 보완하는 형태를 띠고 있다. 기존 개입을 포함하는 다양한 정보로부터 새로운 개입을 위한 지침을 도출하는 과정은 디자인 영역에서 보다 자세히 설명하도록 하겠다.

문제분석 예시

...현재 학생의 35%가 학교실패의 위험에 처해 있다. 22%는 졸업 전에 중퇴하고(National Center for Education Statistics, 1990), 나머지 13%는 기본적인 학업기술을 습득하지 못한 채 졸업하고 있다(Council of Chief State School Officers, 1987). .....최신 검색은 교육 및 사회복지 프로그램을 모두 포함하였는데, 교육 분야에서는 학교에서 위험에 처한 학생들을 돕는 효과적인 전략을 제시한 다수의 연구들을 확인할 수 있었다. 협력 학습, 유치원 및 1학년 읽기 프로그램, 튜터링, 컴퓨터를 이용한 학습지도 등이 그것이다. ... Hahn(1987)에 따르면. 학교 실패는 "일찍 시작되고, 많은 원인이 있으며, 해마다 점점 더 악화되고 있다. 학생 측면(많은 문제로 고통 받는 학교아동들)과 제도적 측면(학교, 학교위원회, 주정부 및 연방정부 교육정책 포함)에 모두 문제가 있다(p. 256)." 그 결과 교육정책가들은 학교연계 서비스의 전달체계 개발(Center for the Future of Children, 1992; Gardner, 1993; Levy and Shepardson, 1992; Morrill, 1992; Soler and Shauffer, 1993)을 통해 교육자와 인간서비스 제공자들 간의 협력을 주장해 왔다(미 교육부, 1993). 현재 많은 프로그램들이 진행 중이지만 평가는 거의 이루어지지 않고 있다. ...사회복지실천에서도 위험에 처한 학생들에 대한 개입은 오래 전부터 이루어져왔다(Chavkin, 1985; Constin, 1969; Radin, 1989). 그러나 잘 계획된 효과적인 개입은 매우 부족한 상태이다(Brown, 1982, 1989). 학교사회복지에 관한 36개의 개입연구를 검토한 결과(Bailey-Dempscy, 1993), 5개의 연구만이 ① 잘 통제되고, ② 구조화된 개입을 사용하였으며, ③ 신뢰도와 타당도 있는 성과 측정을 하였으며, ④ 긍정적 결과 산출이라는 조건을 만족시켰다(McGullach, 1982; Reid et al., 1980; Rose, 1985, 1986; Schinke, 1982). 더욱이 Reid 등(1980)의 연구만이 학교실패와 높은 관련성이 있다고 알려진 요인들(학년, 출석, 교실 내 행동)에 직접적으로 영향을 주도록 설계되었다(Slavin, 1989). 따라서 학교실패 문제해결을 위해 교육적, 사회적 요인들을 포함하는 새로운 개입모델의 필요성이 제기되었다....

출처: Bailey-Dempscy and Reid(1996)에서 요약 발췌

2. 개발 목적 설정

해결해야 할 문제가 확인되고 위의 문제분석의 틀에서 제시된 여러 영역에 대한 분석이 이루어지면 수행하려는 개발 프로젝트에서는 어떤 노력을 해야 할 것인지와 관련하여 개발영역, 개입의 초점, 개입대상의 특성, 변화시키려는 행동 등이 결정될 수 있다. 인간서비스 분야에 있어서 개입연구의 목적은 다양한 사회적 기제의 개발이 될 수 있을 것이다.

개발의 목적을 설정할 때 가장 기본적으로 고려해야 하는 사항은 문제 확인 및 분석에서 이루어진 작업 내용의 결과와 일관성이 있어야 한다는 것이다. 전통적 조사에서 문제제기와 거리가 있는 연구문제가 부적절한 것처럼, 확인되고 분석된 문제에 대한 해결과 관련성이 없거나 적은 개발 목적을 설정하는 것은 성공적 개발을 방해한다.

개발의 목적을 설정하는 작업은 차후에 디자인을 설명할 때 자세하게 다루어질 디자인 영역의 사항들을 결정하는 작업과 함께 간다. 즉 개입 초점, 개입 수준, 개입 영역, 개입 유형, 개입에서 참여자의 역할, 개입이 사용될 세팅 등은 이미 개입연구의 목적 설정시 함께 고려될 수밖에 없다.

문제분석과 개발 목적 설정의 연계성

〈예시 1〉

문제분석의 결론 : 개별사회복지사가 우울증을 겪고 있는 내담자를 좀더 효과적으로 상담할 수 있는 방법이 부족하므로 이에 대한 개발이 필요하다.

개발 목적 : 우울증을 겪고 있는 사람들을 좀더 효과적으로 상담할 수 있는 임상적 개입을 개발한다(임상개입과정을 포함하는 개입 매뉴얼을 개발하는 것).

〈예시 2〉

문제분석의 결론 : 인터넷 중독과 관련된 국내의 척도들은 내용과 선별기준이 서로 상이하여 상호 비교가 어려운 상황이다. 대부분의 척도들은 개발과정에서 Young의 척도에 지나치게 의존하거나, 중독과 관련된 이론적 배경을 척도 문항에 충분히 반영하지 못하거나 타당화가 미비된 통계적인 진단기준을 사용하는 등의 문제를 보였다(김청택 외, 2002에서 요약 발췌).

개발 목적 : 보다 신뢰성 있고 타당한 인터넷중독 자가진단검사를 개발한다.

〈예시 3〉

문제분석의 결론 : 겸상적혈구성빈혈(Sickle Cell Disease:SCD) 환자의 우울증 비율은 일반인이나 다른 만성질환자 집단보다 높게 나타나고 있으며 우울증 증세를 보이는 SCD 환자들은 우울증이 없는 SCD 환자들보다 더 많은 건강문제를 경험하고 있다.

기존노력 검토 : 개입에 대한 문헌조사에 의하면 SCD 환자의 우울증을 관리하기 위한 효과적인 개입이 보고된 것이 없다. 사회복지사, 보건 및 정신보건서비스 제공자들에게 자문해 보았을 때 이들은 SCD 환자의 우울증을 관리하기 위해 다양한 방법들을 사용한다고 보고 하였지만 이런 방법들이 얼마나 효과적인가에 대해서는 의견일치가 되지 않고 있다. 다른 만성질환자들의 우울증을 치료하기 위한 개입치료모델에 관하여 검토해 보았을 때 심리교육집단이 우울 증세를 완화하는데 도움이 된다고 보고하고 있다(Comer, Meier, and Galinsky, 2004에서 요약 발췌).

개발 목적 : SCD 환자들 대상으로 한 심리교육 집단개입을 개발하고자 한다.

3. 실행 가능성 확인

자연과학이나 공학분야에서 개발을 계획할 때는 실행가능성 조사가 필수적이지만 인간서비스 분야에서의 실행가능성 조사는 상대적으로 새로운 개념이라고 할 수 있다. 최근에 와서는 인간서비스 분야에서도 국가의 세금이나 공적 자금 활용에 대한 책무성 이슈와 맞물려 개발될 개입의 이득이 비용을 능가할 것인가 하는 경제적 실행가능성, 얼마나 많은 사람이나 기관들이 개발된 개입을 활용할 것인가 하는 활용가능성 등이 중요한 이슈가 되고 있다. 제한된 자원과 재원 내에서 지원을 결정해야 하는 재정적 후원단체들은 많은 사람들이 활용할 수 있고, 비용절감적이며, 효과적인 개입을 개발할 수 있는 프로젝트에 관심을 가질 수밖에 없다. 따라서 개입연구에서는 개발하려는 개입이 과연 실행가능한지 여러 면에서 검토해 볼 필요가 있다.

Thomas(1984)는 개입을 개발하고자 할 때 다음의 6가지 측면에서 실행가능성을 검토하고 확인해야 한다고 제시하고 있다. 실행가능성이 있다고 평가될 때 비로소 개발 프로젝트는 시작될 수 있다.

① 기술적 실행가능성(Technical feasibility)

현재 존재하는 기술적 능력이 새로운 개발을 가능하게 할 만큼 진보적인가? 예를 들어, 아직까지는 컴퓨터가 말이나 손으로 쓴 글씨를 판독하는 기술이 완전하지 못하고 상용화되어 있지 않으므로 자판이나 마우스 대신 말이나 손으로 쓴 글씨를 사용하는 컴퓨터 프로그램의 개발은 당분간은 실행가능성이 떨어진다고 볼 수 있다.

② 조직적 실행가능성(Organizational feasibility)

개발을 수행할 개인이나 조직이 개발 능력을 가지고 있는가? 조직이 개발을 수행하려면 관련될 인력이 개발과 관련된 기술과 자질을 가지고 있으며 적절하게 훈련되어 있는가 하는 것이 중요하다. 또한 재정적, 행정적 지원 능력을 가지고 있는가, 조직의 장 또는 권한을 가진 상부임원들의 지원이 있는가 하는 것도 개발의 성공을 좌우한다.

③ 경제적 실행가능성(Economic feasibility)

예상되는 이득이 예상 비용을 능가하는가? 즉 효율성 또는 자원 활용의 경제성을 의미하는 것이다.

④ 비용 실행가능성(Financial feasibility)

개발에 드는 비용을 부담할 재원이 있는가?

⑤ 정치적 실행가능성(Political feasibility)

계획하고 있는 개발이 이것을 시작하고 지속하는데 영향력을 미칠 수 있는 사람들에게 수용되는가?

⑥ 활용 실행가능성(Use feasibility)

개발을 활용할 단체나 사람들이 개입을 수용하고 활용할 것인가 또는 현재는 활용 가능성이 낮더라도 차후 교육에 의해 개입에 대한 수용성이 증가하겠는가 하는 것들과 관련된 이슈이다. 활용가능성은 새로운 개발물이 갖게 될 자체의 특성(예를 들어, 개발물의 복잡성)이나 차후에 부가될 가격에 의해서도 영향을 받게 되겠지만 사회적 인식이나 분위기, 문화적 수용 정도에 의해서도 영향을 받을 수 있다. 예를 들어 최근에는 북한이탈주민들과 함께 하는 멘토링이나 집단 프로그램들이 많이 운영되고 있지만 약 10여 년 전에 이런 프로그램들이 제안되었다면 참여하고자 하는 일반 대학생이나 성인은 매우 소수이었을 것이다.

인간서비스 분야에서 개입 개발의 실행가능성을 평가한다는 점에서 이 책에서는 위에서 설명한 6가지 이외에 7번째로 윤리적 실행가능성을 첨가하고자 한다.

⑦ 윤리적 실행가능성(Ethical feasibility)

최근 외국에서는 연구를 수행하기 전에 연구자가 소속되어 있는 대학이나 연구소에 계획하고 있는 연구가 대상자들에게 해를 미치지 않을 것이라는 것 등을 포함한 연구윤리계획서를 제출하고 연구윤리위원회로부터 연구에 대한 승인을 얻어야 한다(관련 내용은 7장 참조). 이처럼 연구의 윤리성 확보가 점차 제도화되어 가고 있는 추세이기 때문에 윤리적으로 문제가 있는 연구는 실행되기 어려운 실정이다. 이런 제도적 장치가 되어 있지 않은 부도덕한 기업들에서는 이윤만을 목적으로 아동에게 유해한 상품이나 식품 등을 만들기도 하지만, 공공 책무성을 수행해야 하는 인간서비스 기관에서는 비윤리적인 개입의 개발은 수용되기 어렵다.

하지만 우리 사회에는 절대적인 윤리적 가치도 존재하지만 많은 가치들은 상당히 상대적이며 서로 다른 가치를 지닌 이익집단들 간의 상호작용과 정치적 역동성을 통해 누구의 가치가 더 우선적인지가 결정되는 경우가 많다. 아동을 대상으로 한 성 범죄자들에게 전자팔찌를 채우자는 의견은 성 범죄자들로부터 아동을 보호하고자 하는 찬성자들과 범죄자들의 인권을 보장하고자 하는 반대자들 사이에 상당한 갈등을 낳는다. 이런 정책을 실행할 것인가 말 것인가의 결정은 두 집단 간의 가치 충돌 속에서 결국은 정치적 맥락 속에서 결정되는 경우가 많다. 그럼에도 불구하고 어떤 새로운 개발물을 만들어낼 때는 이것의 활용과 보급이 윤리적인지 하는 점은 명확화되어야 한다.

우리나라 연구윤리위원회 설치 현황과 전망

한국학술진흥재단은 2006년 태스크포스팀으로 “연구윤리확립추진위원회”를 구성하고 전국 218개 대학과 280개 학회를 대상으로 연구윤리관련 현황과 활동에 대한 전반적인 실태를 조사하였다. 그 결과 연구윤리위원회가 설치된 곳은 28개 대학(12.8%)과 14개 학회(5.0%)에 불과하였다. 또한 연구윤리 관련 규정을 갖춘 곳은 34개 대학(15.6%)과 9개 학회(3.2%)로 조사되었다. 연구윤리확립추진위원회는 연구결과에 기초하여 대학과 학회는 국제 수준의 연구윤리 지침을 마련하고, 대학은 학부생과 대학원생, 연구자를 대상으로 연구윤리교육을 실시하며, 정부는 제반 행·재정적 지원을 강화하는 한편 연구윤리확립 활동 실적이 미흡한 기관에는 제재 조치를 취할 것을 권고하였다. 교육부는 2007년까지 모든 대학과 학회에 연구윤리지침을 마련하도록 하고, 2008년부터 학술연구조성사업 선정에도 이를 적용할 계획으로 있다.

출처: 한국아동학회(2007)

〈그림 4-1〉 개발 프로젝트 실행 여부 결정에 영향을 미치는 요인들

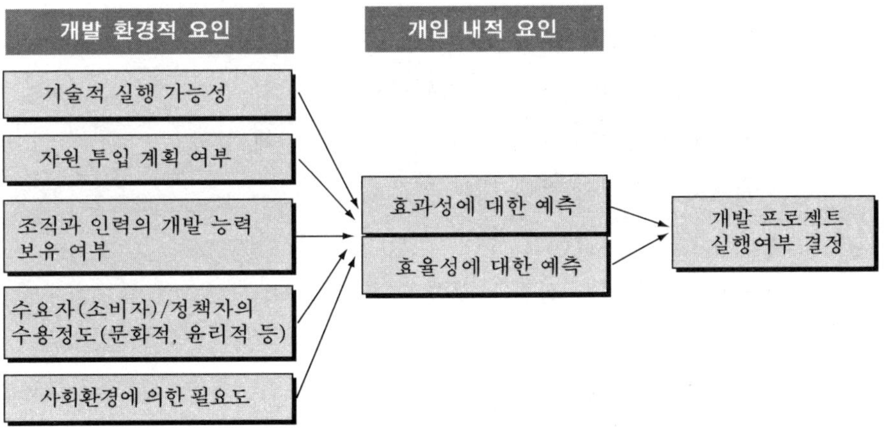

4. 프로젝트 기획

기획(planning)이란 일련의 계획을 수립해 나가는 과정을 의미한다. 계획을 수립하기 위한 하나의 기획은 기대하는 목적을 구체적으로 어떻게 달성할 수 있는지에 대한 안내자 또는 지침서 역할을 한다고 할 수 있다. 프로젝트를 기획해야 하는 가장 큰 이유는 프로젝트에 대한 책임성을 확보하기 위한 것이며, 프로젝트를 진행하는 구체적 과정이 기획안에 포함됨으로써 프로젝트 진행 상에서 불확실성을 줄일 수 있기 때문이다(지은구, 2005).

Lohmann과 Lohmann(2002)은 기획이란 미래의 행동들을 위한 일련의 결정들을 준비하기 위한 조직적 문제해결과정이라고 정의하면서 기획이 다음과 같은 의미들을 내포한다고 하였다(지은구, 2005에서 재인용).

- 미래를 앞서 바라봄
- 행동을 위한 욕구의 인식
- 행동과정의 수립
- 목적, 전략, 전술을 사전에 수립
- 목적 성취를 위해 필요한 자원 동원
- 일반적 전략과 구체적 행동과정 사이의 관계 설정
- 예기치 않은 사건들에 대한 조정
- 추측들이나 짐작들의 제거
- 필요한 행동이나 결정을 위한 일정 수립

1) 개입연구 프로젝트 기획 시 고려사항

개입연구의 기획은 잠재적 사용자들을 겨냥해 그들이 활발히 사용할 새로우며 효과적인 결과물을 산출해 내는 과정에 대한 기획이라는 점에서 다른 프로젝트들에 대한 기획과 좀 차별적일 수 있다. 김홍재(2005)는 제품개발을 위한 기획에서 필요한 일반적인 능력으로 다음과 같은 6가지를 언급하고 있는데, 이는 개입연구 프로젝트 기획에도 필요한 능력이라고 할 수 있다.

▪ 선견력 : 미래를 예측하는 능력을 의미한다. 기획은 앞으로의 행동을 설계하는 것이므로 변화를 내다본다는 것은 당연히 필요한 조건이 된다. 이 능력은 미지에서 오는 위험부담을 최소화할 수 있다.

▪ 구상력 : 기획이 지향하는 방향에 대하여 생각의 골격을 정리하는 힘이라고 할 수 있다.

▪ 정보력 : 여러 자료 및 정보를 수집, 분석하여 현상을 파악하는 능력이다.

▪ 창조력 : 창조력이란 당면한 과제를 해결하기 위하여 기존의 정보나 경험을 끌어내어 새로이 조립함으로써 가치있는 어떤 사물이나 아이디어를 만들어내는 능력을 의미한다.

▪ 설득력 : 기획을 관계자들에게 알기 쉽게 제안하고 타인을 설득하여 기획을 수용하도록 하는 능력이다.

▪ 조직력 : 기획의 기능과 요소를 결합하여 집단의 조직력을 발휘하게 하는 능력을 의미한다.

개입연구 프로젝트의 기획은 일반적인 프로젝트 기획의 특성과 개입연구라는 독특한 프로젝트의 기획이 갖는 특성을 모두 포함한다. 일반적으로 개입연구 프로젝트를 기획할 때는 흔히 다음과 같은 사항들이 고려된다 (Rothman, 1994).

▪ 재원 - 초기 재원, 전체 재원

▪ 재원 제공처 또는 후원처와의 관계

▪ 시간설정(timeline)

▪ 행정적 책임성, 분배, 권위체계

▪ 공간

- 각 단계별 참여인력 구성, 기능, 크기
- 보조인력
- 정보원과 자료수집 방법 및 통합방법
- 현장실험 세팅
- 현장실험 방법 및 기대, 한계점
- 현장실험을 실시할 기관과의 접촉
- 평가를 위한 측정도구
- 평가를 실시할 세팅
- 표집을 위한 조건과 방법
- 자료분석절차
- 자료처리방법과 비용
- 자료 관리
- 전문적 논문, 보고서 또는 매뉴얼 준비
- 개입결과물의 보급방법

개입연구의 기획이 다른 일반 프로젝트의 기획과 다른 점은 현장실험 장소를 사전에 설정하고 현장과 협력적 관계를 구축해 나가야 한다는 점이다. 또한 프로젝트의 임무가 개입결과물의 생산에 그치는 것이 아니라 보급에도 큰 관심을 둔다는 점이다. 따라서 이런 점들이 기획에서 반영이 되어야 한다.

2) 개입연구 인력 구성 기획

인력의 구성과 조직이 모든 프로젝트에서 중요하듯이 개입연구의 수행을 위해서도 매우 중요하다. 개입연구 프로젝트 크기는 경우마다 상이할 수 있는데, 교수들의 개별연구나 박사학위 수준에서 이루어지는 개입연구 프로젝트들은 단일 프로젝트로 구성되는 반면, 큰 연구센터나 연구소들은 동일 주제에 대한 몇 개의 프로젝트를 동시에 운영하기도 한다. 프로젝트의 크기에 따라 참여하는 인력의 수도 달라지게 된다. 개입연구는 문제 분석 및 기획과 정보수집 및 통합, 디자인, 현장실험 및 초기개발 수정, 평가 및 후기개발, 보급 및 사후관리 등의 장시간을 요하는 일련의 과정으로 구성되기 때문에 연구가 처음부터 보급까지 한 프로젝트 안에서 다 이루어진다고 할 경우 일반적으로 많은 인력을 필요로 한다. 개입연구에서 필요한 인력을 업무흐름단계에 따라 살펴보면, 분석 및 기획 단계, 정보수집 및 통합 단계, 디자인 단계에서는 정보 분야의 전문가가 필요하고 현장실험 및 초기개발 단계와 평가 및 후기개발 단계에서는 실천가 및 평가 전문가, 보급 및 사후관리 단계에서는 핸드북, 비디오테이프, 매뉴얼 등의 개입수행 패키지를 만들 수 있는 미디어 능력 보유자에게 의존할 것이다.

개입연구를 위해서는 실천적 관심이나 실천 경험을 가진 조사자와 조사에 대한 이해도가 높은 직원들을 찾는 것이 중요하다. 즉, 프로젝트 참여자는 조사와 실천 모두에 대한 이해도와 민감성이 높아야 한다는 것이다. 참여 인력들의 연구 기능을 극대화하기 위해서는 조직 내에 명확한 지도력과 적절한 수퍼비전이 필요하다. 프로젝트를 위한 지도력은 어느 정도의 자유 및 융통성과 관료주의적 기대가 혼합된, 다시 말해 도전과 안정이 양립하는 것이 바람직하다(Rothman, 1994).

전반적으로 개입연구 참여 인력들에게는 다음과 같은 능력들이 요구된다(Shadish, Cook and Leviton, 1991; Rothman, 1994).

- 복합적이고 불확실하고 모호한 상황에서도 잘 기능할 수 있는 능력
- 학습 능력
- 협상기술
- 융통성
- 민첩하게 외부의 요구에 대처할 수 있는 능력
- 의사소통기술
- 경청능력
- 다른 사람들과 협동할 수 있는 능력

5. 정보 검토 시작

정보 검토에 대한 설명에 앞서 문제 확인과 분석, 개발의 목적 설정, 실행가능성 확인 등을 기술하였지만, 정보 검색이 앞서 설명한 활동들 이후에 시작되는 활동은 아니다. 정보 검색은 문제분석을 위해서도 필요한 활동임에 틀림이 없다. 기존의 자료들을 통해 타 집단, 타 지역에 동일 또는 유사 문제가 미치는 영향을 파악함으로써 현재 집단이 당면한 문제의 심각성과 결과를 예측할 수 있으며 문제해결을 위해 현재까지 어떤 노력이 이루어져 왔는지를 검토할 수 있다.

분석 및 기획 단계에서 기술된 활동들을 위해서 뿐만 아니라 앞으로 디자인 및 초기개발 단계에서 다루어져야 할 많은 활동들을 위해서도 정보 수집이 실행되어야 하며 사실상 개입연구 전 과정에서 정보가 필요하기 때문에 최신 정보에 대한 수집은 프로젝트 초기 단계에서부터 시작되게 된다. 특히 개입 디자인을 위해서는 손쉽게 얻을 수 있는 몇 가지 정보에 의존하는 것이 아니라 그 분야 및 관련 분야에서 이루어진 중요하며 다양한 연구들을 총체적으로 검토하여 정보를 통합하고 일반화를 도출해 내는데 목적이 있기 때문에 정보 검토는 개입연구에서 매우 중요한 위치를 차지하게 된다.

정보검토는 ① 문헌들을 컴퓨터나 색인을 통해 찾아내거나 실천 자료를 제공할 수 있는 표본을 선정하고 이들로부터 정보를 얻어내는 정보수집 과정과 ② 얻어진 정보를 통합하고 합성하여 종합된 결론을 얻어내는 정보통합 과정으로 구성된다.

개입연구에서 정보를 검토하는 목적들을 살펴보면 다음과 같이 다양하다.

① 문제 분석을 위해

② 최근의 동향 검토를 위해

③ 개입연구의 실행가능성 결정을 위해

④ 디자인을 위한 자료수집 및 자료통합을 위해

⑤ 진행되고 있는 개발을 모니터링하기 위해

⑥ 개발된 결과물의 보급 및 마케팅 전략을 결정하기 위해

위 목적들 중 문제분석, 최근 동향 검토, 개입연구의 실행가능성 결정을 위한 정보검토는 앞에서 설명한 개입연구의 초기단계에서 다루어져야 하는 과업들과 관련된 목적들이다. 디자인을 위한 정보수집과 통합은 개입연구에서 가장 중요한 부분이며 개입연구의 마지막 단계인 보급 및 사후관리 단계에서도 수집된 정보는 매우 유용하다. 따라서 정보검토를 어느 특정 단계에 국한된 작업으로 보거나 그 단계와만 관련된 것으로 보는 것은 적절치 못하다. 정보검토는 필요에 따라, 그리고 그 목적에 따라 여러 단계를 거쳐 이루어질 수 있는 반면, 흔히는 디자인의 초기 단계까지 적극적으로 실행된다고 하겠다.

정보수집과 정보통합에 대한 보다 자세한 내용은 다음 장인 '정보수집 및 통합' 및 제3부에 설명되어 있으므로 그곳을 참고하면 된다.

6. 현장과 협력적 관계 구축

현장과의 협력적 관계 구축은 개입연구 특유의 활동인 동시에 개발의 성패를 좌우하는 매우 중요한 활동이다. 호주의 직장보건및안전규정을위한 국가연구센터에서는 개입연구의 2번째 단계를 '현장과의 파트너십 구축'이라고 제시할 정도로 이 활동을 중시하고 있다. 협력의 개념과 개입연구에서 현장과 협력적 관계 구축의 중요성을 살펴보면 다음과 같다.

1) 협력의 개념과 특성

협력은 둘 또는 그 이상의 조직이 책임성, 권한, 책무성에 기반하여 공동의 목적을 달성하기 위해서 일하는 것으로 정의할 수 있다(Chrislip and Larsen, 1994). 기관 간 협력은 힘과 자원을 극대화하여 직면한 정치·경제적 상황에 대처하고 문제해결을 위한 새로운 관점과 아이디어를 개발하고 새로운 기술을 공유하게 된다는 강점이 있는 반면에 협력 기관에 손실을 초래할 위험도 있다(이시연·이용창, 2002). Alter와 Hage(1993)는 여러 연구자들의 의견을 종합하여 기관 간 협력의 비용과 효과를 〈표 4-1〉과 같이 정리하였다. 개입연구자는 현장의 실천가와 함께 개입연구를 실시하는 과정에서 이러한 협력의 장·단점을 인식하고 협력 관계를 체계적, 전략적으로 구축할 필요가 있다.

〈표 4-1〉 협력의 비용과 효과

비 용	효 과
· 자원 손실: 시간, 자금, 정보 · 실패의 영향: 명성, 위상, 재정 등에 있어서 실패의 비용을 공유하게 됨 · 기술적 우수성을 타협력기관과 공유: 전문적인 기술을 가진 인적자원 타기관의 공유 · 자율성 상실 · 안정성 상실 · 영역, 목적, 방법에 있어서의 갈등 · 의사소통과 조정상의 어려움으로 인해 해결과정이 지연됨	· 자원 획득: 시간, 자금, 정보 · 프로그램 개발 위험의 공유: 실패 비용을 분담하게 됨 · 새로운 기술을 학습·적용하고, 능력을 개발하고, 새로운 서비스를 함께 개발할 기회 확보 · 영향력이 확대됨 · 불확실성을 관리할 수 있는 능력 확보 · 시너지의 증대 · 대응력의 향상: 변화하는 시장의 요구에 신속히 반응함. 새로운 기술 활용의 지연이 감소됨

출처: Alter and Hage(1993), 이시연·이용창, 2002에서 재인용

2) 개입연구에서 협력의 중요성

개입연구에서의 실용적 산출물은 현장실험과 평가를 통해 생산될 수 있기 때문에 개입연구 프로젝트 기획 단계부터 어떤 현장(기관, 단체 등)과 협력하여 현장실험과 평가를 할 것인지를 염두에 두어야 한다. 개발된 개입을 실행해 볼 현장이 프로젝트 기획 초기단계부터 설정되고 파트너십이 구축된다면 선정된 현장은 분석 및 디자인 단계부터 개발자들에게 개입연구와 관련된 여러 가지 조언이나 제안을 제공할 수도 있다.

협력 과정에서 갈등 해결과 비전의 공유는 성공적인 협력 관계 구축을 유지하기 위해 중요한 요소이다(Gray, 1989). 비전을 공유하고 기관과의 협력적 관계를 공고히 하는 방법 중의 하나는 절차적 동의를 포함한 계약을 체결하는 것이다. 계약은 문서화되어야 하는데, 기관과 프로젝트팀에 대한 다음의 내용을 포함시킬 수 있다(Rothman, 1994 : 89-90).

(1) 기관 측면

① 예산은 개입연구 프로포절에 명시된 목적과 방법에 한하여서만 사용할 수 있다는 점에 대한 이해

② 실험조사에 참여할 사람들을 선정하고 이들을 실험집단에 무작위로 배정하는 일에 대한 권한은 연구자가 갖는다는 점에 대해 이해

③ 연구를 위한 특별 치료법이나 예산, 인력 등과 관련하여 불만이 접수될 때에도 기관은 이 연구를 지지할 것이라는 동의

④ 인력, 예산, 공간 등의 공유 및 배정에 대한 동의

⑤ 제안된 실험계획에서 추진하는 모델을 수용한다는 데에 대한 동의

⑥ 계획된 조사설계를 무시하지 않으며 조사를 방해하는 다른 절차들에 참여하지 않을 것이라는 동의

⑦ 과장적이거나 자기 홍보적인 광고를 하지 않을 것임에 대한 동의

(2) 프로젝트 측면

① 실험 프로그램에서 집단크기, 개입종류, 개입기간 등에 대해 서로 동의한 내용을 벗어나지 말아야 함

② 연구를 위한 필수적 요건으로서 모든 당사자들이 합의한 부분이 아니라면 기관의 기존 규범들을 위반해서는 안됨

③ 연구 프로포절에서 제안한 서비스를 제공해야 함

④ 모든 협력 당사자들에게 기간별로 진행 상황을 보고해야 함

⑤ 협력팀의 구체적 허락이 없는 한 합의된 절차를 임의적으로 변경할 수 없음. 다른 협력 팀을 관여시켜야 하는 위급한 어려움이 발생하면 연구자들은 이 문제를 논의하기 위한 회의를 소집함

기관과의 협력적 관계 속에서 연구를 수행함으로써 연구자만이 득을 얻는 것이 아니다. 기관은 필요한 프로그램이나 서비스가 개발됨으로써 궁극적으로 이득을 얻을 수 있으며 연구과정 중에 연구자들은 기관 직원들에게 관련 정보를 제공하고 워크숍이나 세미나 등을 통해 개발하려는 개입을 훈련시키고 조사활동을 익히게 하므로 기관 직원들도 기관 중심 조사를 배울 기회를 얻게 된다.

제 5 장

정보수집 및 통합

앞에서도 설명했듯이 '정보의 수집과 통합'은 다양한 목적을 위해 여러 단계를 걸쳐 수행할 수 있다. 하지만 순서상으로 보면 이 작업은 개입연구의 첫 단계인 분석 및 기획 단계에서부터 디자인 단계까지 집중된다고 할 수 있다. 이 장에서는 개입연구와 관련하여 다음의 3가지 작업에 초점을 맞추고자 한다.

① 정보원 결정

② 정보검색 및 자료수집

③ 정보통합

정보검색과 정보통합에 관한 보다 자세하며 기술적이고 실제적인 내용은 제3부에서 별도로 다루고자 한다. 또한 정보통합은 '디자인 단계에서 '정보 변환'이라는 제목 하에 중복적으로 설명되고 있다. 앞에서도 살펴본 바와 같이, 정보 수집은 여러 단계에 걸쳐 여러 가지 목적으로 수행될 수 있지만, 개입연구에서 정보 수집을 위한 가장 중요한 목적 중의 하나는 디자인을 위한 것이다. 따라서 이 단계에서 논의되고 있는 정보통합은 디자인 단계에서 보면 정보변환 과정에서 정보의 일반화를 끌어내기 위한 작업의 일부라고 볼 수 있다. 다시 말해 정보의 수집 및 통합은 별도의 단계라기보다는 분석 및 기획 단계와 디자인 단계에 걸쳐 수행되는, 정보 수집

관련 과업들을 묶어 놓은 단계라고 할 수 있다.

이 장에서 정보라고 할 때는 정보의 원료가 되는 '있는 그대로의 정보'인 '자료(데이터)'와 자료의 가공을 통해 얻어진 '가공된 자료'라는 의미의 '정보' 둘 다를 포함하는 개념으로 보고자 한다. 이 둘의 차이를 전통적 조사연구를 통해 비교해 보면, 정보 검색은 주로 문헌연구를 통해 이루어지며 자료 수집은 설문이나 면접, 관찰 등의 자료수집 방법을 활용한 조사를 통해 행해진다. 실증적 조사 속에서 수집된 자료는 분석 과정을 통해 새로운 정보로 탄생하게 된다. 지식축적이 궁극적 목적인 사회조사는 흔히 문헌조사와 실증적 조사로 나뉜다. 실증적 조사 없이 기존의 문헌들만을 분석하여 결론을 도출하기도 하고, 문헌연구를 바탕으로 실증적 조사를 실시하기도 한다.

개입연구에서는 정보 수집이 지식축적을 위해서가 아니라 개입을 디자인하기 위해 진행되는데, 때로는 문헌에 수록된 정보만으로 충분하지 않고 새로운 자료까지도 필요로 한다. 특히 정보화되어 있지 않은 실천개입이나 내부 혁신 또는 실천가의 개인적, 전문적 경험 등은 별도의 자료수집 방법을 통해 획득될 수밖에 없다. 다시 말해, 개입연구에서는 디자인을 위해 정보검색과 자료수집이 다 수행될 수 있으며, 정보검색은 전통적인 실증적 연구에서의 문헌연구를 위해 행해지는 정보검색과 동일하며 자료수집은 실증적 연구에서 자료를 직접 질적 또는 양적으로 수집하는 것에 해당한다고 할 수 있다. 하지만 모든 개입연구들이 직접 자료를 수집하여 새로운 정보를 창출하여 디자인에 이 정보를 활용하는 것은 아니며 많은 연구들은 기존의 정보들을 중심으로 개입을 디자인하고 있다. 하지만 개발물을 이용할 실천가들이나 그 밖의 소비자들의 의견과 경험에 귀 기울이는 것은 보다 소비자 중심의 개입이 개발될 수 있다는 점에서 중요하다.

우리 주변에 직접 자료를 수집하는 조사 방법론을 다룬 책이나 정보들은 매우 많다. 따라서 이 장에서는 기존 정보를 검색하고 통합하는데 관련된 이슈들을 중심으로 살펴보고자 한다.

〈그림 5-1〉 개입연구에서의 정보수집의 범위

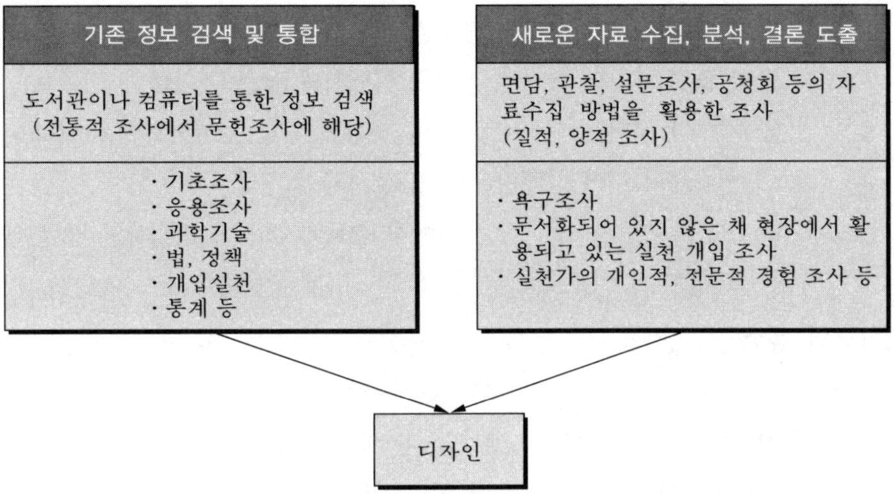

1. 정보원 결정

1) 개입연구의 정보원

다음과 같은 것들이 개입연구를 위한 정보원이 될 수 있다(Thomas, 1984).

① 기초 조사 - 심리학, 사회학, 인류학, 정치학, 경제학 분야 등의 조사 결과

② 응용 조사 - 심리치료, 응용행동분석, 행동치료, 교육상담, 재활, 간호 조사, 정신과조사 등

③ 과학 기술 - 공학, 전기학, 텔레커뮤니케이션, 컴퓨터 분야의 기술

④ 관련 기술 - 병원 경영, 행정학, 경영학, 교육학, 재활, 공공보건, 행동

치료, 건축, 임상심리학, 간호학, 사회복지, 약학 등
⑤ 법률적 정책 - 헌법, 법, 법률, 규례, 조약 등
⑥ 내부 혁신 - 자조집단, 일반심리학, 사회운동, 정치운동 등
⑦ 실천 - 자신의 영역과 관련 영역에서의 실천
⑧ 개인적 경험 - 다른 사람들의 경험에 관한 보고서뿐만 아니라 개인 생활에서 얻어진 개인 실천가-조사자의 경험
⑨ 전문적 경험 - 전문적 활동에서 습득된 실천가-조사자의 경험

2) 정보의 유형

정보들은 다양한 형태로 존재한다. 새로이 만들어내야 하는 정보도 있지만 기존의 정보는 저장형태에 따라 인쇄매체, 시청각매체, 마이크로매체, CD-ROM, 온라인 데이터베이스와 같은 전자매체 등으로 존재한다. 정보이용의 관점에서는 정보의 가공정도에 따라 일차 정보, 이차 정보, 삼차 정보로 나뉜다. 여기서 일차 정보란 학술연구논문과 같이 독창적 이론이나 사실을 발견한 사람 자신이 그 내용을 처음으로 기록한 정보로서, 원문의 내용을 전혀 가공하지 않은 것을 지칭한다. 이차 정보는 일차 정보를 효과적으로 찾아볼 수 있도록 일차 정보의 서지사항을 체계적으로 정리하여 일정한 순서로 배열해 둔 형태를 취하는 서지나 색인, 목록 등을 의미한다. 정보를 압축, 정리하여 읽기 쉬운 형태로 제공하는 백과사전, 사전, 핸드북 등도 포함된다. 삼차 정보는 참고도서 안내나 서지의 서지, 명감의 명감과 같이 이차 정보를 탐색하기 위한 목적으로 이차 정보를 다시 한번 더 가공한 자료로, 보통 도서관에 비치되어 있는 참고도서들이 이차 정보 또는 삼차 정보에 해당된다(이승원 외, 2005).

위의 유형 중 문헌연구에서 가장 흔히 활용되고 있는 일차 정보와 이차 정보의 유형과 이런 형태의 정보를 얻을 수 있는 방법을 좀더 자세히 살펴보면 다음과 같다(노진영 · 이춘택, 2003; 이승원 외, 2005).

(1) 일차 정보의 유형

① 학위논문(Dissertation/Thesis)

학위논문은 대학에서 권위있는 교수의 지도하에 연구된 자료로서 석사/박사 학위논문이 이에 해당한다. 학위논문은 독창성과 해당 연구분야의 새로운 분야를 개척하는 정보원으로서의 의미가 크다. 전세계 박사학위 논문은 UMI(http://www.lib.umi.com/dissertations/)에서 온라인이나 CD-ROM으로 제공되고 있으며, 한국교육학술정보원의 RISS4U를 통해 UMI에서 제공하는 PQD서비스를 이용하여 검색할 수 있다. 국내의 석·박사 학위논문은 국회도서관과 국립중앙도서관에서 제공하고 있으며, 각 대학 도서관을 통해 이용할 수 있다.

② 학술잡지(Journal)

학술잡지는 전형적인 1차 자료로서 특정 주제분야의 학술논문을 정기적으로 간행함으로써 최근의 연구 동향을 가장 신속하게 전달해 주는 연속간행물이다. 학술잡지는 연구자와 연구정보 이용자 간의 커뮤니케이션 매체로서 공개성, 객관성, 속보성을 갖고 있으며, 심사(referee)제도, 업적인정 수단의 기능을 가진다. 학술잡지에 수록된 모든 논문이 연구자에게 모두 필요한 내용은 아니기에 정확한 정보검색 과정이 요구되는 것이다.

국제적으로 수록 범위의 인쇄본 정보원은 *Ulrich's International Periodicals Directory*(Ulrich)가 유명하며, 각 대학 도서관에서 CD-ROM으로 소장하고 있다. 국내 학술잡지 정보원으로는 『한국잡지총람』, 『정기간행물현황:등록일람표』가 있으며, 국회도서관의 온라인정보검색시스템(NOLIS)을 이용하여 검색이 가능한 '국내학술잡지데이터베이스'를 이용하여 국내학술잡지에 대한 정보를 얻을 수 있다.

③ 연구 및 기술보고서(Research Report, Technical Report)

연구 및 기술보고서는 연구를 위탁받은 단체나 개인이 연구위탁기관으로부터 연구비를 지원받아 수행한 연구개발의 진행과정과 조사결과를 기록한 자료이다. 전세계적으로 연구보고서는 미국이 체계적으로 관리하고 있는데, 미국의회도서관내의 NTIS(National Technical Information Service)는 세계에서 가장 큰 규모의 보고서 문헌정보 서비스 기관이며 우리나라에서는 산업기술정보원이 1974년부터 NTIS 대행업무를 수행하고 있다. 또한 국내의 연구보고서에 관한 서지정보를 제공하는 데이터베이스는 한국과학기술정보연구원(KISTI)에 의해 서비스되고 있다.

④ 회의자료(Conference Proceedings, Transaction)

최신성이 강조되는 각종 학술회의 및 집회 등에서 발표되는 자료이다. 학술회의는 목적이나 규모에 따라 강연회, 대회, 토론회, 연구발표회, 학술발표회(conference, colloquium, congress, convention, seminar, symposium, workshop) 등으로 불리며, 전시회나, 박람회 등과 같은 행사와 동시에 개최되는 회의도 있다. 국내의 학술회의 개최정보 및 회의록 원문은 LG 상남도서관(http://www.LG.or.kr)에서 서비스 중이며, 한국교육학술정보원의 학술연구정보서비스(RISS4U, http://www.riss4u.net)에서는 국내외 세미나 개최정보를 캘린더 형식으로 제공하고 있다.

⑤ 특허(Patent)

특허는 발명자의 권리를 보호하기 위한 제도로서 특허, 실용신안, 의장, 상표 등 네 종류로 구분되는데 이를 총칭해서 공업소유원이라고 한다. 특허정보는 권리정보이고 기술개발의 성과에 대한 기술정보로서의 정보가치가 높다. 특허정보는 한국특허청과 특허기술정보센터, 산업기술정보원 등에서 입수할 수 있다.

⑥ 정부간행물

정부기관이나 산하 관련단체에서 출판한 자료뿐만 아니라, 일반출판사에서 발행되었지만, 해당 정부기관이 책임질 수 있는 관련 간행물도 포함한다. 또한 국제기구에서 발간한 출판물도 정부간행물 영역에 포함시키고 있다.

⑦ 단행본(Book)

독창적인 연구결과를 전달하기 위한 매체로서의 ISBN을 부여받은 책자 형태로 발간된 자료이다. 연구결과를 단행본으로 발표하기 위해서는 많은 분량의 연구 성과가 필요하며, 공식적으로 발간되기까지 많은 시간이 소요된다.

(2) 이차 정보의 유형

이차 정보는 저자, 제목, 주제 등을 기준으로 원문과 관련된 정보를 정리하고, 이를 이용하여 일차 문헌인 원문에 접근하기 쉽도록 체계적으로 정리한 자료이다. 대표적인 이차 문헌으로는 초록지, 색인지, 서지, 백과사전, 편람, 통계자료 등이 있다(노진영 · 이춘택, 2003; 이승원 외, 2005).

① 색인지(Indexes)

색인은 특정한 기록자료에 포함되어 있는 각종의 정보를 탐색하기 쉽도록 항목별로 추출해서 소재지시 기능을 부여하고 일정한 순서로 배열한 검색도구이다. 색인의 대상은 주제를 표시하는 색인어와 저자명, 표제 등이 있다. 색인지에는 여러 학술잡지에 포함되어 있는 학술논문의 색인과 기술보고서, 학위논문, 회의록 등의 색인이 수록된다.

학술색인지에는 주제색인지와 인용색인지로 구분된다. 주제색인지는 주제별로 관련된 논문을 정리한 것으로, 국회도서관의 '정기간행물기사색인'이 여기에 속하며, 인용색인지는 출판된 저널의 기사에 나타난 인용된 문헌의 서지사항을 수록하고, 주제에 대한 특정 논문의 서지정보가 접근점이 되어 이를 인용한 논문을 쉽게 찾을 수 있다. SCI(Science Citation Index)가 여기에 속한다.

② 초록지(Abstracts)

초록은 원문의 내용을 200-300개의 단어로 정리한 것으로 원문의 개요를 보여준다. 초록은 색인이 주는 서지정보와 위치정보를 보여주고, 원문 내용을 객관화, 간략화하여 원문 내용에 신속하고 정확하게 접근할 수 있도록 도와준다. 초록지의 배열은 주로 분류순으로 기준하므로, 특정주제 문헌을 탐색할 때는 해당 분류를 기준으로 접근하는 것이 좋다. 초록지의 대표적인 예로는 박사학위 논문의 내용을 수록한 'DAI(Dissertation Abstracts International)', 국내의 '학술총람' 등이 있다.

③ 서지(Bibliographies)

서지란 문헌의 저자, 서명, 출판사항, 대조사항 등의 서지정보를 체계적으로 정리하여 편집한 목록형태이다. 서지는 특정 자료를 검색하기 위한 보조도구로서, 대표적인 국내서지로는 '대한민국출판물총목록(국립중앙도서관)'과 '한국박사 및 석사학위논문총목록(국회도서관)'이 있으며, 외국서지로는 Bowker사의 'Books In Print' 등이 있다. 도서관이나 정보센터에서 자관의 소장자료를 정리한 장서목록이나 여러 도서관의 소장자료 목록을 정리한 종합목록도 여기에 속한다. 최근에는 온라인으로 접근할 수 있기 때문에 온라인열람목록(OPAC, Online Public Access Catalog)이라고 한다.

④ 백과사전(Encyclopedias)

백과사전은 글자 그대로 모든 주제 분야에 걸쳐 그 분야의 역사적 배경, 주요인물, 발전 상황 등을 개괄적으로 서술하고 관련 참고문헌을 제시하는 자료이다. 특정 주제에 대한 지식이 없을 때 우선적으로 백과사전을 이용하면 그 토픽에 대한 개요와 참고문헌을 얻을 수 있다. 최근에는 인터넷을 통해 이용할 수 있고, CD-ROM으로도 이용할 수 있다.

⑤ 편람(Handbooks, Manuals)

핸드북이라고도 하며, 간편한 책자형태를 의미한다. 수록된 내용은 특정 분야의 주제를 중심으로 그림, 도표 등을 포함한 다양한 내용이 수록되어 있다.

⑥ 통계자료

수치형 데이터(fact)나 도표 등의 형태로 발간되는 자료이다. 각 국가나 자치단체 등에서 발표하는 인구통계, 사회 및 경제 통계 등이 여기에 속한다.

〈표 5-1〉 학술정보자료의 유형

	제공정보	예시
서지 Bibliography (도서)	서명(저널명), 저자명, 출판사항, 형태사항, 기타주요사항	학술정보검색/ 노진영·이춘택 지음 : 공주대학교출판부, 2003. ISBN : 89-88421-31-0
색인 Index (아티클, 학술논문)	기사명, 저자명, 저널명권호, 발행연도, 수록페이지, 발행자	김경희·정은주. 2006. 「사회복지관 일선사회복지사의 직무만족 결정변인에 관한 연구」. 『사회연구』, 통권 12호, pp. 107-131.
초록 Abstract (논문류)	서지 or 색인 + 요약 (작성목적, 내용, 결론 등을 요약)	<u>사회복지관 일선사회복지사의 직무만족 결정변인에 관한 연구</u> 본 연구는 사회복지사의 직무만족에 관한 연구로…(중략)…사회복지사의 직무만족 결정변인을 알아보고자 하였다.…(중략)… 연구결과 개인특성과 직무만족의 관계에 있어서는 실무경력만이 유의미한 것으로 나타났고, 업무과제와 직무만족의 관계에 있어 업무의 명확성, 업무의 자율성, 업무 스트레스 변인이 영향력 있는 것으로 나타났다.…(중략)… 이러한 결과를 기반으로 본 연구에서는 사회복지관 일선 사회복지사의 직무만족을 위한 전략차원의 제언으로…(중략)…직무역할과 책임 규명, 명확한 의사소통체계, 직무기술서와 컴퓨터시스템 도입방안 등을 전략적 방안으로 제시하였다.
URLContents	원문 또는 참조사이트인터넷주소	http://kiss.kstudy.com/goto_toc.asp?srcCate=국내학회지&i_key=2023&p_key=16122
원문 & Digital Contents	원문	특정자료의원문(text파일, PDF 파일, Tiff화일등)을 제공하고 원문에 맞는 Viewer가 해당 PC에 설치되어 있어야 이용 가능함.
학술협약기구종합목록	학술자원공동활용을 위한 서지 or 색인, 초록 + 자료소장기관	Journal of Food Protection.V.66. no.1, no.2, no.3, no.4 & 소장기관: 서울여자대학교도서관…

2. 정보검색 및 자료수집

정보검색이란 기하급수적으로 생성, 증가하는 정보를 정보전문가, 주제분석가, 색인작성가 등이 분석, 가공하여 데이터베이스와 같은 매체에 축적해 놓은 것으로부터 이용자가 자신의 요구에 적합하도록 정보를 탐색하는 일련의 과정을 의미한다(이승원 외, 2005). 이용자는 축적된 정보에서 자신의 욕구를 만족시키는 특정 속성을 가진 정보를 선택하게 된다.

1) 정보검색 분야 선정

무엇에 관한 내용을 검색할 것인가 하는 것은 정보검색의 목적과 관련성이 크다. 문제분석을 위해서는 통계치나 문제의 원인이나 영향에 관한 정보들이 주요 검색 대상이 되는 반면, 디자인을 위해서는 효과적인 개입의 요소들, 기존 개입모델들, 실천개입 관련 이론들이 더 중요한 정보일 수 있다. 개발의 목적이 정해지면 개입연구가 살펴보아야 하는 전반적인 정보 내용 영역이 정해질 수 있다.

정보검색 분야 선정을 위한 브레인스토밍 예시

다양한 정보원을 활용하되 어떤 내용에 대한 정보를 검색할 것인지를 결정하는 데는 브레인스토밍이 유용하다. 예를 들어, 개발목적이 '공·사 세팅에서 비자발적인 내담자에게 적용할 수 있는 직접적 실천방법을 개발하는 것'이라면, 이러한 목적 달성을 위해 어떤 내용들에 대한 정보 검색이 되어야 할 지 적어보는 것이 도움이 된다. 미국 미네소타대학교 사회복지학대학에서 박사과정생들에게 모델개발을 가르치고 있는 Rooney 교수는 비자발적 내담자들에게 적용할 수 있는 개입 개발을 위한 브레인스토밍을 실행하여 아래와 같은 내용에 대한 정보검색이 필요함을 확인할 수 있었다.

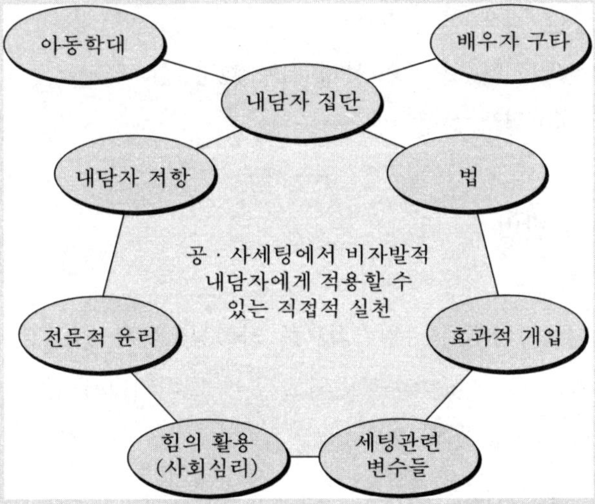

2) 정보검색 과정

개입연구에서의 정보검색은 다음과 같은 순서로 진행하는 것이 바람직하다.

① 현재 생각하고 있는 개입에 정확히 맞는 정보원
② 현재 생각하고 있는 개입의 요소들 : 세팅, 문제, 개입 등
③ 유사한 응용 조사
④ 관련 순수 조사
⑤ 관련 기술
⑥ 실천현장에서 이루어지고 있는 혁신적 실천

개입연구에서 정보 검색은 다음과 같은 과정을 통해 수행되게 된다(Thomas, 1984).

① 검색을 위해 적절한 검색어 결정
② 검색을 위한 경계영역과 검색 기준 결정
③ 검색 절차 결정
④ 기록 및 자료 분석 절차 결정
⑤ 검색 실행

3) 정보검색 방법

정보검색에는 일반적으로 사실정보검색, 참조정보검색, 원문정보검색과 최근 그 중요성이 부각되고 있는 멀티미디어 검색, 지능형 정보검색 등이 있다(이승원 외, 2005).

① 사실정보 검색

사실정보의 검색(Fact retrieval)은 데이터 검색(Data retrieval)이라고도 한다. 주로 인명 검색이나 통계와 같은 수치로 된 데이터를 검색하는 것인데, 자연 · 응용과학 분야의 과학기술 데이터, 경제지표 및 통계, 비즈니스 데이터 등이 포함된다.

② 참조정보검색

참조정보 검색은 단행본, 논문, 보고서 등의 서지정보나 초록과 같은 이차정보, 인쇄된 문헌 이외의 연구 프로젝트나 특정 전문 분야의 전문가 등에 대한 비도서 정보원에 대한 안내정보 등을 검색하는 것이다. 주요 참조정보 검색시스템으로 각 대학도서관의 OPAC, 국회도서관의 '정기간행물 기사색인'과 '한국박사 및 석사학위논문총목록' 등과 OCLC, Ingenta.com 등이 여기에 속하며, 대부분 원문제공서비스와 연계되어 제공한다.

③ 원문정보검색

문헌의 원문(Fulltext)을 수록한 정보검색시스템으로서 서지정보뿐만 아니라 필요한 문장이나 원문전체 또는 필드제한 검색을 할 수가 있다. 초기의 원문정보 검색시스템은 법률정보, 신문기사정보, 학술저널 등이 많았으나, 최근엔 전자북 개념의 등장으로 단행본, 연감, 백과사전 등도 제공되고 있다. 대표적인 원문정보 검색시스템은 PQD, WoK 등이 있다.

④ 멀티미디어 검색

컴퓨터의 보급확산과 네트워크 환경의 발전으로 정보의 제공형태가 문자나 텍스트 뿐만 아니라 이미지, 오디오, 동영상 등을 포함하게 되었다. 이러한 유형의 데이터를 포함하는 멀티미디어 데이터베이스도 증가하게 되었고, 이를 검색하기 위한 시스템이 개발되고 있다. 멀티미디어에 포함된 텍스트는 멀티미디어 문헌의 표제, 저자, 초록 등이 있으며, 데이터베이스에는 XML, SGML 등을 이용하여 구조화되어 제공되고 있다.

⑤ 지능형 정보검색

최근에는 인공지능(AI)에 관한 연구가 활발히 진행되면서 지능형 정보검색시스템에 관심이 증가하고 있다. 지능형 정보검색의 대표적인 형태로는 전문가 시스템과 하이퍼텍스트 시스템을 들 수 있다.

전문가 시스템은 전문지식을 가진 인간이 수행하는 기능과 유사한 정도의 수준에 업무수행 능력과 방법으로 문제를 극복하고, 조언을 주고 정보를 검색하는 특정분야의 전문지식을 검색할 수 있는 시스템을 의미한다. 전문가 시스템은 경험적 지식의 사용, 결정을 정당화하고 결과를 설명하는 능력 및 추론 엔진의 사용 등과 같은 장점이 있다. 대표적인 시스템으로는 Pro-Search, WILSEARCH 등이 있다.

하이퍼텍스트는 인간의 기억 구조에서 연상이라는 개념을 도입하여 컴퓨터에 이식한 것으로 보면 되는데, 멀티미디어의 등장으로 하이퍼텍스트 개념이 구체적으로 실현되었다. 하이퍼텍스트의 가장 중요한 기능을 링크(link)와 스킵(skip) 또는 건너뛰기(jump)의 요소이다. 텍스트가 하나의 개념에 대해서 다중적인 연결이 불가능한 반면에 하이퍼텍스트는 필요한 부분에 직접적인 접근과 추려서 보여주기, 연관성 있는 내용의 연결 등이 가능하다. 하이퍼텍스트 개념은 1960년대에서 컴퓨터와 네트워크의 발전과 함께 Xanadu 등의 시스템 개발로 구체화되었고, 90년대 초반에 등장한 www 자원이 최고의 하이퍼텍스트 시스템이라고 할 수 있다.

3. 정보통합

정보는 검색이나 수집을 한다고 해서 쓸모가 있는 것이 아니라 다양한 내용들이 통합되어졌을 때 우리에게 유용한 지식이 될 수 있다. 우리 속담에 "진주가 서 말이라도 꿰어야 보배다"라는 말이 있다. 오늘날과 같이 인터넷 바다에 수많은 정보가 떠 있다고 하더라도 어떤 것이 가치 있는 정보이며 어떤 것이 근거 있는 정보인지를 판단할 수 있어야 하며 동일 이슈에 대한 수많은 견해로부터 결론을 도출할 수 있어야 그 정보는 비로소 우리에게 도움을 줄 수 있을 것이다.

어떤 개입이나 개입요소들이 가장 효과적일 것인가에 대한 정보통합은 많은 연구들에서 질적인 수준에서 이루어지고 있으며 정보통합에 사용되는 정보의 양적 크기도 연구자의 주관적 판단에 의존하는 경우가 많다. 학위논문이나 학술지에 게재되는 논문들의 경우도 연구자들이 검토하고 싶은 양만큼의 연구결과들을 수집해 질적으로 통합하고 있다. 하지만 훌륭한 연구자는 그 분야에서 밝혀진 가능한 한 많은 정보들을 수집해 편향성이나 주관성을 가능하면 배제하면서 객관적인 결론에 도달하려고 노력할 것이다.

일반적으로 연구자들에 의해 수행되는 편의적이며 주관적인 질적 정보통합 이외에도 효과적인 개입의 요소들을 확인하도록 돕는 보다 체계적이며 과학적인 방법들이 있다. 대표적인 방법으로 이 책에서는 메타분석(Meta-Analysis)과 체계적 연구합성(Systematic Research Synthesis: SRS)을 소개하고자 하며 제3부에서 별도의 장을 할애해 설명하고자 한다. 별도로 설명하고자 하는 이유는 이 방법이 개입연구에서 꼭 활용되어야 하는 필수적인 것은 아니기 때문이다. 개입연구에서도 많은 경우 일반적인 질적 자료통합 방법이 사용되고 있으며 연구가 많이 이루어져 있는 분야의 메타분석은 방대한 작업이기 때문에 소규모의 개입연구에서 이런 자료통합방법을 활용하기는 쉽지 않기 때문이다. 하지만 현재 이루어져 있지 않은 메타분석이나 체계적 연구합성을 개입연구를 위해 수행할 수만 있다면 더할 나위 없이 좋을 것이다.

메타분석나 체계적 연구합성은 그 자체로서 하나의 연구나 논문이 될 수 있다. 국내에서도 메타분석이 다수의 석사 및 박사학위 논문에서 활용되고 있고 그 분석 자체가 논문의 목적이자 내용이 되고 있다. 따라서 소규모 개입연구 프로젝트에서는 개발하려는 개입과 관련하여 이미 이루어진 메타분석이나 체계적 연구 합성의 결과를 활용할 수 있다면 더 없이 좋을 것이다. 개입과 관련하여 이미 많은 메타분석이 이루어져 있으므로 이의 활용은 적극 권장된다. 따라서 개입연구에서는 개발하려는 개입과 관련이 있는 다양한 개입들에 대한 메타분석이 이루어져 있는지 검색하는 것이 중요하다. 반면 체계적 연구합성은 매우 최근에 개발, 발전되고 있는 정보통합방법으로 아직까지는 그 결과물이 외국에서조차 매우 한정적이다.

정보합성 결과로부터 얻어진 정보는 기존 연구자들에 의해 잘 꿰어져 이제 막 목에 걸기만 하면 되는 진주목걸이와 같은 것이다. 수많은 진주알들을 정보의 바다에서 캐내어 하나하나 깨끗이 세공하여 함께 꿰어야 하는 수고를 덜 수 있는 것이다. 따라서 앞으로 다양한 개입이 개발되려면 디자인 방법의 발달과 더불어 정보통합 결과물들이 활발히 나와 주어야 할 것이다.

제 6 장

디 자 인

Thomas는 1984년 그의 저서에서 과학이나 공학에서는 이미 오래 전에 디자인의 개념이 확립되었지만 인간 서비스 분야에 디자인 개념이 도입된 것을 비교적 최근의 일이라고 말했다. Thomas는 이런 말을 20여 년 전에 했지만 오늘날에도 이 말은 여전히 우리들에게 적용 가능하다고 생각된다.

디자인 요소와 과정들을 설명하기 이전에 어떤 조건을 갖춘 개입이 좋은 개입이 될 수 있는지 먼저 살펴보고자 한다. 이 장은 다음과 같은 순서로 진행된다.

① 좋은 개입이란?
② 개발의 유형
③ 개입연구에서의 디자인이란?
④ 디자인 과정
⑤ 디자인 타당성

1. 좋은 개입이란?

1) 좋은 인간서비스 개입의 준거

Thomas(1984)는 좋은 인간서비스 개입의 조건으로 다음과 같은 4가지를 제시하고 있다.

(1) 객관적 역량

객관적 역량이란 성취하려고 의도했던 것을 특정 개입이 성취할 수 있는 능력을 의미 하는데, 대표적인 것으로 효과성과 효율성을 들 수 있다.

① **효과성**: 해당 대상자들에 대해 바람직한 결과를 산출해 낼 수 있을 때 개입은 효과적이라고 할 수 있다.

② **효율성**: 개입이 과도한 노력이나 시간의 투자없이 수행될 수 있다면 효율적이라고 할 수 있다.

(2) 개입절차의 적절성

개입과정이 행동에 대한 실제적인 지침으로 간주될 수 있다면 개입과정은 적절하다고 할 수 있다. 개입과정이 적절하기 위해서는 다음과 같은 조건들이 만족되어야 한다.

① **근거의 타당성**: 근거의 타당성은 자료의 정보원이 무엇이냐에 의존한다. 예를 들어, 타당도나 신뢰도가 떨어지는 측정도구를 사용한 조사의 결과를 근거로 사용하는 경우, 근거의 타당성 확보는 어렵다.

② **완성도**: 완성도는 개입과정을 되풀이할 수 있느냐 하는 문제와 관련

이 되는데, 과정이 완전하기 위해서는 ⓐ 개입이 필요한 행동영역, ⓑ 개입행동에 관여하는 사람, ⓒ 개입과정에 의해 영향을 받는 표적대상자 혹은 내담자, ⓓ 개입이 수행되는 조건과 같은 요소들이 과정에 포함되어야 한다.

③ **구체성**: 좋은 개입은 개입과정에 대한 자세한 기술을 필요로 한다. 조사에서 독립변수에 대한 구체적이며 명시적인 설명이 없으면 외적 타당도가 위협받을 수 있듯이, 개입과정에 대한 명시적 기술이 없으면 개입은 재현되기 어려우며 일반화가 위협받을 수 있다.

④ **정확성**: 개입과정은 개입의 사용자가 어떻게 행동해야 할지를 적절하며 정확한 방법으로 제시해 줄 수 있어야 한다.

⑤ **행동지침**: 실천가의 행동을 지시해줄 수 있는 일차적인 수단으로서의 개입의 과정은 실천가가 기대되는 행동을 수행할 수 있도록 적절한 지시를 포함하여야 한다.

(3) 윤리적 적절성

윤리적으로 적절한 개입은 개입이 적용되는 사람들의 권리를 보장해 줄 수 있어야 한다. 참여자의 권리를 보장하기 위해서 ① 연구자/개발자는 참여자들에게 정보제공에 근거한 동의(informed consent)를 받아야 하며, ② 참여자가 받게 될 위험이 이득보다 크지 않을지 결정해야 하며, ③ 참여자가 제공한 정보에 대해 비밀을 보장해 주어야 한다.

(4) 사용가능성

사용 가능성은 개입이 의도된 실천가들에 의해 얼마나 사용될 것인가 하는 정도에 관한 것이며 사용가능성이 높지 않다면 개발의 필요성은 그만큼 줄어든다고 할 수 있다. 사용 가능성을 높이려면 개입은 다음과 같은 조건들을 만족시킬 필요가 있다.

① **관련성**: 개입은 적용된 문제 상황에 적합해야 한다.

② **문서화**: 개발 관련 활동은 문서로 또는 시청각 형태로 변형되어 다른 사람들이 이해할 수 있어야 한다.

③ **간결성**: 간결하고 사용하기 편리할수록 개입의 사용가능성이 높아진다.

④ **융통성**: 융통성 있는 개입은 개입의 기본 요소나 성질을 변화시키지 않고도 사용자가 적절한 변화를 시도할 수 있다. 그러나 많은 개입들은 큰 융통성을 허용하기보다는 과정을 철저히 따라가도록 엄격성에 더 큰 비중을 두고 있다. 엄격성은 결과의 신뢰성을 높일 수 있다는 장점이 있으나 사용자의 융통성을 제한하여 활용 가능성을 떨어뜨릴 수 있다. 따라서 융통성은 일률적으로 적용되기보다는 개입의 내용에 따라 수준의 차를 두어야 한다.

⑤ **모듈화**(modularization): 모듈이라 함은 규격화되어 독자적인 기능을 갖는 교환 가능한 구성 요소를 의미하는 것으로, 모듈화는 호환성이 있는 규격화된 요소들을 조립하여 활용함으로써 개입의 다양화와 표준화를 동시에 추구하고자 하는 것이다. 각 개입 요소들이 독자적 기능을 가지고 있으면서도 다른 요소들과 함께 사용될 수 있는 정도가 클수록 사용자들은 자신들의 조건에 맞게 다양한 형태로 개입을 구성해 사용할 수 있다. 아동들이 모듈화되어 있는 레고를 원하는 대로 끼워맞춰 다양한 모양을 만들어내듯이 개입 요소들이 레고처럼 모듈화될 수 있다면 사용자들은 필요에 따라 다양한 요소들을 끼워맞추어 원하는 개입 형태로 사용할 수 있을 것이다.

⑥ **비용절감적**: 비용이 저렴할수록 이용도는 높아질 것이다.

⑦ **소비자 만족**: 소비자 만족도와 개입의 효과성이 항상 일치하는 것은 아니지만 일반적으로 개입에 대한 불만족은 활용도를 떨어뜨릴 수 있다.

⑧ **지속 가능성**: 포함된 자원을 지속적으로 사용할 수 있는가를 의미하는 것이다. 어떤 제품을 구입한 이후에 부품을 계속 바꿔 끼워야 한다면 비용이 증가하고 만족도 하락과 더불어 제품 이용도가 떨어지는 것처럼, 개입 요소들이 지속 가능할 때 개입에 대한 선호도는 높아질 것이다.

⑨ **사회적 양립 가능성**: 개발된 개입이 기존의 가치나 과거 경험, 잠재적 사용자의 욕구와 얼마나 일치하는지 하는 정도를 의미하는 것으로, 개입이 사회적 가치 및 욕구와 일치할수록 개입의 활용도는 높을 수 있다. 하지만 사회적 가치나 사용자의 욕구 등은 인식변화 교육이나 훈련을 통해 변화가능하며 조직 개편 등을 통해 장기적인 변화 촉구도 가능하다. 따라서 개입 속에 내담자나 조직, 시민들을 변화시키는 내용들을 포함시켜 사회적 양립 가능성을 창출해 가는 전략을 사용할 수도 있다.

⑩ **기술적 양립 가능성**: 개입이 관련된 사회적 기술들과 양립할 수 있는 정도를 의미한다. 기술이란 실제적 목적 달성을 위해 과학적, 실천적 지식을 체계적으로 적용하는 것을 의미하는데, Thomas(1984)는 적어도 9가지 이상의 사회적 기술 유형이 존재한다고 보고 있다.

ⓐ 물리적 준거틀: 예) 기관이나 시설의 방 크기나 배치 등

ⓑ 전기기계 기제: 예) 계산기, 녹음기, 컴퓨터 등

ⓒ 정보체계: 예) 문제중심 의료기록, 자동화 인테이크, 컴퓨터 지원 기관 기록 등

ⓓ 사정방법: 예) 인터뷰 지침, 인테이크 설문지, 가족 관찰 절차 등

ⓔ 개입 방법: 예) 행동수정방법, 과제중심 개별개입, 교류분석, 집단 개입 등

ⓕ 서비스 프로그램: 예) 보육서비스, 재활서비스, 가정위탁서비스, 학교사회복지서비스 등

ⓖ 조직구조: 예) 권력, 권위, 책임의 부여, 업무의 배분 등

ⓗ 서비스 체계: 예) 보건복지부, 여성가족부, 교육인적자원부, 지역자치단체 관련 부서 등

ⓘ 인간서비스 정책: 예) 소득분배, 의료 및 복지, 기회평등 등

모듈화 예시 1

프로그램이 너무 복잡하여 전체 패키지로서는 실행되기 어려울 때, 프로그램을 의미있는 요소들로 세분화시킬 수 있다. 이렇게 세분화된 각 모듈은 가족의 욕구나 기관의 가용 자원에 따라 별도로, 독립적으로 실행될 수도 있고 다른 모듈과 함께 실행될 수도 있다.

Fureai-Koza(positive parent-child communication) 프로젝트는 처음부터 가족의 확인된 욕구에 따라 모듈을 기획하고 개발하였다. 부모의 욕구를 충족시키기 위한 방법들이 모듈화되었다. ① 프로그램 운영, ② 강의, ③ 과제(코칭 방법을 보충하기 위해), ④ 평가(참여 부모로 하여금 마지막 회기 때 프로그램을 평가하도록 하기 위해), ⑤ 아기돌보기(babysitting), ⑥자유토론시간이라는 모듈들이 생겨났다. 강의 모듈은 다시 ① 아동 발달, ② 역할극, ③ 자문역할1(긍정적인 행동을 증가시키기 위해), ④ 자문역할2(업무표나 행동 계약을 사용하는 방법에 대하여), ⑤ 건축가역할(부가적 환경을 준비하고 행동을 구조화하는 방법에 대하여), ⑥ 한계설정 역할(부정적 행동을 감소시키는 것에 관하여)이라는 하부모듈로 구성되었다. 이러한 모듈과 하부모듈들은 다양한 세팅의 상이한 욕구, 인력, 자원 등에 따라 다양하게 사용되었다. 예를 들어 자원이 한정적이고 인력이 부족한 한 기관에서는 아동발달, 프로그램 운영, 아동볼보기 모듈이 조합되어 아동발달에 대한 일반적인 정보와 휴식을 위한 사회적 접촉을 원하는 가족들에게 사용되었다.

출처: Shibano(2004)에서 발췌

모듈화 예시 2

최근 전문적으로 교육을 제공하는 기관이나 단체들 중에는 자신들의 고유 교육프로그램을 모듈형식으로 개발해 놓은 곳이 많이 있다. 이런 기관들은 교육을 원하는 고객들(개입, 기업, 단체 등)의 욕구(어떤 목적으로 교육을 원하는가, 교육을 통해 무엇을 성취하기를 원하는가, 교육을 위해 어느 정도의 시간을 할애할 수 있는가 등)에 따라 이미 개발되어 있는 다양한 교육 모듈 중 일부를 선택, 통합하여 고객에 맞는 맞춤형 교육을 제공한다. 아래의 표는 한 리더십교육기관에서 개발하여 활용하고 있는 교육모듈의 예시이다.

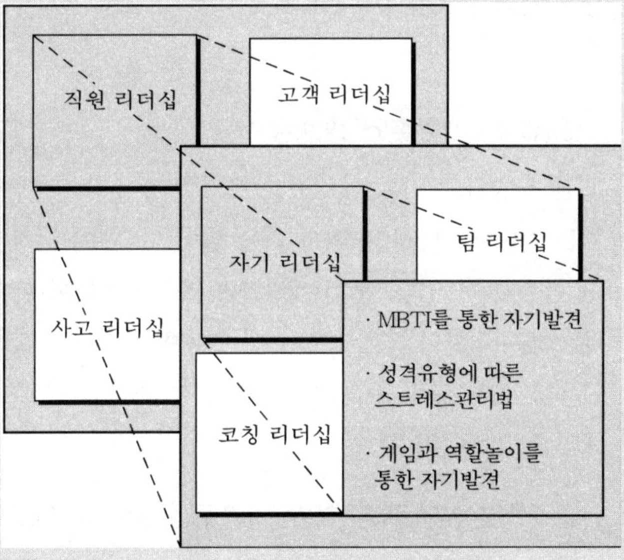

출처 : 리더십 프론티어

2) 좋은 사회복지 실천 모델 구축 방법

Berger(1986)는 그동안 많은 사회복지 모델들이 그 자체의 논리정연성이나 효과성에 대한 증거 없이 전문가들로부터 수용되어온 사실을 지적하면서, 보다 나은 모델을 구축하기 위한 지침을 다음과 같이 제시하였다.

① 실제와 언어 사이의 일치성을 강화하라.

모든 개념들은 서로 다른 실천가들에 의해 일관성 있게 사용될 수 있어야만 한다. 이렇게 되려면 개념들을 공개적으로 확인할 수 있도록 관찰 가능한 형태로 조작화되어야 하며 이는 모델의 효과성을 검증하기 위해서도 필수적이다.

② 절차와 설명을 간략화하라.

과학 발전의 기본원칙 중 "2개의 똑같이 좋은 설명이나 과정이 가능할 때는 간단한 것을 선택하라"라는 말이 있다. 이 원칙은 사회과학에도 똑같이 적용될 수 있다. 모델 개발자는 복잡한 이론들이나 논의들로 치료개입을 구성하기보다는 간략하며 명확한 이론이나 기법들을 포함시키는 것이 나으며 같은 효과가 보장된다면 장기 개입보다는 단기 개입을 선택하는 것이 더 바람직하다.

③ 다양한 분야로부터 차용된 용어들은 원래 의미대로 사용하라.

용어들이 이 분야에서 저 분야로 옮겨 사용되면서 의미가 변하기도 하고 혼동을 가져오기 때문에 다른 분야에서 일반적으로 사용되는 단어들은 그 분야에서 수용되는 용어의 의미 그대로 사용되는 것이 좋다.

④ 인간 서비스 전문직들 사이의 공통점을 인식하라.

모든 형태의 대인 원조들 사이에는 공통점이 존재하기 때문에 사회복지만이 독특하다고 주장하기보다는 공통점을 알고 활용하는 것이 필요하다.

⑤ 새로운 현상에 대해서만 신조어를 만들어내라.

기존의 용어로는 도저히 설명될 수 없기 때문에 새로운 개념적 쉐마를 사용해야 하는 경우에만 새로운 용어나 설명을 만들어라.

⑤ 사회의 계급성격을 인식하라.

새로이 개발되는 개입이 모든 사회계층에게 이득을 주기는 어렵다. 따라서 어떤 계층이 내담자 집단이 되며 표적집단이 되는지 인식해야 한다.

⑥ 가치를 명확하게 구체적으로 적용하라.

각 사회복지 분야에서 가치는 조작화되어야 하며 이 작업은 기관의 정책이나 지역 법률 내에서 이루어져야 한다. 이렇게 조작화된 사회복지 가치는 개별사례에 적용될 수 있도록 구체적이어야 한다.

3) 인간 서비스 분야 개입의 중요 구성 요소

좋은 개입을 개발하려면 개입을 구성할 중요 요소들을 검토하고 그 요소들을 적절히 개입 속에 포함시키는 것이 중요하다. 인간 서비스 분야의 개입을 디자인할 때 다음과 같은 구성요소들을 고려해야 한다(Thomas, 1984 : 29-40).

(1) 변화목표

변화목표는 원조가 나아가야 할 방향을 제시하며 원조전략 전반에 영향을 미치게 된다. 변화목표에는 다음과 같은 것이 있을 수 있다.

- 치료: 내담자가 겪고 있는 어려움의 원인이 되는 문제를 고치기 위한 개입
- 기능 증진: 이미 만족할 만한 수준에 도달해 있지만 그 이상으로 기능을 향상시키기 위한 개입
- 역량강화: 현재의 문제뿐만 아니라 미래에 일어날 수도 있는 다양한

문제들을 잘 다둘 수 있도록 내담자의 능력을 증진시키기 위한 개입

- 교육: 어떤 분야에 대한 정보의 소개와 이해를 촉진시키기 위한 개입
- 예방: 잠재적인 어려움이 발생하거나 치료가 필요할 만큼 문제화되기 전에 잠재적인 어려움을 제거하기 위한 개입
- 옹호: 내담자를 대신해서 내담자의 권리를 보호하고 그의 이익을 추구하기 위해 어떤 행동을 취하거나 그의 입장을 대변하는 것
- 자원제공: 음식, 의복, 쉼터, 돈, 약품 등의 자원을 제공하는 것
- 사회적 통제: 내담자나 사회를 보호하기 위해, 일반적으로 거주지나 물리적 행동세팅을 분리하거나 제한하는 것

(2) 개입표적

① 문제행동의 변화

문제행동 그 자체를 개입의 표적으로 정할 수 있다. 하지만 문제행동 자체에만 개입을 한정시키는 것은 개입을 제한적으로 만들 수 있다.

② 비양립적 행동의 증진

문제행동과 양립할 수 없는 행동, 다시 말해 문제행동과 반대되는 행동, 또는 바람직한 행동을 개입의 표적으로 삼을 수 있다. 이 경우는 문제행동을 줄이는 것에 그치지 않고 바람직한 반응을 증진시키는 데에 중점을 둔다.

③ 통제하고 있는 상황이나 체계의 변화

문제행동을 존재시키고 유지시키고 통제하는 상황이나 체계를 제거하거나 변화시키는데 개입의 표적을 둘 수 있다. 상황의 조정에 역점을 두는 개입은 행동자체에 초점을 두는 경우보다 지속적이고 효과적이며 광범위한 결과를 초래할 수 있다. 문제행동을 유발하거나 유지시키는 보다 큰 체계에 변화를 시도할 때에는 문제행동이나 양립적 행동과 관련이 있는 다양한 체계에 변화를 주도록 디자인하여야 한다. 이런 경우 치료뿐만 아니라 예방적 접근도 포함하게 된다.

④ **환경의 변화**

조명, 공간, 벽, 마루, 가구와 같은 환경의 새로운 배열 또한 개입의 표적이 될 수 있다. 학생의 집중을 이끌어내지 못하는 학교교실에서 책상 및 학생 좌석의 재배치 등을 통해 학생의 문제행동을 줄이고 바람직한 행동을 이끌어낼 수 있다.

(3) 참여자

① **표적 대상자**

실제 실천현장에서는 표적 대상자가 특성 개입이나 집단이 될 수 있지만, 개입 디자인에서의 표적 대상자는 앞으로 개발될 개입에 의해 원조를 받게 될 일련의 개인들, 집단들, 가족들이다.

② **원조자**

개입 디자인에서는 적어도 4가지 형태의 원조자 유형이 고려될 수 있다.

- 사회복지학, 심리학, 정신의학, 교육학, 간호학 등의 인간서비스 분야에 종사하는 전문적 원조자
- 친구, 가족구성원, 내담자와 친밀한 관계를 맺고 있는 친척 등과 같은 매개자
- 내담자: 내담자는 변화의 표적이기는 하지만 자신의 강점을 통해 스스로 도울 수 있는 능력의 소유자이다.
- 자조집단이나 또 다른 방법들을 통해 원조를 제공하는 비전문가

(4) 역할

① **원조자의 역할**

원조자의 역할은 다음의 5가지로 나누어 볼 수 있다.

- 임상가-행동변화유도자: 조언, 상담, 치료, 행동변화, 위기개입 등을 제공

- 자문가-교육자: 교육, 자문, 해석, 수퍼비전 제공
- 중개자-옹호자: 물질적 원조, 중재 연결, 의뢰, 자원 발굴, 문제확인, 내담자의 권리를 위한 적극적 표현 등 제공
- 조사자-평가자: 조사 및 평가를 위해 개입과정에서 자료 수집
- 수발자-수발제공자: 스스로 욕구를 충족시키거나 자신을 돌볼 수 없는 사람들의 욕구를 충족시키고 안전을 제공

② 내담자의 역할

원조자의 역할에 상응하는 내담자의 역할은 다음과 같다.

- 변화수행자: 임상가-행동변화유도자라는 원조자의 역할에 상응하는 내담자의 역할로서, 개입에 협력하여 변화해 나가는 자
- 학습자: 자문가-교육자로서의 원조자의 역할에 상응하는 내담자의 역할로서, 원조자의 자문과 정보를 수용하는 자
- 권리주장자: 중개자-옹호자로서의 원조자의 역할에 상응하는 내담자의 역할로서, 자신의 욕구와 권리를 주장하는 자
- 조사대상자: 조사자-평가자라는 원조자의 역할에 상응하는 내담자의 역할로서, 조사 및 평가의 대상이 되는 자
- 시설 거주자: 수발자-수발제공자라는 원조자의 역할에 상응하는 내담자의 역할로서, 자신의 욕구와 안전을 돌볼 수 없어 특정 시설이나 원조자를 통해 보호받고 있는 자

(5) 원조 조건

① 원조 상황

원조는 사무실, 가정, 학교, 지역사회 등의 다양한 장소에서 수행될 수 있으며 개입목표와 개입표적에 따라 수행 장소가 달라질 수 있다. 예를 들어 표적이 되는 행동이 주로 학교에서 발생하는 행동이라면 원조장소로는 학교가 바람직할 수 있다.

② 서비스 세팅

서비스 세팅으로는 공적, 사적 세팅이 있을 수 있으며 이용시설과 같은 개방시설과 수용시설과 같은 폐쇄시설이 있을 수 있다. 서비스의 종류에 따라 정신보건세팅, 학교사회복지 세팅, 사회복귀시설 등 다양할 수 있다.

(6) 보조기구

원조활동을 위해서는 방, 가구, 조명뿐만 아니라 계산기, 오디오 및 비디오 설비, 컴퓨터, 음주측정기 등 다양한 부가시설과 소도구들이 필요할 수 있다. 서비스 세팅에 따라 이러한 도구의 존재여유는 개입의 성공에 영향을 미칠 수 있다.

4) 인간 서비스 분야 사정의 중요 구성 요소

Thomas는 또한 인간 서비스 분야의 '사정'을 디자인할 때는 다음과 같은 구성요소들을 고려할 필요가 있다고 제시하고 있다(보다 자세한 내용은 Thomas, 1984 pp. 42-51 참조).

(1) 목적

① 기술 - 예) 내담자가 무엇을 걱정하고 있는지
② 예측 - 예) 잠재적 자살증후가 있는지
③ 분류 - 예) 내담자가 알코올중독인지
④ 모니터링과 평가 - 예) 개입은 효과적인지
⑤ 사례 특성 - 예) 개입 계획은 어떠해야 하는지
⑥ 조사 - 예) 내담자 유형의 특성을 파악하기 위해

(2) 내용

① 문제와 강점

② 현재 기능의 정도
③ 행동 목록
④ 치료를 위한 동기
⑤ 문제의 원인(원인적 조건과 유지 조건)
⑥ 변화의 경향
⑦ 자기통제를 포함한 행동적 자원
⑧ 성격 요인
⑨ 가족력
⑩ 발달력
⑪ 상황적 요인
⑫ 환경적 요인
⑬ 사회적 역할
⑭ 사회문화적 배경

(3) 자료원

① 인터뷰
② 일정표와 체크목록
③ 관찰
④ 전자기계 장치와 생리적 기제
⑤ 녹음

(4) 반응 통로

① 외현적-행동적(예를 들어, 신체적 폭력의 경우)
② 인지적-상징적(예를 들어, 비합리적 사고의 경우)
③ 생리적-신체적(예를 들어, 식욕감퇴)

(5) 반응의 측정

① 빈도(불연속적 반응의 수)

② 기간(반응의 길이)

③ 크기(반응의 강도)

④ 잠복기(특정 반응과 관련 자극 개시 사이의 기간)

(6) 반응의 지표

① 징조(현상을 측정하는 간접적 지표, 예를 들어 뇌손상에 대한 행동적 지표) vs. 표본(현상을 측정하는 직접적 지표)

② 포괄적 vs. 구체적

(7) 사정 수행자

① 사정 담당자

- 개입을 제공하는 자
- 외부의 사정 전문가
- 표적 대상자 본인
- 중재자(예를 들어, 아동의 부모)
- 자원봉사자

② 사정 담당 기제(예를 들어, 컴퓨터 등)

(8) 수집해야 할 자료의 양

① 한정된 양

② 많은 양

(9) 사정 시간

① 단기(예를 들어, 2-3시간 정도)

② 장기(예를 들어, 여러 시간 또는 여러 날)

(10) 사정 시기

① 개입 전

② 개입과 병행하여

③ 개입 후

④ 개입 전, 중간, 후에

(11) 사정 장소

① 자연적 세팅

② 유사 상황

(12) 자료 수집 방법

① 단일 자료원 vs. 다수의 자료원

② 단일 반응 통로 vs. 다수의 반응 통로

③ 단일 자료 수집원 vs. 다수의 자료 수집원

④ 개별적 사정 vs. 비개별적 사정

⑤ 표준화 측정 vs. 비표준화 측정

⑥ 실험적 방법 vs. 비실험적 방법

(13) 데이터 관리 요소

① 저장(예를 들어, 인간의 기억, 이야기 기록, 체크목록, 통계치, 컴퓨터 저장, 오디오 녹음, 비디오 녹화)

② 재생(재생 절차)

③ 정렬과 배치(예를 들어, 사례기록, 카드 요약, 검사 개요, 그래프, 수치, TV 모니터, 오디오 스피커, 전자계산기, 역전류검출판, 디지털 패널 계량기)

④ 처리(예를 들어, 자료 제시, 자료 축소, 통계분석)

⑤ 평가(예를 들어, 데이터의 적절성과 관련성, 데이터의 신뢰도 및 타당도 검토)

2. 개발의 유형

개입이나 기제를 개발한다고 할 때 기존에 없었던 것을 새로이 만들어내는 것만을 의미하는 것은 아니다. Glaser 등(1983)은 디자인과 관련하여 다음의 개략적 지침을 제시하고 있다. 첫째, 문제에 대한 해결책이 전혀 알려져 있지 않은 경우 혁신은 새로이 만들어내는 발명수준에서 이루어지며. 둘째, 전형적인 해결책이 일부 존재하기는 하지만 잘 체계화되어 있지 않은 경우는 수정(adaptation) 수준에서 이루어진다. 셋째, 이미 체계화된 혁신이 존재할 때는 혁신은 차용(adoptation) 수준에서 이루어진다. 디자인 업무는 발명 활동뿐만 아니라 차용과 수정 활동들도 함께 결합된다. 수정과 차용 수준에서 디자인이 이루어질 때 디자인 업무는 발명의 경우보다 단순화될 수 있다.

개발의 유형들을 좀더 세분화해 보면 다음과 같다(Thomas, 1984).

① **발명**(invention) - 기존에 없었던 새로운 것을 만들어내는 경우
- 새로운 의약품의 개발
- 새로운 사정도구의 개발

② **수정**(adaptation) - 기존의 것을 수정하는 경우
- 기존의 약에다 부작용을 줄이기 위한 첨가물을 넣는 경우
- 기존 프로그램을 보다 효과적으로 만들기 위해 새로운 개입요소들을 첨가하는 경우

③ **새로운 적용**(novel application) - 흔히 기술적 전환(technological transfer)이라 불리는데, 특정 목적으로 개발된 것을 다른 용도로 사용하는 경우
- 진통 · 해열제로 개발된 아스피린이 오늘날 심장병 치료제로 사용되는

경우

- 임상적 사정도구를 조사의 목적으로 사용하는 경우

④ **차용**(adoption) - 기존의 것을 원래 목적으로 했던 대상자가 아닌 다른 사용자 집단에게 사용하는 경우

- 장애인들 위한 사정도구를 노인들을 위해 사용하는 경우
- 아동용 놀이기구를 치매노인에게 활용하는 경우

⑤ **이전**(transfer) - 어떤 분야의 혁신을 원래 그 혁신이 개발되었던 대상이 아닌 사용자 집단에게 원래의 개발 목적과는 다른 목적으로 사용하는 경우

– **직접 도입에 의한 이전**(transfer by direct importation)

혁신을 다른 분야로부터 직접 도입하여 거의 다른 변형 없이 사용하는 경우

- 단일사례디자인이 행동분석이나 행동치료로부터 변형 없이 그대로 사회복지분야에 받아들여져 원래 단일사례디자인이 개발된 목적이었던 조사의 목적이 아니라 서비스 평가를 위해 사용되는 경우
- 미국정신과협회의 DSM-III가 정신과가 아닌 인간서비스 관련 전문가들에 의해 내담자 분류를 위해 사용되는 경우

– **수정을 통한 이전**(transfer with alteration)

기존의 혁신이 새로운 영역에서 사용되기에 적합하도록 최소한으로 재디자인되는 경우

- 문제중심 의료기록이 사회복지분야로 도입될 때 그대로 사용되지 않고 일부 수정된 경우

3. 개입연구에서의 디자인이란?

인간서비스 분야에서의 디자인이란 개입에 적합한 혁신을 창조하거나

재구조화할 수 있도록 관련 과학, 기술, 실천 정보들을 계획적, 체계적으로 적용하는 것을 의미한다(Thomas, 1984). 여기서 혁신이라 함은 새로운 것을 도입함을 의미한다. 하지만 혁신은 전체가 다 새로워야 함을 의미하는 것이 아니라 바로 앞에서 설명한 바와 같이 그 정도나 차원에 따라 다양한 유형으로 존재가 가능하다. 따라서 디자인에서 혁신이라는 말을 사용할 때 기존에 없었던 새로운 것을 만들어 내는 '발명'만을 의미하는 것이 아니다. 기존의 것에 작은 수정을 가하거나 기존의 개발 목적과는 다른 목적이나 기존의 대상과는 다른 대상자에게 기존의 것을 적용해 보고자 하는 것도 디자인의 목적이 될 수 있음을 기억할 필요가 있다.

이처럼 다양한 유형의 혁신 창조를 위해 과학, 기술, 실천 등의 다양한 정보를 계획적, 체계적으로 활용하는 디자인은 다음과 같은 특성을 갖는다(Rothman, 1980; Thomas, 1984).

① 공리적이며 목표지향적이다.

혁신을 창조하려는 디자인은 목적에 따라 움직인다.

② 다른 유형이나 분야의 지식, 기술들이 다루어지는 만큼 지식 통합이 필요하다.

혁신 창조를 위해서는 이미 알고 있거나 손쉽게 습득할 수 있는 몇 가지 지식에 의존하는 것이 아니라 다양한 관련 분야의 지식과 기술을 검토하고 통합하여야 한다.

③ 예술이라고 할 수 있으며 따라서 상상력, 창의성이 요구된다.

많은 정보를 통합하고 그것들로부터 혁신이 이루어져야 하는데 자연과학이나 공학에서와는 달리 사회과학에서의 혁신 창출은 상당히 창의적인 작업이다. 공장에서 기계로 찍어 내는 물건들과는 달리 개발자의 머리 속에서 생산해 내는 생산물은 개발자가 누구냐에 따라 각양각색일 수 있다.

④ 임시적이며 탐색적이어서 적용, 테스트, 검증의 과정이 필요하다.

도면과 문서로만 존재했던 자동차가 처음 모양을 갖춘 물건으로 만들어졌을 때 제일 먼저 해야 할 일은 이것이 일반 도로에서 주행이 가능한지 실행해 보는 것일 것이다. 또한 얼마나 빨리 달릴 수 있는지, 시간 당 연료가 얼마나 소모되는지, 주행시 얼마나 안전하지 등을 테스트하여 그 안전성과 열효율성, 주행효과성 등을 검증하는 일일 것이다. 특히나 사람의 머리 속에서 창의성과 상상력을 통해 만들어진 도구나 개입이 얼마나 효과적이며 효율적일 것이냐 하는 것은 적용, 테스트, 평가를 거치지 않고는 알기 어렵다.

⑤ 디자인 문제를 순서적으로 분석하고 해결하기 위한 체계적이며 훈련된 활동이다.

디자인은 체계적이며 훈련을 필요로 하는 활동이기 때문에 디자인 단계에서는 디자인에 대한 전문적 지식을 충분히 가지고 이를 활용할 수 있는 전문가들이 참여하여야 한다. 또한 문제 해결에 대한 욕구를 가지고 있는 사용자들도 디자인에 관여시키는 것이 바람직하다.

4. 디자인 과정

디자인은 개입연구에서 가장 중요한 부분이면서도 다른 어떤 단계의 활동들보다 그 방법론이 상대적으로 덜 개발되어 있는 영역이라고 하겠다. 다시 말해 수집된 정보로부터 일반화를 도출해 내고 그것으로부터 실천지침과 개입절차를 개발해 내는 디자인 과정 수행에 관한 방법론은 계속 발전 과정 중에 있다고 하겠다. 광의의 개입연구에서 지식개발이 제품생산을 위한 원자재에 관한 연구들이라면 지식활용은 원자재를 제품으로 전환하는 공법에 관한 것이라고 말한 바 있다. 인간 서비스 분야에도 이제는 상당히 많은 원자재들이 존재한다. 내담자 특성, 조직 특성, 내담자 행동의 원인과 결과, 개입의 효과성 등 개입 개발에 활용할 수 있는 수많은 원자재들이 존재한다. 하지만 인간서비스 분야의 개입연구에서 가장 취약한 부분은 이 원자재들을 가공해 실천지침과 절차를 만들어내는 과정이다. 인간서비스 분야의 원자재들을 어떻게 가공하여야 열효율성과 주행안전성을 확보한 고속 자동차와 같은 효과적이고 효율적이며 안정적인 개입을 만들어낼 수 있겠는가? 이 부분에 대한 해답 없이는 개입연구가 발전할 수 없으며 제한적일 수밖에 없다.

〈그림 6-1〉 디자인 과정

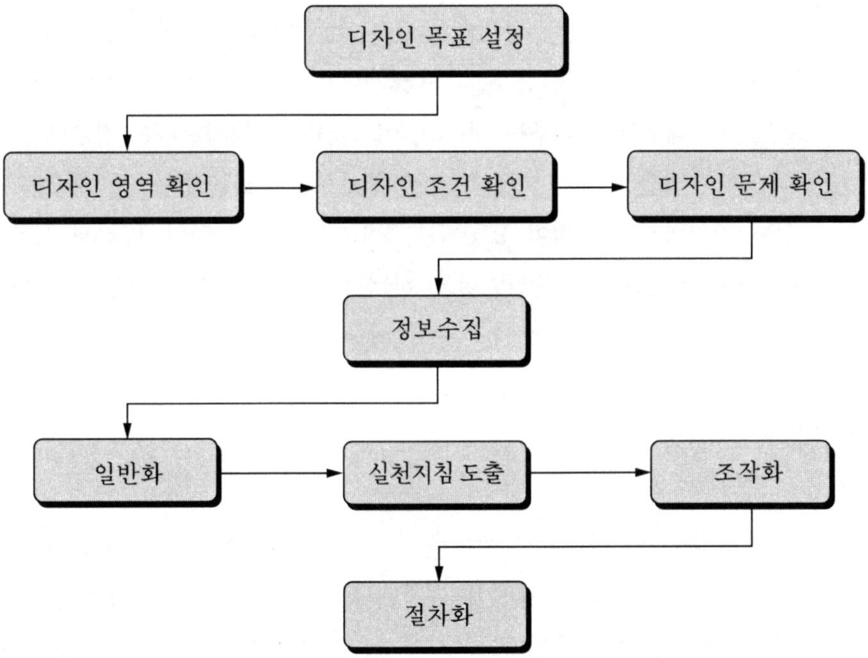

여러 학자들은 개입의 효과성에 관한 많은 연구들로부터 어떻게 결론(일반화)을 도출해 낼 수 있는지에 관심을 가져왔으며 이것이 앞서 제기한 문제의 해결에 상당한 기여를 해왔다. 메타분석이나 체계적 연구합성이 이에 속한다고 하겠다. 특히 체계적 연구합성을 통해서 다양한 유형의 기존연구들이 디자인과 개발목적에 맞도록 전환될 수 있게 되었다(Rothman et al., 1994). 또한 Mullen(1983, 1994)은 문제상황을 일반화하고, 일반화를 제약하는 요소들을 구체화하고, 일반화를 이끌어 내는데 사용된 증거의 질을 제시하고, 이들로부터 행동 가이드라인을 만들어내고, 디자인한 내용들을 명확화하게 설명하는 방법들을 개발하였다. 메타분석과 체계적 연구합성은 5장과 3부에서 별도로 설명되고 있으므로 이 디자인 장은 Mullen의 개인적 개입모델 디자인 방법론을 중심으로 전개하고자 한다.

충분한 정보가 얻어져 정보수집이 종료되면 디자인이 시작된다. 이제 얻어진 정보를 어떤 의미있는 형태로 바꿔 디자인 개념을 갖는 형태로 전환시켜야 한다. 만약 조사된 문헌들이 개입형태나 행동기반 자료 형태를 띠고 있다면 전환과정은 크게 필요 없을 수도 있다. 디자인에서의 주 활동은 수집된 정보에 대해 일반화를 수행하고 이를 다시 개입을 위한 지시적 행동지침 형태로 바꾸어주는 것이다. 이 과정에서 지식전환은 정보에 근거한 객관적 작업인 반면, 혁신 디자인은 단순히 정보처리를 통해 나오는 것이 아닌 창의력과 상상력이 요구되는 작업이라 할 수 있다. 따라서 정보로부터 같은 일반화가 도출되었다고 하더라도 같은 디자인 개념에 도달하는 것은 아니며 이것이 바로 디자인을 예술이라고 할 수 있는 이유가 된다.

1) 디자인 목표 설정

분석 및 기획 단계에서 설명한 바와 같이 디자인 목표는 문제의 분석에 따른 개발의 목표와 일관성을 유지해야 한다. 따라서 개발의 목표가 설정될 때 이미 함께 결정된다고 할 수 있다. 일반적으로 개입의 목표는 디자인 성과에 초점이 맞추어져 있는 반면, 디자인 목표는 수행할 디자인 활동업무와 관련이 되어 있다. 디자인에서는 목표 설정이 가장 먼저 이루어져야 하며 이는 디자인을 위한 정보수집에 초점을 제공한다.

디자인 목표 예시

- 우울증을 겪고 있는 사람들에게 사용할 수 있는 효과적인 임상개입과정을 개발한다.
- 감량된 몸무게를 유지하기 위해 체중관리방법을 개발한다.
- 알코올중독 가족원을 가진 가정에 적용가능한 알코올 남용 가족치료개입과정을 개발한다.
- 보육시설에서 아동에게 해를 끼칠 수 있는 물리적 위험가능성을 사정할 수 있는 컴퓨터 프로그램을 개발한다.
- 이혼한 싱글 성인들을 지원하기 위한 정보·상담센터 운영시스템을 개발한다.
- 신속하게 재난재해에 대처할 수 있는 지원시스템을 개발한다.

2) 디자인 영역 확인

디자인 영역이란 무엇을 설계할 것인가 하는 의미로서, 디자인 영역이 어디까지인지 결정하는 것은 매우 중요하다. 우리가 자동차를 디자인한다고 할 때에도 일반 승용차, 트럭, 버스 등 중 무엇을 디자인할지에 따라 디자인 과정에서 다루어져야 할 내용이 달라지게 된다. 디자인은 개입 요소들 중 하나의 구체적 측면에 국한될 수도 있고 전체 개입시스템에 이르기까지 광범위할 수 있다. 자동차를 개발한다고 할 때 신개념의 새로운 차를 개발할 수도 있고 기존 차를 일부(엔진, 백미러, 내부인테리어, 썬루프, 차문 등) 수정하는 것도 가능할 것이다.

Thomas(1984)는 어떤 개입요소들은 이미 확정되어 있어 디자인할 필요가 없는 반면, 다른 요소들은 관심 영역을 선택하여 디자인을 구체화할 필요가 있다고 하였다. 예를 들어, 인간서비스 분야 개입 디자인에서, 기관맥락은 흔히 이미 고정되어 있는 변수들이며 반면 임상가들이 사용할 특정 기술들은 디자인 되어야 할 영역일 수 있다(Mullen, 1994). 고정영역은 디자인의 여지가 크지 않지만 개입 실행에 다양한 형태로 영향을 미칠 수 있기 때문에 개입 실행에 장애가 되는 요소에 대한 다양한 전략 수립이 필요하다(서진환, 2004).

디자인 영역이 많이 개방되어 있는 경우는 여러 부분을 개발해야 하므로 종합적이며 통합적인 개발접근의 가능성이 커지는 반면 개발 프로젝트에서 너무 많은 영역을 다루어야 하므로 개발의 깊이가 얕아질 수 있다는 단점이 있다(Thomas, 1984). 이런 예로 특정 내담자집단을 대상으로 특정 목적 달성을 위해 개별개입, 집단개입, 사례관리 등을 포함하는 패키지 서비스를 개발하는 경우를 들 수 있다. 이런 경우에는 개발해야 할 영역의 요소들에 우선순위로 정하고 높은 우선순위에 많은 관심을 투입하여 개발하는 것이 바람직하다. 개발의 영역이 이미 상당히 고정적이고 개발해야 할 내용이 소수이거나 특정한 부분인 경우는 집중적으로 특정 영역에 개입 노력을 투입할 수 있어 성공가능성이 커질 수 있다는 장점이 있지만 디자인의 초점에 포함되어야 할 일부 다른 요소들에 대한 관심이 배제된다는 단점도 있을 수 있다.

인간서비스 영역에서 개입을 디자인하고 개발한다고 할 경우, 개입의 초점, 개입수준, 개입목적, 개입유형, 개입내용, 개입대상, 개입세팅, 개입전문가 및 내담자 역할 등에 대한 결정이 필요하다.

개입프로그램을 디자인할 경우 고려되어야 할 디자인 영역 관련 이슈들을 살펴보면 다음과 같다(Thomas, 1984).

① 개입초점: 정신내적, 대인적, 개인-환경적, 환경적 등

② 개입수준: 개인, 가족, 집단, 기관, 정책 등

③ 개입목적 및 목표: 개입을 통해 달성하고자 하는 성과

④ 개입내용: 다루어질 내용은? 다루어지지 않을 내용은?

⑤ 개입유형: 치료, 교육, 예방, 옹호, 사회통제 등

⑥ 개입대상: 장애아동, 장애아동의 부모, 학교부적응아, 학대피해아동, 지역사회복지관 근무 사회복지사 등

⑦ 전문가의 역할: 원조자의 역할 - 중개자, 매개자, 사례관리자, 교육자 등

⑧ 내담자의 역할 : 변화자, 학습자, 시설수용자 등

⑨ 세팅유형: 정신병원, 지역사회복지관, 낮병원, 노인요양시설 등

디자인 영역 관련 이슈들 예시

- **문제분석의 결론**: 초등학교 연령의 자녀를 둔 많은 부모들이 자녀관리에 어려움을 겪고 있음. 하지만 지역사회의 아동기관이나 가족기관의 사회복지사들이 활용할 수 있는 효과적인 아동 및 부모 대상 아동관리 프로그램이 없어 이에 대한 개발이 필요함.

- **디자인 목표**: 지역사회의 아동기관이나 가족기관의 사회복지사들이 활용할 수 있는 효과적인 아동 및 부모 대상 아동관리 프로그램을 개발하는 것

- **디자인 영역 관련 이슈들**:
  - ·개입초점: 대인적
  - ·개입수준: 가족(아동과 부모)
  - ·개입영역: 아동 및 부모의 아동관리 능력에 초점을 둠. 아동과 부모의 상이한 성격적 특성은 다루지 않음
  - ·개입유형: 교육 및 교정
  - ·개입대상: 아동과 부모
  - ·개입목적 및 목표: 아동 및 부모의 아동관리 능력을 향상시키는 것
  - ·개입에서 참여자의 역할:
    원조자(사회복지사)의 역할 - 행동수정가, 교육자
    내담자(아동, 부모)의 역할 - 변화자
  - ·개입이 사용될 세팅: 건강가정지원센터나 지역사회복지관을 비롯한 아동, 가족개입이 가능한 기관

3) 디자인 조건 확인

개입을 디자인할 때는 개입이 만족시켜야 하는 필수조건들을 고려해야 한다. 즉 개입이 목적을 달성하기 위해 개입체계가 가져야 하는 조건들에 관한 것이다. 예를 들어 개발하려는 개입이 어떤 종류의 임상가들에게 활용 가능해야 한다든지, 개입과정에서 내담자 참여를 얼마나 권장할 것인가

하는 등이 고려되어야 할 것이다. 체계가 주어진 목표를 성취하려면 체계가 어떠해야 하는지, 어떤 기능을 수행해야 하는지 등 체계의 특성에 대한 정의가 필요할 것이다.

디자인 조건의 예시

- 이 프로그램은 법 집행체계와 관련되어 있지는 않지만 아동학대를 줄이는데 기여해야만 한다.
- 이 프로그램은 훈련을 제대로 받지 못한 아동학대 예방센터 직원들이 사용할 수 있어야 한다.
- 아동학대 예방센터 사회복지사들이 학대가 의심되는 아동을 사정할 수 있는 도구이어야 한다.
- 이 프로그램은 감량한 내담자의 몸무게를 적어도 18개월 또는 그 이상 유지시켜 줄 수 있어야 한다.
- 이 프로그램은 모든 알코올류를 다 다룰 수 있어야 하며 동시에 아동에 대한 이해 하에 다룰 수 있어야 한다.
- 이 절차는 알코올 남용으로부터 배우자의 권리와 보호를 제공해 줄 수 있어야 한다.
- 실습생이 방학실습 기간 동안 사례관리의 전 과정을 경험할 수 있어야 한다.
- 사례관리 서비스의 진행과 결과를 통해 내담자와 실습생이 성취감을 경험할 수 있어야 한다.

4) 디자인 문제 확인

디자인과 관련해 수집한 정보들을 분석하는 과정에서 혁신의 구성요소들에 대해 아직 구체화되지 않거나 해결되지 않은 쟁점들로는 어떤 것들이 있는지 확인하는 작업이 필요하다(Thomas, 1984; Thomas and Rothman, 1994) 디자인 문제는 서비스를 제공하는 기관의 조직적 또는 행정적 관심에서 나올 수도 있고 개발하고자 하는 개입의 본질과 관련이 있을 수도 있다. 사실상 디자인의 전 과정은 일련의 디자인 문제들을 체계적으로 해결해 가는 과정이라고 할 수도 있다. 디자인 문제들을 확인 또는 명확화 하는 주요 이유는 디자인 목표와 디자인 필수조건들, 그리고 디자인 다음 단계 사이를 연결해 주기 위함이다. 따라서 디자인 문제가 제대로 명확화 되려면 디자인 목표가 구체적이고 디자인 조건들이 잘 설정되어 있어야 한다.

디자인 문제의 예시

사례관리 프로그램의 예

- 사회복지학부 실습생과 같은 준전문가가 제공할 수 있는 사례관리 서비스 모델은 무엇인가?
- 실습기간과 같이 단기간 내에 성취할 수 있는 목표를 어떻게 설정하는가?
- 실습을 통한 학습목표의 달성과 내담자 문제해결의 성과를 보여주기 위해서 어떤 실천기술 훈련이 필요한가?
- 기관의 상주실무자가 아닌 실습생을 사례관리자로 활용하는 경우, 사례관리의 연속성 문제와 서비스의 포괄성을 어떻게 해결할 것인가? 기관 내외에서 실습생에게 주어진 권위의 제한성을 고려할 때 이를 넘어서는 옹호작업이 필요한 경우는 어떻게 할 것인가?
- 내담자의 목표달성과 실습생의 실천기술 향상을 어떻게 평가할 것인가?

출처: 서진환(2004, p. 105)에서 발췌

컴퓨터 프로그램의 예

- 컴퓨터 프로그램에 들어가야 할 지식을 위해 어떤 체계적 코딩시스템이 사용되어야 하나?
- 어떤 지식 검색 방법이 사용되어야 하는가?
- 프로그램은 새로운 개념과 관계성을 스스로 반영할 수 있어야 하는가?
- 프로그램 체계는 결론을 지지할 수 있는 사실이 실제로 존재하는가를 결정하기 위한 추론뿐만 아니라 원인과 결과를 추론할 수 있는 능력도 가져야 하는가?

출처: Mullen(1994, p. 170)에서 발췌

5) 정보 수집

정보의 수집에 대한 사항은 5장 '정보수집과 통합'과 3부에서 상세히 다루었으므로 그곳을 참조하면 된다. 다만 여기서 강조하고 싶은 것은 정보원의 선택과 정보자원의 수집은 디자인 문제와 관련성이 있는가, 그리고 자원이 적절한가 하는 측면에서 이루어져야 한다는 것이다. 디자인 문제가 우울증을 정확하게 측정하는 것이라면 사정방법에 대한 정보수집은 우울증 측정에 관련된 것이어야 할 것이다. 기계나 전기기술과 관련된 디자인 문제는 분명 과학적 기술과 관련된 정보를 필요로 할 것이다. 흔히 정보검색은 문헌을 통해 얻을 수 있는 정보에 제한되지만 개발자나 실천전문가들의 개인적, 전문적 경험 또한 디자인 문제를 해결하는데 유용할 수 있다. 따라서 디자인을 위해 문헌 정보검색으로 제한할 것인지 전문가 인터뷰와 같은 정보를 활용할 것인지 결정할 필요가 있다.

6) 변환

어떤 유형의 혁신이든 정보의 변형 없이 그대로 혁신으로 연결되지는 않는다. 필요한 정보가 획득되면 그 정보를 의미있는 형태로 바꾸어 실제적인 디자인 개념을 낳을 수 있도록 하는 것이 필요하다. 따라서 정보원으로부터 얻어진 기본적인 정보들은 혁신적 개입을 디자인하고 개발하는 데에 직접 사용될 수 있도록 그 형태가 전환되는 작업이 필요하다.

그런데 획득된 정보가 변환과 디자인 과정으로 이동하는 것은 논리적으로 쉽게 연결되는 그런 용이한 작업이 아니며 상당한 창조성과 상상력을 필요로 한다(Patti, 1981). 따라서 동일한 정보를 가지고 디자인되어 나오는 생산물은 개발자의 수만큼이나 다양할 수 있다. 우리가 어떤 새로운 식품을 개발한다고 할 때 어떤 재료를 사용할 것인가, 그 재료들을 어떻게 배합할 것인가는 하는 것은 조리사들의 취향이나 미각 등에 따라 다를 것이고 개발된 식품은 조리사들의 숫자만큼이나 다양할 것이다.

그럼에도 불구하고 우리는 어떤 절차를 통해 디자인이 이루어져야 보다 좋은(효과적이며 효율적인) 개입이 산출될 수 있는지에 고민하게 된다. 혁신유형 중 차용과 같은 형태는 좀 예외적일 수 있겠으나 그 외 유형의 혁신은 조사로부터 얻어진 지식이나 법적 내용, 심지어는 개인적 혹은 전문적 경험을 디자인하는데 직접 사용될 수 있는 형태로 전환하는 과정을 필요로 한다.

변환에는 보통 2가지 중요 단계가 관여하는데, 첫째는 특정 분야에 대한 정보검토를 통해 일반화를 형성하는 것이며 두번째는 일반화로부터 실천지침을 도출하는 것이다. 일반화는 기술적인데 비해, 실천 지침은 지시적이라고 할 수 있다.

(1) 정보의 일반화

일반화는 지식정보 자체에 대한 일반화뿐만 아니라 지식을 제공하는 문헌이나 조사의 제한점과 관련된 일반화, 증거의 질과 관련된 일반화도 포함한다. 메타분석이나 체계적 연구합성도 정보의 일반화를 도출하기 위한 방법이라고 할 수 있다. 앞에서 설명한 정보의 통합이란 것이 바로 디자인 측면에서 보면 정보로부터 일반화를 도출하는 과정일 수 있다. 그러나 모든 개발자들이 모든 디자인 문제들에 대해 메타분석이나 체계적 연구합성을 통해 해답을 얻지는 않는다. 아래 박스 안의 예에서와 같이 가능한 한 많은 정보로부터 객관성과 논리성을 가지고 질적 분석을 통해 일반화를 시도하게 된다. 일반화된 내용의 타당성을 확보하기 위해 연구자는 일반화 시도에 사용된 연구들의 질도 함께 검토할 필요가 있다.

따라서 개입의 효과성 문헌들로부터 수집된 정보들에 대한 일반화를 시도할 경우, 일반화 과정은 ① 효과성에 대한 정확한 사정, ② 효과와 치료의 궁극적 목표와의 관련성 등과 같은 제한 조건에 대한 사정, ③ 조사설계의 특징, 타당도 위협요인, 결과의 일반화 정도, 표본의 대표성 등과 관련된 자료의 질에 대한 사정, ④ 가장 강력하고 일관성 있는 결론에 대한 명확한 기술을 포함해야 한다(Mullen, 1994).

일반화 예시-정확한 감정이입

1. 정확한 감정이입에 대한 일반화

내담자가 매 순간 느끼는 감정에 대해 개입실천가가 얼마나 민감한가, 그리고 실천가가 내담자에 대한 이해정도를 얼마나 잘 의사소통할 수 있는가 하는 실천가의 언어적 능력은 내담자가 얼마나 자기탐색을 깊이 있게 할 수 있느냐, 그리고 내담자가 태도적, 인지적, 행동적으로 얼마나 개선될 수 있느냐와 관련성을 가지고 있다. 실천가의 낮은 수준의 감정이입은 낮은 수준의 내담자 자기탐색과 관련성이 있으며 내담자의 태도적, 인지적, 행동적 퇴보와도 연관된다. 이러한 관련성은 개입의 효과와 연관이 있지만 성공적인 결과의 필요 또는 충분조건은 아니다. 감정이입은 개입 효과의 상당히 작은 변량만을 설명해 주지만, 흔히 통계적으로 유의미한 것으로 나타나고 있다.

2. 일반화를 제한하는 요소들

대부분의 조사들이 내담자 중심 접근을 훈련받은 개입실천가들에 의한 개입에 근거하였기 때문에 이 일반화가 다른 유형의 개입실천가들에게 어느 정도 적용가능한지 알 수 없다. 대부분의 연구들은 온정과 진실성을 포함한 기술들에 대한 것이었기 때문에 이 가설이 온정이나 진실성과 무관한 상황 하에서는 어느 정도 타당한지 알 수 없다. 내담자 특성 및 조직 맥락과 관련된 제한 요건들에 대해서는 현재 검색가능한 정보들을 통해 알 수는 없다.

3. 일반화 증거의 질

이 일반화는 꽤 적은 숫자의 개입실천자들을 조사대상으로 한 비통제 현장조사에 근거하고 있다. 연구들에서 사용된 '정확한 감정이입 척도'의 신뢰도와 타당도에 의문이 가며 이 부분에 대한 합의가 이루어져 있지 않다. 정확한 감정이입이 내담자의 특성과 얼마나 독립적이며 또는 상호적인지 분명하지 않다. 연구들이 보고하고 있는 정확한 감정이입과 개입 효과 사이의 관계는 감정이입을 측정하기 위해 사용된 특정 척도가 측정하고자 하는 특정 효과, 그리고 척도들 사이의 상호의존성과의 관계에서 나타난 것이다. 주로 비통제적 조사에 근거하고 있기 때문에 감정이입과 그 효과 사이에 어느 정도의 인과관계가 존재하는지 알기 어렵다. 연구결과들을 통해 일반화를 시도하나 여전히 결과들 사이에 일관성이 부족하며 특히 최근 연구들에서는 일관성 부족이 두드러지고 있다.

출처: Mullen(1978, pp. 56-57), Mullen(1994, p. 177)에서 재인용

(2) 실천지침 도출

실천지침은 일반화 단계에서 형성된 것들과 상당히 유사하지만 구체적 적용이 포함된다는 점에서 차이가 있다. 또한 일반화는 정보들에 대한 종합적 기술인데 비해 실천지침은 지시적이며 개입지시를 구체화하고 있다.

실천지침의 예시

〈예시 1〉 정확한 감정이입에 대한 실천지침

내담자의 자기탐색이 바람직한 실천상황에서는, 개입실천가는 정확한 감정이입을 반영하는 반응을 활용하여 내담자의 자기탐색을 촉진시켜야 한다.

상처받기 쉽고 취약한 내담자들에게 해를 입히는 것을 피하기 위해서는, 이들에게 정확한 감정이입이 낮은 수준으로 이루어져서는 안 된다.

정확한 감정이입의 표현은 상당히 상호적이기 때문에 개입실천가들은 내담자들에게 감정이입적으로 관계하는 방법을 알아야 하며 자신의 감정이입 표현을 조절할 줄도 알아야 한다.

정확한 감정이입은 개입효과에서 작은 변량만을 설명하는 것으로 밝혀졌기 때문에 다른 개입의 요소들이 효과성 증진을 위해 함께 활용되어야 한다.

출처: Mullen(1978, p. 58), Thomas(1984, p. 120), Mullen(1994, p. 183)에서 발췌

〈예시 2〉 공포증에 대한 실천지침

왜곡된 생각이 공포증의 원인적 요인이다.

공포증을 줄이기 위해서는 왜곡된 생각이 개입표적이 되어야 한다.

실천가는 공포증을 가진 내담자의 분열적(양극적) 사고, 임의적 추론, 과잉일반화 등의 인지적 왜곡을 줄이기 위해 개입해야 한다.

출처: Thomas(1984)에서 발췌

디자인 문제, 정보의 일반화, 실천지침의 연계성 예시

1. 디자인 문제

컴퓨터 프로그램에 들어갈 지식(예를 들어, 생산 규칙, 확언 논리, 구조화된 목표들)을 표현하기 위해 어떤 체계적 코딩 체계를 사용해야 하는가?

2. 정보의 일반화

문헌검토를 근거로 다음의 일반화가 이루어졌다. Fischer와 Firescheim에 따르면, 광범위하게 보편성을 확보한 적어도 10개 이상의 차별적인 표현 체계가 현재 AI 조사에서 사용되고 있다. 각 표현체계는 강점과 약점을 가지고 있으며 표현체계의 선정은 표현될 지식영역의 특성과 의사결정상의 필수요건을 고려하면서 목적지향적으로 이루어져야 한다. 전문가 체계에서는 준거틀기반표현(frame-based representation)이 점차 증가적으로 사용되고 있기는 하지만 아직까지는 업무생산체계(work production system)와 규칙기반표현(rule-based representation)이 가장 보편적이다. 표현을 선정할 때는 개발자가 이 표현에 얼마나 익숙한지 그리고 개발자가 사용할 수 있는 전문가 체계 구조, 지식 도메인의 특성, 기타 사항들을 고려하여야 한다. Citrenbaum 등은 사용될 개발 도구들은 서너 가지의 다양한 지식 표현을 사용할 수 있도록 허용해야 한다고 제안하고 있다. 이들은 또한 한 도메인의 모형을 만드는 초기 단계에서는 표현이 상대적으로 투과적이고 직관적이어야 한다고 제안하고 있다. 지식이 방대하지 않은 지식 도메인에서는 규칙 기반 체계로도 충분할 수 있다.

3. 실천 지침

사회복지의 전문가 체계 개발 영역에서, 지식 도메인들은 보통 광범위한 양의 지식을 포함하지 않기 때문에 규칙 기반 표현이 일반적으로 적절할 것이다.

사회복지 개발자의 전문적 지식은 보통 상대적으로 제한적이기 때문에 복잡한 표현 체계들은 불필요할 것이다.

사회복지 분야에서의 전문가 체계 개발은 매우 초기 단계에 있기 때문에, 표현은 지식 기반에 쉽게 접근할 수 있도록 직관적이며 투과적이어야 한다.

다른 표현들도 선택적으로 사용될 수 있도록 하기 위해, 필요할 경우 다른 표현 쉐마들, 특히 준거틀과 같은 것을 사용할 수 있도록 허용하는 전문가 체계 구조가 되어야 할 것이다.

출처: Mullen(1994, p. 185)에서 발췌

7) 조작화

일반적으로 실천지침이 도출되고 나면 실제 상황에서 사용되는 용어로 바뀌어져야 하는데 이를 조작화라 한다. Mullen(1994)은 이 과정을 '디자인 명료화(design articulation)'라고 표현하고 있는데, 이 과정에서 실천지침은 실제 상황에서 사용되는 용어로 구체적으로 기술된다. 아래 제시된 조작화 예시는 일반화로부터 도출된 실천지침을 '우울증 환자'에게 적용하여 조작화한 것이다.

조작화 예시

내담자 자기탐색이 바람직한 우울증 환자에게 임상개입을 제공할 때 개입실천가는 내담자 자기탐색을 촉진하기 위해 정확한 감정이입을 사용해야 한다.

보다 상처받기 쉽고 취약한 내담자들에게는 그들의 우울상황을 악화시킬 수 있으므로 낮은 수준의 정확한 감정이입 표현은 피해야 한다.

정확한 감정이입의 표현은 상당히 상호적이기 때문에 우울증 환자와 일하는 개입실천가들은 내담자들에게 감정이입적으로 관계하는 방법을 알아야 하며 자신의 감정이입 표현을 조절할 줄도 알아야 한다.

정확한 감정이입은 개입효과의 작은 변량만을 설명하며 이런 효과는 일반적으로 우울증상 그 자체보다는 자기탐색의 강화와 관련성이 있기 때문에, 우울증을 위한 개입에서는 개입의 효과를 증진시키기 위해 특별히 인지행동적인 치료 및 심리약학적 치료와 같은 개입 요소를 포함시켜야 한다.

출처: Mullen(1978, p. 58), Thomas(1984, p. 120), Mullen(1994, p. 183)에서 발췌

8) 절차화

절차화(procedualization)는 누가, 무엇을, 어디서, 언제, 어떻게, 어떤 상황 하에서 수행하는지와 관련하여 개입 행동들을 규정하는 것이다. 절차들은 일반적으로 실천원칙, 실천 가이드라인, 윤리강령 등과 같은 형태를 갖는다.

공학이나 자연과학에서는 대부분의 개발물이 자동차, 컴퓨터와 같이 유형적 산물인데 비해 인간서비스 분야에서의 개발물은 주로 실무자나 기관들이 활용할 수 있는 개입, 프로그램, 정책 등이다. 따라서 인간서비스 분야에서의 개발물은 실무자가 상황에 따라서 행동을 취할 수 있도록 도와주는 구체적 절차가 되기 쉽다.

절차란 문제해결을 위한 지식들의 체계적인 순서라고 할 수 있다. 절차화는 복잡성을 줄이고, 필요한 요소만을 남기면서 불필요한 부분들을 제거하여 절차를 사용하고자 하는 사람들이 정확하게 지침으로 따를 수 있고 요구되는 행동을 쉽게 수행할 수 있도록 돕는데 목적이 있다. 이와 같은 절차의 중요성에도 불구하고 인간서비스 분야에서 절차화는 제대로 발전되지 못해 왔다. 그 이유는 많은 원조방법들이 실천가들의 습관이나 기억에 의해 실행되는 '실천지식'에 의존하기 때문이라고 할 수 있다(Greewood, 1955).

디자인을 통해 산출되는 절차는 다음과 같은 특성을 지닐 수 있도록 디자인되어야 한다(Thomas, 1984).

- 문제해결 방향에 따라 순서화
- 간결성: 필수적인 내용만을 포함하고 불필요한 부분들은 제거
- 비복잡성: 사용자들이 쉽게 이해하고 따라 수행할 수 있도록 구성
- 구체성
- 반복가능성

절차화 예시 - 과제중심 사례관리 절차화 요약

사전단계: 사회복지사는 학생과 부모들에게 과제중심 사례관리 서비스를 제시한다. 학교에서의 성공을 강조하고 부모들을 문제해결과정의 방해자가 아닌 자원으로 관여시킨다. 가족이 제안된 서비스에 동의하면 학교관련 표적문제가 무엇인가 잠정적으로 확인하고 사례관리팀을 구성한다. 사회복지사는 사례관리팀 구성원을 접촉하여 확인된 표적문제에 대한 그들의 견해를 알아본다.

초기단계: 사회복지사는 1차 사례관리팀 회의를 계획하고 회의를 개최한다. 사례관리팀원들이 앞으로 일해 나갈 특정 학교관련 표적문제에 대해 의견일치를 볼 수 있기를 기대한다. 사례관리팀원들은 앞으로 6주 동안 매주 한 번씩 열릴 협동적 과제계획 회의에 참석할 것을 약속한다.

중간단계: 사회복지사는 6번에 걸친 주별 사례관리팀 회의를 계획하고 개최한다. 이 회의들에서는 사례관리팀원들이 회의 사이(1주간)에 수행하기로 동의한 과제를 계획하고 검토하는 개입활동에 관한 내용들을 다룬다. 과제중심모델을 수행하기 위해서는 과제를 통해 표적문제를 해결할 수 있도록 과제를 구체적으로 디자인해야 한다. 또한 사회복지사는 과제의 성취도를 점검하고 격려하며 필요에 따라 과제를 수정하기 위해 매주 가정방문을 실시한다.

종결단계: 사회복지사는 마지막 사례관리회의를 개최한다. 이 회의는 2가지 목적을 갖는데, 첫째는, 사회복지사가 마지막 문제 검토를 통해 사례관리팀원들을 지도하고 확인된 표적문제가 어느 정도나 해결되었는지 그 정도에 대한 증거를 얻기 위함이다. 둘째는, 학생들이 자신들이 만들어낸 진전을 계속 유지할 수 있도록 돕는 향후 계획을 세우는 과정에 팀을 관여시키기 위함이다.

출처: Bailey-Dempscy and Reid(1996)에서 발췌

5. 디자인 타당성

1) 디자인 타당성의 개념

디자인 타당성(validity of design)이란 개발하려고 하는 개입이 해결하려고 하는 인간서비스 분야의 문제해결에 얼마나 적절한가 하는 적절성 정도를 의미한다(Thomas, 1985). 현재 개입을 디자인하는데 활용할 수 있는 방법론들이 발전되어 가는 과정에 있는데, 이런 방법론들의 개발에서 초점이 되는 것이 바로 얼마나 디자인 타당성을 확보해 줄 수 있는가 하는 것일 것이다.

일반적으로 디자인 타당성이 높은 개입은 낮은 개입보다 개입의 효과가 높을 가능성이 크다. 그러나 개입의 효과성은 개입을 사용한 이후에 나타나는 결과(outcomes)로 결정이 되지만 디자인의 타당성은 디자인 안에 적절한 것들이 포함되었는가 하는 것에 의해 결정되기 때문에 디자인 타당성과 개입의 효과성이 항상 일치하는 것은 아니다. 디자인 타당성이 낮은 개입이라고 꼭 효과성이 낮은 것은 아니며 디자인 타당성이 높은 개입이라고 하여 개입의 효과성이 보장되는 것도 아니다(Thomas, 1985).

2) 디자인 타당성이 낮은 개입의 예

일반적으로 디자인의 타당성은 디자인이 불완전하거나 잘못 디자인되었을 때 위협받을 수 있다. 다음과 같은 예들이 불완전한 개입 디자인의 실예가 될 수 있을 것이다(Thomas, 1985).

- 개입을 적용하게 될 내담자들을 위한 윤리적 보호장치가 포함되어 있지 않은 강제적(내담자가 비자발적으로 참여하게 되는) 개입

- 반항적 아동과 함께 일하는데 필요한 개입절차를 포함하지 않은 아동관리 프로그램
- 부부관계에서의 성적 어려움을 유발하는 심리사회적 요인들을 고려하지 않은 부부 성 강화 프로그램

개입이 잘못 디자인되는 경우들도 발생할 수 있는데, 다음과 같은 사례들에서 그런 오류를 발견할 수 있다(Thomas, 1985).

- 서로 양립할 수 없는 요소들을 함께 넣어 개입을 구성하는 경우: 예) 무조건적인 긍정적 관심과 함께 감정이입적 면담을 사용하면서 동시에 바람직한 면담 반응에 대해서는 강화를 주고 부적절한 반응에 대해서는 강화를 철회하는 방법을 함께 활용하는 경우
- 주어진 목적달성을 위해 너무 강한 개입을 사용하는 경우: 예) 덜 강압적이고 덜 강제적인 방법을 통해 의도된 목적을 달성할 수 있는 상황에서도 내담자의 행동변화를 위해 벌과 같이 매우 강력하고 강압적인 개입을 사용하는 경우
- 상대적으로 너무 약한 개입을 사용하는 경우: 예) 다양하고 복합적인 어려움을 오랫동안 가져온 부부의 손상된 부부관계를 개선하기 위해 단지 일주일간의 마라톤 세션만을 활용하는 경우
- 타당성이 없거나 의문시되는 가정에 근거해 개입을 디자인 하는 경우: 예) 일반적으로 불안은 실제 실행을 해보게 함으로써 가장 효과적으로 치료될 수 있는 사실이 점점 더 지지받고 있는 상황에서 인지적 개입만을 활용하는 불안관리 프로그램을 디자인하는 경우

3) 디자인 타당성을 위협하는 요인

디자인의 타당성은 보통 디자인 과정단계에서 수행해야 하는 활동들을 얼마나 적절히 잘 수행했는지 하는 정도에 의해 결정된다. 이와 관련하여 다음과 같은 요인들이 디자인의 타당성을 위협할 수 있다(Thomas, 1985).

- 최신 정보에 대한 면밀한 검토 부족: 최신 정보에 대한 검토가 제대로

이루어지지 않으면 디자인 안에 포함되어야 할 필요한 정보들을 놓치게 된다.

- 디자인 필수조건에 대한 포괄적 검토 부족
- 구체적인 디자인 문제들의 확인 부족
- 디자인 문제에 대한 대안적 해결책들에 대한 간과
- 절차화의 미완성

따라서 디자인 타당성이 위협받지 않으려면 디자인 단계에서 수행해야 하는 과업들을 정보검토에서부터 절차화에 이르기까지 빠짐없이, 그리고 면밀한 검토를 통해 제대로 수행해야 한다.

제 7 장

현장실험 및 초기개발

현장실험 및 초기개발 개입연구의 최종적 산물인 실용적 기제의 적용가능성을 탐색하는 단계이다. 연구자는 디자인 단계에서 절차화를 통해 얻어진 개입프로토콜을 정교하게 다듬고 수정한다. 현장실험은 실천 현장에서 초기개발물이 실행되는 과정을 탐색하고 평가하는 것이 주요 과업이다. 따라서 현장실험 및 초기개발 단계는 전통적 실험 방법뿐만 아니라 새로운 모델을 개발하고 이러한 모델의 적용가능성을 탐색하는 과정을 평가하기 위해 질적인 연구방법을 적극 활용한다(Rothman and Tumblin, 1994). 현장실험 및 초기개발의 다음 단계인 평가 및 후기개발 단계에서는 개입의 효과성을 검증하기 위하여 전통적 실험 조사방법을 주로 활용하며 질적 조사도 병행할 수 있다. 개입연구의 현장실험 및 초기개발, 평가 및 후기개발 단계에서 활용되는 양적 조사와 질적 조사의 관계는 Patton(2002)의 그림으로 잘 설명된다(그림 7-1).

〈그림 7-1〉 개입연구에서의 양적 조사와 질적 조사와의 활용

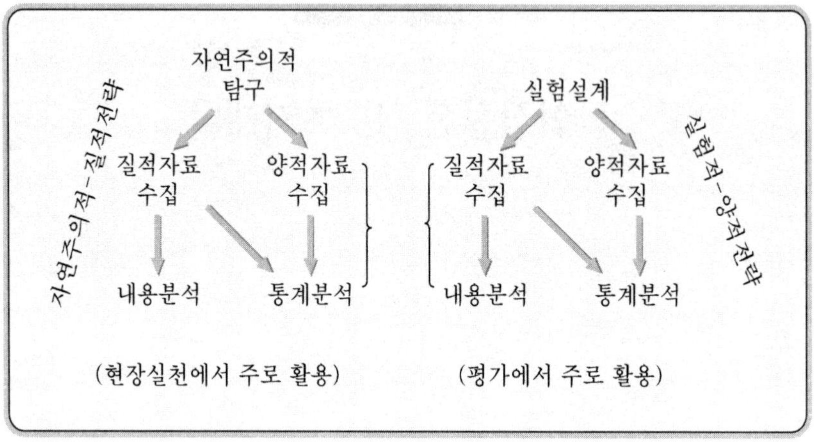

자료: Patton, 2002, p. 252에서 수정.

〈그림 7-1〉에서 알 수 있듯이, 개입연구의 현장실험 및 초기개발 단계에서는 전통적 실험조사와 질적 조사방법을 모두 활용하여 자료를 수집하고 분석을 실시할 수 있지만 질적인 자료수집 및 분석 방법이 중점적으로 활용된다. 반면에 평가 및 후기개발 단계에서는 현장실험과 마찬가지로 전통적 실험과 질적 연구 방법이 모두 활용되지만 양적 자료수집 및 분석 방법을 보다 핵심적인 평가 기법으로 활용한다.

Fawcett 등(1994)은 현장실험 및 초기개발 단계에서는 처음 개발된 개입을 실천 현장에서 적용가능성을 평가할 수 있는 형태로 바꾸고, 현장실험을 실행하고, 초기에 구상한 개입 컨셉을 디자인의 기준에 맞추어 검토해 보는 작업을 주요 과업으로 제시하였다. 이 장은 현장실험 및 초기개발 수정 단계를 다음의 3가지 영역을 중심으로 설명한다.

① 현장실험 준비: 인력과 자질, 수퍼비전과 프로젝트 관리, 현장실험 장소와 대상자 선정

② 현장실험 실행: 자료수집 방법, 자료분석 방법, 타당도

③ 초기개발

1. 현장실험 준비

현장실험을 실행하기에 앞서 현장실험을 실시할 장소, 예산, 인력 등에 대한 계획을 수립하고 준비하는 것은 연구자의 중요한 과업이다. 개입연구를 실시하려는 연구자는 분석 및 기획 단계에서 개입연구 전반에 대한 프로젝트 기획을 실시한다. 즉, 개입연구의 목적에 근거하여 연구 기간, 연구 장소, 연구에 소요되는 비용, 연구 참여 인력 등을 계획하고 관리에 이르기까지 세부적으로 한다. 또한 연구와 관련하여 고려해야 할 윤리적인 사항들을 검토한다. 이러한 프로젝트 기획에는 현장실험 및 초기개발 단계에 관한 계획도 포함되지만 보통 현장실험에 관한 세부적인 계획안은 현장실험을 실시하기 전까지 마련된다. 현장실험에 참여할 인력, 현장실험 장소와 대상자(내담자), 수퍼비전 및 현장실험 프로젝트 관리 체계, 현장실험 기간과 비용 등에 대한 계획이 요구된다. 여기에서는 개입연구 연구자의 태도와 능력, 현장실험 과정에서 수퍼비전을 활용하고 프로젝트 관리하는 방법, 현장실험 장소와 대상자 선정 방법 등을 중심으로 살펴보고자 한다.

1) 인력과 자질

현장실험 및 초기개발 단계에서는 실험 조사 방법뿐만 아니라 개발의 실천 과정을 평가하기 위한 질적 조사방법을 적극적으로 활용한다. 현장실험에 참여하는 연구자는 전통적 실험 조사가 요구하는 조사 설계, 측정, 자료 분석 및 해석관련 기술을 갖추고 있어야 한다. 또한 질적 조사를 실행하는데 필요한 기술과 능력도 갖추어야 한다. Strauss와 Corbin(1998)은 질적 연구자에게 필수적인 기술로 ① 한 걸음 물러서서 비판적으로 상황을 분석할 것, ② 편견이 있을 수 있음을 인정하고 피할 것, ③ 정당하고 신뢰할만한 자료를 수집할 것, ④ 추상적으로 생각할 것을 제시하였다. 이와 같은 기술을 활용하는데 필요한 능력으로는 ① 이론적 민감성과 사회적 민감성, ② 분석할 수 있는 적당한 거리를 유지하면서 동시에 과거의 경험과 관찰대상을 해석하는데 필요한 이론적 지식을 적절하게 끌어낼 수 있는 능력, ③ 예리한 관찰력, ④ 상호작용 기술을 강조하였다.

Thomas(1984)는 개입연구에 참여하는 실천가-연구자의 중요한 자질로서 다음과 같은 7가지 요소를 제시하고 있다.

① 디자인 · 개발에 정통

② 조사 설계, 측정, 자료 분석, 해석과 같은 전통적인 행동과학 조사 방법에 대한 지식

③ 정확한 관찰, 기억, 회상 등의 관찰 기술

④ 자신의 경험을 분석하고 적용하는 능력

⑤ 체계적인 문제해결 능력

⑥ 힘들고 어려운 과업을 기꺼이 수행하려는 사명감

⑦ 풍부한 창의력과 상상력

이와 같이 현장실험에 참여하는 연구자는 개입연구에서 요구하는 조사 기술과 실천 능력, 그리고 장기간에 걸쳐서 진행되는 연구와 실천현장에서 경험하게 되는 무수한 장애물을 헤쳐 나갈 수 있는 인내력과 열정을 갖추어야 한다. 또한 개입연구 전 과정에서 나타나는 윤리적인 문제들을 검토하고 인식하며 해결할 수 있는 윤리적 민감성도 연구자의 자질로서 중요하게 고려되어야 할 요소이다. Rubin과 Babbie(1997)는 사회복지 조사뿐 아니라 연관된 분야의 조사에서도 널리 활용되고 있는 다음의 윤리적 합의들을 강조하였다.

① 자발적 참여와 정보 제공에 근거한 동의

사회복지조사에서 어느 누구도 참여를 강요받아서는 안 된다. 모든 참여

자들은 그들이 연구에 참여하고 있음을 알고 있어야만 하고 연구에 참여하는 데 동의해야만 하며, 연구자들은 참여자들에게 모든 연구결과를 알려주어야 한다.

② 참여자에게 피해 주지 않기

사회복지조사는 연구 참여의 자발성 여부와 관계없이 연구 대상자들에게 피해를 주어서는 안 된다. 연구 대상자는 연구 참여 과정에서 직·간접적인 피해를 입을 수 있으므로, 연구자는 이러한 점에 항상 민감해야 한다.

③ 익명성과 비밀보장

익명성은 특정 응답자의 응답내용을 확인할 수 없도록 보장하는 방법이다. 연구자는 응답자에 관한 모든 정보를 연구 이외의 목적으로 사용하지 않아야 하고 응답자에 대한 모든 정보에 대해 비밀을 보장해야 한다. 하지만 연구자가 면접을 실시하는 중에 아동학대의 발생을 발견하거나 응답자가 자신 또는 타인을 심각하게 해칠 위험에 놓여 있음을 알게 될 수 있다. 연구자는 이러한 상황에 대해서는 외부에 보고해야 할 의무가 있다는 점을 조사 시작 전에 조사 대상자에게 알려야 하며, 이런 내용은 정보제공에 근거한 동의를 받는 과정에 포함되어야 한다.

④ 연구 대상자들에게 솔직하기

연구자는 조사에 필요한 정보에 접근하기 위하여 자신의 신원이나 연구목적을 조사 대상자에게 숨기는 것이 유리한 상황에 처할 수 있다. 이러한 상황은 연구의 과학적 질은 향상시킬 수 있을지 몰라도 심각한 윤리적 문제를 야기시킬 수 있다.

⑤ 객관적이며 솔직한 분석과 보고

연구자는 전문직 동료에게도 윤리적 의무를 가진다. 연구자는 누구보다도 연구의 기술적 약점과 실패를 잘 알고 있어야 하고, 효과적인 성과뿐만 아니라 부정적 결과도 제시할 수 있어야 한다.

현장실험 및 초기개발 단계에서 윤리적 갈등을 사전에 해결하기 위한 방법으로 현장실험에 참여하는 실천가와 내담자 간에 연구 계약서나 동의서를 작성하는 것이 좋다.

동의서 예시 1 - 사회복지전공 학부생 실습지도 모델 개발 연구에서 활용

나는 ○○종합사회복지관의 2000년도 0월 00일부터 0월 00일까지 실행되는 실습지도를 통해서 실시되는 「학부생을 대상으로 하는 실습지도 모델개발」에 관한 연구에 참여하는데 동의한다.

연구에 있어서 내가 참여하는 부분은 아래와 같다.

(1) 「학부생을 대상으로 하는 실습지도 모델개발」에 의해서 실습지도를 받는다.
(2) 실습지도 회합을 녹음하는 것을 허락한다.
(3) 연구자와의 면접에 참여한다.

나는 이상의 사항에 대하여 동의한다.

이름:
서명:
일시: 2000년 월 일
증인: 실습지도자 ○○○

출처: 이시연(2001, p. 135)에서 발췌

동의서 예시 2-지역사회 노인을 위한 과제중심 사례관리 모델 개발 연구(CHOICES)

성베드로병원은 귀하와 모든 내담자들에게 제공하는 서비스를 향상시키기 위하여 이 연구를 시행합니다. 본 프로젝트는 알바니 뉴욕주립대학교의 Matthias Naleppa(사회복지학 석사)에 의해 수행되며 과제중심 사례관리 방법을 활용합니다.

만일 내가 참여한다면, 나는 다른 내담자와 동일한 서비스를 받을 것입니다. 또한 나는 사례관리자가 우리 모임을 녹음하는 것에 동의하며 Naleppa가 가정을방문하여 면접을 1회 실시하는 것에도 동의합니다. 면접은 제공받게 될 서비스에 대한 것이며 나는 녹음된 내용과 관련하여 몇 가지 추가질문을 받을 수도 있습니다. 이 연구는 부정적인 영향을 주지 않으며 사례관리자가 나의 상황을 좀더 잘 이해하도록 도울 것입니다. 이 프로젝트는 약 4달 동안 진행됩니다.

모든 정보에 대해서는 비밀이 보장되며, 연구 자료에 대해서는 CHOICES 프로그램 스텝인 Naleppa만 접근가능합니다. 내 이름은 보고서에 기재되지 않으며, 연구와 관련하여 어떠한 위험도 없습니다.

나는 연구에 대한 질문이 있을 때 CHOICES 사례관리자(454-1364) 또는 M. Naleppa(766-5938)에게 연락할 수 있습니다. 나는 이 연구에 자원해서 참여하였습니다. 만일 내가 참여하지 않는다고 하더라도 나는 CHOICES 프로그램에서 동일한 서비스를 받을 수 있습니다. 나는 언제든지 이 계약서를 취소할 수 있고, 연구 자료의 폐기를 요청할 수 있고, 동일한 서비스를 계속해서 받을 수 있습니다.

나는 사례관리를 향상시키기 위한 CHOICES 연구에 참여하는데 동의합니다. 나는 이 연구와 관련한 모든 질문에 대해 답변을 받았습니다. 나는 연구 참여 여부와 관계없이 서비스를 계속 받을 것입니다.

내담자 서명: ____________________ 날짜: ______________

증인: __________________________ 날짜: ______________

출처: Naleppa(1995, p. 265)에서 발췌

연구윤리계획서에서 답해야 하는 질문의 내용

다음은 미국의 한 고등교육기관에서 사용하고 있는 '윤리규정 준수를 위한 연구계획서'에 포함된 질문 내용이다.

① 이 연구에 참여하는 피험자가 심리적 · 사회적 · 신체적 또는 법적으로 위험에 빠질 가능성이 있는가? 있다면 그 상황을 진술하시오.
② 이 연구에 참여하는 피험자가 연구에 의한 스트레스를 느낄 가능성이 있는가? 있다면 어떤 스트레스를 야기할 수 있는지 설명하시오.
③ 연구의 목적 때문에 이 연구에 참여하는 피험자들을 의도적으로 속여야 하는 경우가 있는가? 있다면 그 이유에 대하여 설명하시오.
④ 수집할 자료에 연구 피험자의 개인적 정보를 지나치게 묻는 내용이 포함되어 있는가?
⑤ 수집할 자료의 내용이 지나치게 모멸적인 것이어서 피험자의 기분을 상하게 하거나 당황하게 할 가능성이 있는가?
⑥ 이 연구에 참여할 피험자를 어떻게 설득할 것인가? 연구에 대한 동의를 얻기 위하여 연구 참여자에게 제시할 연구의 목적과 절차를 설명한 연구계획서를 문서 형식과 구술 형식으로 각각 작성하여 위원회에 제출하시오.
⑦ 이 연구에 참여하는 피험자는 자발적으로 연구에 참여하는가? 피험자가 자발적으로 참여하였을 때 피험자가 받게 될 보상은 어떤 것인가?
⑧ 피험자가 연구에 자발적으로 참여하였다는 사실을 위원회에 어떻게 입증할 수 있는가? 문서 형식으로 만들어진 연구 참여동의서가 준비되어 있다면 복사본 1부를 위원회에 제출하시오.
⑨ 이 연구에 참여하는 피험자가 연구를 위하여 투자하는 시간은 얼마나 되는가?
⑩ 연구를 통하여 획득한 자료를 비밀유지를 위하여 어떻게 관리할 예정인가?
⑪ 연구가 끝난 후 수집된 자료는 어떻게 처리할 계획인가(폐기처분, 보관소에 보존 등)?

출처: 이용숙 외(2005, p. 76)에서 발췌

2) 수퍼비전과 프로젝트 관리

현장실험은 주로 개입이 실제로 활용될 실천현장과 유사한 장소에서 이루어진다. 장소는 개입의 목적과 연구 환경을 고려하여 선택해야하며 어느 장소에서 실시되던 간에 현장실험의 목적은 개입을 현장에서 활용할 때 나타날 수 있는 문제점들을 체계적으로 조사하고, 이들을 해결할 수 있는 적절한 방법들을 찾아내는 것이다. 따라서 현장실험을 주의 깊게 탐색되고 모니터링되어야 하며, 연구자는 현장실험을 준비하고 마무리하는 전 과정을 체계적으로 관리하는 능력을 필요로 한다. Thomas(1984)는 개입 연구자가 프로젝트 관리를 할 때 고려해야 할 사항을 다음과 같이 제시하였다.

① 현장실험에 관여하는 모든 연구진들이 현재 진행하는 과정을 명확히 이해하고 참여할 수 있도록 관련된 자료를 체계적으로 수집하고 정리해야 한다.
② 실천과 개발에 대한 모니터링은 면밀하고 지속적이어야 한다.
③ 정보는 신속히 기록하고 접근하기 용이하고 체계적인 형태로 관리해야 한다.
④ 프로젝트 관리에 참여하는 수퍼바이저와 기타 관련자들은 개발 과정에 적극적으로 관여할 수 있어야 한다.
⑤ 수퍼바이저, 프로젝트 관리자, 그 밖의 모든 사람들간의 상호 접촉이 쉬워야 한다.
⑥ 팀 회합은 시기적절하게 이루어져야 하고, 자문, 수퍼비전, 동료 피드백 등을 활용하는 것이 필요하다.
⑦ 실행의 결과에 대한 분석이 잘 처리되고 이해될 때 새로운 개발 지침이 나올 수 있다.

특히 개입 연구자는 프로젝트 팀을 관리하는 수퍼바이저의 역할을 적절히 수행해야 한다. 연구자가 직접 개입을 실행하는 실천가-연구자 역할을 수행할 수도 있고, 개입은 현장의 실천가들이나 개입에 대한 훈련을 받은 인력이 실시하고 연구자는 수퍼바이저의 역할을 담당할 수도 있다. 특히 후자의 경우에 실천가에게 수퍼비전을 체계적으로 제공하는 것은 매우 중요하다. Bailey-Dempscy와 Reid(1996)가 진행한 과제중심 사례관리 모델 개발을 위한 현장실험은 수퍼비전의 중요성을 잘 보여준다. 이 연구에서 개입은 훈련과 수퍼비전을 받은 사회복지학 석사과정생에 의해서 수행되었다. 연구자들이 실천 현장(과제중심 사례관리 모델이 이루어진 초등학교)에 있는 대학원생에게 적절한 수퍼비전을 제공하는 것은 쉬운 일이 아니었다. 현장실험은 긍정적인 결과를 산출해 내지 못했는데, 연구자들은 체계적으로 수퍼비전이 제공되지 못한 것을 중요한 실패 이유 중의 하나로 제시하였다.

개입 연구자는 다양한 수퍼비전 유형과 방법의 장·단점을 알고 현장실험 상황을 고려하여 가장 효과적인 방법을 활용할 수 있어야 하고, 현장실험 참여 인력인 수퍼바이지(supervisee)에게 유용한 피드백을 제공할 수 있도록 명확한 수퍼비전 방법을 적용해야 한다. 수퍼바이저는 한 가지 방법만을 고수할 것이 아니라 다양한 방법을 활용하여 수퍼바이지의 동기와 흥미를 이끌어냄으로써 현장실험을 효과적으로 진행할 수 있다. 현장실험에서 활용할 수 있는 수퍼비전 유형과 방법은 다음과 같다.

(1) 수퍼비전 유형

현장실험 및 초기개발 단계에서 활용할 수 있는 대표적인 수퍼비전 유형으로는 개별 수퍼비전, 집단 수퍼비전, 동료 집단 수퍼비전, 팀/스탭 수퍼비전 등이 있다.

① 개별 수퍼비전

수퍼바이저와 수퍼바이지가 일대일로 수퍼비전 회합을 실시하며 가장 기본적인 수퍼비전 유형으로 알려져 있다. 개별 수퍼비전은 수퍼바이지를 개별화하여 지도하고 한 개인에게 보다 많은 시간을 투입할 수 있다는 장점이 있으나 시간과 비용이 많이 소모된다(Carroll, 1996).

② 집단 수퍼비전

행정적, 교육적, 지지적인 수퍼비전의 기능을 수행하기 위해서 소집단을 활용하는 방법이다. 소집단의 활용은 집단 성원들에게 혼자서 성취하기 어렵거나 불가능해 보이는 목표를 달성할 수 있는 기회를 제공한다. 집단 수퍼비전을 실시하기 위해서 수퍼바이저는 집단지도에 대한 상당한 기술을 갖추고 있어야 한다. 집단과정의 기본 원칙과 역동성, 집단 내에서 이루어지는 학습의 일반적인 원칙이 집단 수퍼비전에 적용될 수 있기 때문이다. 집단 리더로서의 수퍼바이저는 집단 상호작용을 활성화하고 초점을 유지해 가는 기술과 집단에 대한 책임을 집단성원들과 함께 공유하게 된다(Kadushin, 1992).

③ 동료 집단 수퍼비전

동료들 간의 자발적인 상호 피드백을 활용한 수퍼비전을 의미한다. 동료 집단 수퍼비전을 실시하기 위해서는 참여자들이 연구 주제에 대한 충분한 경험과 지식과 기술이 있어야 하고, 필요할 때 상호 간에 도움을 줄 수 있어야 한다는 조건이 전제되어야 한다(Carroll, 1996).

④ 팀/스탭 수퍼비전

팀/스탭 수퍼비전은 팀원들이 외부의 수퍼바이저를 초빙해서 집단 수퍼비전의 형태로 관심 주제에 대한 도움을 받는 것이다. 팀/스탭 수퍼비전의 강점은 수퍼바이지들이 동일한 조직의 목적에 근거하여 내담자와 정책적 차원에 있어서 의사결정을 하고 팀원 간의 결속력을 향상시키고 협력을 증진할 수 있다는 장점이 있다. 반면, 팀원들은 팀 내에서 자신의 약점을 노출하는 것에 대한 두려움을 가질 수 있고, 팀원 간에 경쟁이 나타날 수 있으며, 행정가가 진행 상황들을 모니터하기 위한 수단으로 수퍼비전을 이용할 수 있다는 단점이 있다(Carroll, 1996).

(2) 수퍼비전 방법

언어적 의사소통과 직접 관찰은 가장 일반적인 수퍼비전 방법이다. 전통적으로는 수퍼바이저와 수퍼바이지가 내담자 사례, 윤리적 및 법적 이슈, 개인적 계발 등의 주제에 대하여 토론하는 언어적인 의사소통 방법이 가장 선호되어 왔고, 최근 들어서는 수퍼바이저가 수퍼바이지의 실천 현장을 직접 관찰하며 수퍼비전을 제공하는 직접 관찰 방법도 증가하는 추세이다(Haynes et al., 2003). 이 외에도 현장실험 및 초기개발 단계에서 활용할 수 있는 방법으로는 사례 회의, 보조진행, 동시적 수퍼비전, 녹음/녹화, 컴퓨터 및 온라인 기법, 역할극, 모델링, 기록, 과제 등이 있다(Bogo and Vayda, 1998; Haynes et al., 2003). 각각을 살펴보면 다음과 같다.

① 사례회의

사례회의(case consultation)는 수퍼바이지의 사례에 대해 토론하는 방법으로 가장 일반적인 수퍼비전 방법이다(Goodyear and Nelson, 1997). 수퍼바이저는 수퍼바이지의 사정 기술을 탐색하고 특정 이론과 기법을 조사하고 전이와 같은 관계의 이슈를 다루며 수퍼바이지의 자기인식을 증진시키게 된다(Campbell, 2000). 이 방법은 집단 수퍼비전에서 뿐만 아니라 개별 수퍼비전에 있어서도 효과적이다. 그러나 수퍼바이지가 사례에 대하여 얼마나 정확하게 '자기보고'할 수 있느냐가 관건이다. 특히 '자기보고'는 수퍼바이지의 개념화하는 능력과 관찰 능력에 의해 영향을 받게 되므로 수퍼비전으로 유용한 방법이 아니라는 의견도 제시되고 있다(Feist, 1999). 따라서 사례회의는 다른 방법들과 함께 활용할 때 가장 효과적일 수 있다(Haynes et al., 2003)

② 보조진행

보조진행(co-working)은 수퍼바이저와 수퍼바이지가 개별, 가족, 집단이나 혹은 프로젝트 업무를 함께 하는 것을 말한다. 단지 관찰이나 참여 관찰의 수준이 아니라 수퍼바이저와 수퍼바이지가 사정에서부터 계획, 실행,

평가에 이르기까지의 과정을 능동적으로 함께 진행해 가는 것이다(Bogo and Vayda, 1998). 이 과정에서 수퍼바이저와 수퍼바이지는 공식적인 수퍼비전 회합을 갖고 공동 업무에 대한 토론을 하게 된다. 수퍼바이저는 수퍼바이지의 기술을 관찰한 후에 모델링을 활용한다. Feist(1999)는 이 방법이 실천가인 수퍼바이지에게 가장 정확한 정보를 제공한다고 하였다. 이 방법은 앞서 언급한 '자기보고'의 단점을 보완할 수 있고, 수퍼바이지에게 흥미로우며 실제적인 경험을 제공할 수 있다(Haynes et al., 2003).

③ 동시적 수퍼비전

동시적 수퍼비전(live supervision)은 가족치료 영역에서 개발된 훈련 방법이다(Liddle 1991; Liddle and Schwartz, 1983; Montalvo, 1973). 수퍼바이저나 전문가 팀은 수퍼바이지의 실천 활동을 직접 관찰하거나, 일방경 또는 비디오 모니터를 통하여 관찰하면서 수퍼비전을 제공한다. 즉, 회합이 진행되는 동안에 직접적으로 또는 전화나 이어폰을 통해서 수퍼비전을 제공한다. 내담자의 문제가 매우 복잡하거나 즉각적인 치료적 개입이 필요해서 전화로 전달하기에 무리가 있을 때에는 수퍼바이저가 면담 장소에 직접 들어가서 수퍼비전을 제공하기도 한다. 일방경 뒤에서 수퍼바이저와 함께 다른 수퍼바이지들도 관찰할 수 있다. 수퍼바이저와 수퍼바이지는 가족 면담을 시작하기 전에 회합을 미리 계획하고 끝난 후에 회합에 대해 토론하는 시간을 가져야 한다. 이는 동시적 수퍼비전에서 매우 중요한 부분이다(Bogo and Vada, 1998). 이 방법을 활용할 때 고려할 점은 내담자의 서면 동의를 받아야 한다는 것이다. 또한 수퍼바이저는 특히 개입 초기 단계에서 수퍼바이지가 자신의 활동에 대한 즉각적인 평가에 불안해한다는 점을 유의해야 한다. 그러나 수퍼바이지가 치료팀과 원조책임을 공유하게 된다는 것을 깨닫게 되면 이러한 경험을 평가적이기보다는 지지적인 것으로 받아들이게 된다(Koopmans, 1995). 하지만 시간이 너무 많이 소모된다는 것이 이 접근의 약점이다.

④ 녹음/녹화

녹음/녹화 방법은 내담자의 상황을 있는 그대로 포착할 수 있기 때문에 구술이나 기록을 할 때 나타날 수 있는 누락이나 왜곡을 방지할 수 있다. 녹화는 수퍼바이저와 수퍼바이지 모두 가장 유용한 기술로 평가하고 있다(Goodyear and Nelson, 1997). 수퍼바이저는 동시적 수퍼비전과 마찬가지로 수퍼바이지의 기술을 직접 관찰할 수 있으며, 테이프를 멈추거나 필요하면 다시 돌려볼 수 있기 때문에 이 방법을 보다 더 선호한다(Protinsky, 1997). 녹음도 수퍼바이지의 실천에 대한 직접적이고 유용한 정보를 제공하지만 녹화는 실천가와 내담자의 총체적인 상황을 시각적으로 제시함으로써 녹음으로는 감지할 수 없는 미묘한 뉘앙스도 인식할 수 있도록 해 주기 때문에 보다 더 선호되는 것으로 나타났다(Vogo and Vayda, 1998). 그러나 녹화는 비용이 많이 들기 때문에 녹음이 적절한 대안이 될 수 있다.

⑤ 컴퓨터 및 온라인

컴퓨터 및 온라인 수퍼비전은 비교적 새로운 수퍼비전 방법이다(Scherl and Haley, 2000; Smith, Mead, and Kinsella, 1998). 수퍼바이저는 수퍼바이지의 실천을 관찰실에서 관찰하면서 모니터를 통해 수퍼바이지가 볼 수 있도록 컴퓨터를 활용하여 피드백을 제공한다. 또한 온라인 수퍼비전은 인터넷을 활용하여 원거리에 있는 수퍼바이지에게 수퍼비전을 제공할 수 있는 방법이다. 구체적 방법으로 전자우편, 화상회의, 채팅 등이 활용된다(Haynes et al., 2003). Kanz(2001)에 의하면 화상회의는 온라인 수퍼비전의 가장 유용한 도구이다. 그러나 이러한 방법은 비밀보장 측면에서 윤리적인 문제를 야기시킬 수 있으므로 수퍼바이저는 내담자의 정보를 온라인에서 사용할 때 정보가 유출되지 않도록 신중을 기해야 한다.

⑥ 역할극

역할극은 다른 수퍼비전 방법과 함께 활용할 때 매우 효과적인 수퍼비전 방법이며 특히 집단 수퍼비전에서 적용하기에 적절하다(Haynes et al.,

2003). 역할극은 앞으로의 상황이나 과거의 상황 모두에 적용할 수 있으며 수퍼바이저와 수퍼바이지가 이미 진행했거나 앞으로 해야 할 면담의 일부분을 연습하고자 할 때 실시할 수 있다. 수퍼바이저와 수퍼바이지는 내담자와 실천가 역할 모두를 해볼 수 있는데 이를 통해서 수퍼바이지는 내담자에게 보다 더 쉽게 감정이입할 수 있고 이전에는 인식할 수 없었던 내담자의 정서적인 측면을 발견할 수 있게 된다. 중요한 점은 역할극을 실행한 후에 수퍼바이저와 수퍼바이지가 느낀 점에 대해서 함께 토론하는 시간을 가져야 한다는 것이다(Bogo and Vayda, 1998).

⑦ 모델링

모델링은 수퍼바이저의 행동을 통해서 수퍼바이지를 가르치는 방법으로 수퍼비전 과정 전반에 걸쳐서 활용될 수 있다(Haynes et al., 2003). 즉, 모델링은 수퍼바이지에게 수퍼바이저나 다른 실천가의 업무 현장을 관찰할 수 있는 기회를 갖게 해주는 것이다. Mayadas and Duehn(1977)은 이러한 대리적인 학습이 어떤 특정 대인관계 및 사회적 기술을 강화시키거나 약화시키는데 매우 효과적이라고 제시하였다. 모델링은 수퍼바이지에게 말로 설명해 주는 것보다 더 큰 학습 효과를 제공하고 수퍼바이지가 복잡한 임상 기술을 좀더 쉽게 모방하도록 돕는다. 이러한 점에서 볼 때, 모델링은 복잡한 대인관계 상황에 대한 이해가 부족한 수퍼바이지를 지도할 때 가장 효과적이라고 할 수 있다(Bogo and Vayda, 1998).

⑧ 기록

기록을 활용한 수퍼비전 방법에서는 과정기록이 주로 활용된다. 과정기록은 수퍼바이지와 내담자간의 역동적인 상호작용을 서술한 것으로, 사정, 목적, 목표, 개입 전략을 포함한 수퍼바이지의 개입내용을 포함하고 있다. 수퍼바이지는 자신의 실천 경험을 상기하여 기록하고 수퍼바이저와 그 경험에 대해서 의사소통을 하게 된다. 이 과정에서 수퍼바이지가 실제 경험의 일부분을 누락하거나 왜곡하여 기록하게 되면 수퍼비전은 제한적으로 이루어질 수밖에 없다. 그러나 과정기록은 수퍼바이지가 자신이 실행한 개입 효과를 평가하기 위해서 면담 내용을 회상하고 반영해 볼 수 있는 시간을 갖게 한다는 장점이 있다(Bogo and Vayda, 1998). 과정기록은 사례회의 방법을 보완할 수도 있고 다른 수퍼비전 방법과 함께 활용할 수도 있다.

⑨ 과제

과제를 부여하는 방법은 수퍼비전 회합에서 보조적인 방법으로 활용된다. 책을 읽거나 테이프 또는 CD-ROM 등의 자료를 검토하는 것 등이 이에 해당된다. 이 방법은 과제와 관련된 정보를 수퍼바이지에게 설명하는 시간을 줄일 수 있고 대신 이러한 정보를 내담자에게 적용하는 방법에 대하여 토론하는데 보다 많은 시간을 소요할 수 있게 한다(Haynes et al., 2003).

3) 현장실험 장소와 대상자 선정

(1) 장소 선정

현장실험을 어느 장소에서 누구를 대상으로 실행할 것인가는 실천 현장에서 개입이 적용되는 과정을 탐색하고 평가하는데 있어서 중요하게 고려해야 할 요소이다. Thomas와 Rothman(1994)은 연구자가 실행하기에 편리하고 개입을 활용할 현장과 유사한 장소에서 실시할 것을 제안하였다. 실제 실천현장의 접근이 어려울 때, 연구자는 내담자의 역할을 연기할 배우들을 활용함으로써 현장실험을 실행하기도 한다(Whang, Fletcher, and Fawcett, 1982).

(2) 대상자 선정

전통적인 행동과학 연구에서 사례를 선택할 때 중요한 기준은 표본의 대표성이다. 표본의 대표성을 높이기 위한 방법은 무작위표집 등의 확률표집을 통해 사례를 선택하는 것이다. 이러한 표본추출 방법은 비용이 많이 소요되고, 실험 대상을 확보하기 어렵다는 제한점이 있다. 개입연구에서 표본 선택의 기준은 전통적인 조사방법과는 다르다. Thomas(1984)는 개입연구에서는 실천 현장에서 개입이 실행되는 과정을 탐색하고 평가하는 현장실험 및 초기개발 단계의 과업을 효과적으로 완수하기 위해서 개발의 기회를 충분히 제공할 수 있는 표본을 선택할 것은 제안하였다. 즉, 현장실험 및 초기개발 단계에서 표본추출은 개입의 목적과 관련하여 의도적으로 이루어진다.

의도적 표본추출 방법은 비확률 표집으로, 할당표본, 눈덩이표본, 예외적 사례 표집방법이 현장조사에 특히 적합하다(Rubin and Babbie, 1997). 할당표집은 연구대상이 명확히 정의되었을 경우에 다양한 범주를 대표하는 사람들을 모두 포함시키는 방법이다. 눈덩이표집은 연구자가 확인한 연구대상으로부터 시작하여 그의 소개를 받아서 표본을 확대하는 기법이다. 예외적 사례표집은 연구자가 관심을 갖는 현상에 비추어 볼 때 극단적이거나 특이한 표본을 선택하는 것이다. 이 외에도 준예외적 사례 표집, 변이 극대화 표집, 동질적 표집, 전형적 사례 표집, 결정적 사례 표집, 기준 표집 등 다양한 표본추출 기법이 사용될 수 있다. Patton(2002)은 질적 평가자들이 선호하는 다양한 표본추출 전략을 의도적 표집이라는 용어로 표현하였는데, 질적 연구 방법에의 표본추출은 정보가 풍부한 표본을 전략적, 의도적으로 선정하는 것이 가장 중요하다.

Thomas(1984)는 개입연구에서 의도적 표집방법이 사용되고, 개발물을 검증할 수 있는 충분한 기회를 제공할 수 있는 사례들을 표집할 것을 강조하였다. 개입연구에서 유사한 사례를 표집하는 방법은 초기에 개발한 개입을 검증할 수 있고, 지속적으로 유사한 사례를 선정함으로써 개발의 깊이를 확보할 수 있다. 처음 선택한 사례와 다른 유형의 사례를 표집하는 방법은 디자인과 개발의 목표에 관한 새로운 문제들을 찾아내어 디자인 영역과 개발의 일반성을 확대시킨다.

표본추출 방법과 더불어 고려해야 할 사항은 표본의 크기를 설정하는 것이다. 현장조사를 기반으로 하는 질적 연구 방법에서 표본 크기에 대한 명확한 합의는 존재하지 않는다. Patton(2002)은 질적 연구에서 표본 크기에 대한 규칙은 없으며, 질적 연구에서의 타당도, 의미, 통찰은 표본 크기보다는 선택된 사례의 풍부한 정보와 연구자의 관찰 및 분석 능력에 달려 있다고 하였다. 표본 크기의 적절성은 조사의 다른 측면들과 마찬가지로 동료검토, 합의적 타당성(consensual validation), 판단(judgement)에 달려 있다. 또한 의도적 표본추출에서 표본의 크기와 유형은 연구의 목적과 가용자원에 달려 있다.

개입연구에서 표본의 크기는 개입에 대한 재설계를 가능하게 하고 개발물에 대한 충분한 시도를 수행할 수 있을 정도로 많아야 한다. 하지만 표본 크기가 아주 많을 필요는 없고, 적절한 개발의 기회를 가질 수 있을 만큼 충분한 정도라면 된다(Thomas, 1984).

〈표 7-1〉 의도적 표집 방법

유형	목적
1. 극단적/예외적 사례 표집	일상적이거나 규칙적이지 않은 사례를 선정하는 방법
2. 준예외적 사례 표집	일상적인 것보다는 약간 예외적이지만 현상을 집약해서 보여줄 수 있는 정보가 풍부한 사례를 선택
3. 변이 극대화 표집	다른 상황에서 나타나는 독특하거나 다양한 변이를 서술하기 위해 사용
4. 동질적 표집	초점을 맞추고, 변이를 감소시키고, 분석을 단순화하고, 집단 면접을 촉진하기 위해서 사용
5. 전형적 사례 표집	전형적이고 평균적인 사례를 제시하고 강조하기 위해서 사용
6. 결정적 사례 표집	극단적 사례 표집의 한 예로, 논리적 일반화를 위해서 사용(이 사례에서 사실이라면 다른 모든 사례에서도 사실일 수 있다)
7. 눈덩이/체인 표집	일부 연구 대상자로부터 다른 대상자를 소개받아 주요 정보제공자를 찾는 방법으로, 연구 대상자를 모집하기 어려운 경우에 사용
8. 기준 표집	일정 기준을 세우고 그 기준을 충족하는 사례를 표집하는 방법. 질적 보증의 목적으로 사용
9. 이론적 표집	이론의 토대와 그 변이를 탐색하고 조사함으로써 이론적 토대를 만들기 위해 사용
10. 확인 및 예외 사례 표집	초기 분석을 정교화하고 심도 있게 실시하기 위해 사용하고, 예외를 찾거나 변이를 검증하기 위해 사용
11. 층화 의도적 표집	관심 주제에 대한 특정 하위집단의 특성을 제시하기 위해 사용. 비교를 촉진하기 위한 방법
12. 기회/응급 표집	현장조사 중에 새로운 실마리를 따라가거나, 융통성을 필요로 할 때 사용
13. 의도적 무작위 표집	의도적 표집의 신뢰도를 높이기 위해서 사용
14. 정치적 중요 사례 표집	연구에 대한 주목을 끌기 위해서 사용
15. 편의 표집	시간, 비용, 노력을 절약하기 위해 사용. 이론적 근거가 약하고 신뢰도가 낮다는 문제가 있음
16. 조합 표집	삼각측정, 융통성, 다양한 관심과 욕구를 충족하기 위해 사용

출처: Patton(2002, p. 243)에서 요약 · 발췌

현장실험 준비 예시

1. 현장실험 장소

본 연구는 의도적인 표본추출(purposive sampling)에 근거하여 연구 장소 및 대상을 선정하였다. 체계적인 실습지도 모델의 현실적인 적용가능성을 탐색하는 현장 적용의 목적에 따라서 서울시에 소재한 A종합사회복지관과 B종합사회복지관 두 곳을 연구 장소로 선정하였다. 선정 근거를 구체적으로 살펴보면 다음과 같다. 첫째, 사회복지시설 운영 개선방안(1999)에 따르면, 종합사회복지관의 서비스 내용은 재가복지, 가족복지, 지역복지 분야로 구성된다. 모든 지역주민을 대상으로 지역적 특성 및 욕구를 충족시키는 것을 그 목적으로 함으로써 가족기능강화, 지역사회보호, 지역사회운동에 초점을 두고 있다. 따라서 모든 체계에 대한 개입을 실시하고 있고 이러한 점은 사회사업 및 사회복지의 일반주의 실천을 관찰하고 경험할 수 있는 영역임을 나타내고 있다. 둘째, A 및 B종합사회복지관은 한국사회복지대학협의회(2000)가 규정한 실습지 선정 기준과 실습지도자의 자격 기준을 갖추었기 때문에 본 연구 장소로 선정하였다.

2. 표집

실습지도자는 A종합사회복지관 2명(사회복지 실무경력은 각각 9년, 7년이고 실습지도 경력은 각 6년, 4년이며 직위는 모두 과장임)과 B종합사회복지관의 실습지도자 1명(사회복지 실무경력은 6년이고 실습지도 경력은 4년이며 직위는 과장임)이다. 실습생은 사회사업(사회복지)을 전공(복수전공 포함)하는 학부 재학생으로 교과과정의 이수를 위해서 실습과목을 지원한 자로서 선정 과정은 기관의 실습생 모집 절차에 의하여 선발되었고, A종합사회복지관은 10명(여자 8명, 남자 2명), B종합사회복지관은 8명(여자7명, 남자 1명)이다. A종합사회복지관은 실습생 전원이 사회사업 혹은 사회복지 전공자이며, B종합사회복지관은 2명의 학생이 사회사업 복수전공자이다.

3. 기간

실습을 실시한 기간은 2000년 6월 26일에서 7월 31일까지였다. 이 기간에 현장실험을 실시한 이유는 방학동안 실시되는 집중식 배치(block placement)를 통해서 실습지도 모델이 실행되는 절차를 집중적으로 연구하기 위해서이다.

4. 윤리적 문제

이 연구는 윤리적 문제가 발생할 위험은 비교적 적다. 연구 대상자는 연구 참여에 동의하거나 거절할 능력이 있는 성인이다. 실습지도 참여는 필수 교과목을 이수하기 위한 것이지만 연구 참여는 자발적인 의사에 의한 것이다. 모든 학생들은 연구 참여여부와 관련하여 성적에 불이익을 받지 않으며 연구 참여를 언제든지 그만 둘 수 있다는 설명을 들었다. 학생들은 동의서를 작성하였고 서명에 앞서 이 연구에 대한 설명을 들었다. 또한 수퍼비전 회합의 녹음에 대한 동의를 받고, 실습생이 원할 경우 언제든 녹음 내용을 삭제하거나 중단할 수 있다는 설명을 들었다. 또한 녹음테이프를 복사할 수 있다는 설명도 들었다. 연구에 관한 모든 문서, 녹음테이프, 공유된 정보는 본 연구자, 그의 지도교수 및 심사위원을 제외하고는 어느 누구도 사용할 수 없고 본 연구자만 접근할 수 있는 장소에 보관하였다. 이름이나 다른 신상명세서들은 연구 자료로 이용될 수 없다.

출처: 이시연(2001)에서 발췌 · 요약

2. 현장실험 실행

개입 연구자는 현장실험을 통해 개입의 강점과 한계점을 확인하고 개입을 좀더 접근가능하고 효과적이며 만족스러운 형태로 수정하게 된다. Thomas(1984)은 현장실험의 성과물로 ① 개발된 개입에 대한 재디자인, ② 발생한 새로운 디자인 문제를 해결하기 위한 디자인, ③ 검증된 개입에 대한 반복 활용이라는 3가지 형태를 제시하였다. 만약 현장실험에서 개발된 개입을 적용하는 과정이 불만족스럽게 이루어졌다면 개입을 재디자인해야 할 필요가 있을 것이다. 개입의 적용 과정에서 새로운 문제점이 나타났다면 개입을 반복적으로 적용해 보는 과정을 통해 문제점을 해결하는 재디자인의 기회를 가져야 할 것이다.

현장실험 과정이 체계적으로 진행될 경우 개입 연구자는 다음과 같은 중요한 자료들을 확보할 수 있다(Thomas, 1984).

① 실행시 나타날 수 있는 디자인 문제들에 대처하는 데 필요한 개입들
② 재디자인을 필요로 하는 수정안과 대안들
③ 개입의 현실 적용가능성
④ 실천 상황과 내담자에 대한 개입의 적절성
⑤ 개입 절차의 적절성
⑥ 내담자에게 나타난 성과들

현장실험시 검토 사항

① 어떤 개입이 내담자에게 적용하기에 적절하지 않거나 실행가능성이 없는가, 그 이유는?
② 어떤 개입이 내담자에게 적용하기에 적절한가, 그 이유는?
③ 개입이 실행가능한가?
④ 개입이 전반적으로 내담자에게 실행하기에 적절한가, 아닌가?
⑤ 실천가-연구자가 따를 수 없는 개입 절차는 무엇인가, 그 이유는?
⑥ 실천가가 따를 수 없는 개입 절차에 대해 언제 훈련이 필요한가?
⑦ 실천가-연구자가 따를 수 있는 개입 절차는 무엇인가, 그 이유는?
⑧ 어떤 개입이 불만족스러운 내담자 성과(예를 들어, 불충분한 내담자 변화, 내담자 불만족)를 산출하는가?
⑨ 어떤 개입이 만족스러운 내담자 성과(예를 들어, 만족스러운 내담자 변화, 내담자 만족)를 산출하는가?
⑩ 개입이나 개입절차의 어떤 측면이 부적절한가?(예를 들어, 구체성이나 완결성의 결여)
⑪ 개입이나 개입절차의 어떤 측면이 적절한가(예를 들어, 구체성이나 완결성)
⑫ 재디자인을 필요로 하는 개입이나 개입 절차는 무엇인가, 그 이유는?
⑬ 개입이 충분히 반복적으로 적용되고 있는가?

출처: Thomas(1984, p. 184)에서 발췌

다음에서는 현장실험에서 개입의 적용 가능성을 어떠한 자료수집 및 분석 방법을 통해서 검증할 수 있는가에 대해 살펴보고자 한다.

1) 자료수집 방법

현장실험 및 초기개발 단계는 개입이 체계적인 절차를 통해서 검증되고, 문제점이 확인되면 디자인을 수정하는 과정이다. 개입을 적용하는 과정에서 이루어지는 실천은 전통적인 실천과는 목적과 방법에 차이가 있다. 전통적인 사회복지 실천의 목적은 내담자 체계에 서비스를 제공하는 것이지만 현장실험에서의 실천은 서비스 제공뿐만 아니라 개입의 개발이라는 목적이 추가된다. 따라서 개입을 실천하는 과정에 나타나는 문제점과 서비스 성과에 대한 기록 및 모니터링은 현장실험 연구자의 중요한 과업이다. 개입이 적용되는 과정에 대한 보다 풍부한 자료를 얻기 위해서는 양적 자료수집 방법과 질적 자료수집 방법이 모두 활용된다. 실험설계와 같은 양적 자료수집 방법은 현장실험의 다음 단계인 평가 및 후기개발 단계에서 효과성 검증을 위해서 집중적으로 사용되며 이에 대해서는 8장에서 설명하고자 한다. 여기에서는 일반적인 질적 자료수집 방법과 개입연구에서 활용되는 다양한 질적 자료수집 방법을 중심으로 살펴보고자 한다.

(1) 질적 자료수집 방법

현장실험에서 자료수집의 초점은 개입을 개발하는데 사용될 수 있는 정보를 수집하는데 있다. 질적 자료를 수집하는데 주로 활용되는 방법들은 다음과 같다.

① 관찰

관찰은 질적 자료의 수집과 평가에서 가장 기본적으로 활용되는 기법으로 관찰을 통해 얻어진 현장노트(field notes)는 분석을 위한 주요 정보이다. 현장실험에 참여하는 연구자와 실천가는 필요할 때마다 현장노트나 개발일지(developmental logs)를 기록한다. 개입 연구자는 개입을 적용하는 과정에 참여하지 않고 단지 관찰만 하는 역할 또는 실천가로서 개입 과정에 적극적으로 참여하는 참여 관찰자의 역할을 수행할 수 있다. 관찰을 통해 수집된 자료는 그 자료를 읽는 독자들이 그 상황에서 어떤 일이 어떻게 발생했는가를 이해할 수 있도록 심층적이고 상세하게 기록되어야 한다(Patton, 2002).

② 면접

심층 면접은 개입연구의 현장실험에서 필수적인 자료수집 방법이며 주로 반구조화된 면접 질문지를 활용하여 인터뷰가 이루어진다. Patton(2002)은 다음과 같은 4가지 면접 방법을 제안하였다.

– **비공식 대화 면접** : 연구자가 사전 계획이나 미리 작성된 질문지 없이 현장 관찰 중에 응답자에게 자연스럽게 질문을 하는 기법이다.

– **면접 지침 접근법** : 질문 내용을 미리 작성한 후에 면접을 하기 위한 절차와 순서를 기록한 지침을 만들고 이에 따라 면접을 실시하는 방법이다.

– **표준 개방형 면접** : 면접에서 질문할 목록을 미리 작성하는 방법으로 개입연구 현장실험에서는 반구조화된 면접 질문지를 주로 활용한다.

면접은 연구자와 응답자가 일 대 일의 면 대 면 방식으로 진행하게 되며 연구 주제, 목적, 상황에 따라서 포커스집단 면접(focus group interviews)을 활용할 수도 있다.

③ 기존 자료분석

개입연구자는 실천현장에서 다루어지는 개입 관련 법규, 기관 사명서, 기관 규정, 재정 관련 자료 등을 수집하고 분석 자료로 활용할 수 있다.

반구조화된 면접 질문지 예시 : 과제중심 실습지도 모델개발연구(실습지도자용)

이 면접의 참여에 동의해주셔서 감사합니다. 이 면접의 목적은 실습지도에서의 과제중심 모델에 대한 정보를 얻기 위한 것입니다. 귀하에게 할 질문은 모델이 어떻게 실행되는지, 도움이 되는 점과 그렇지 않은 점은 무엇인지, 변화가 필요한 부분은 무엇인지에 관한 것입니다. 이것은 실습지도자에 대한 평가가 아니라 모델 자체에 대한 평가입니다. 즉, 귀하는 실습지도자가 아닌 모델에 대하여 응답하셔야 합니다. 귀하의 피드백은 모델을 발전시키는 데 활용될 것이며 부정적, 긍정적 피드백 모두 다 도움이 될 것입니다. 귀하가 긍정적 응답을 하던 부정적 응답을 하던 간에 어떠한 불이익도 받지 않을 것임을 확신 드립니다. 귀하의 참여에 다시 한 번 감사드립니다.

1. 모델에 대한 전반적인 의견은 어떠합니까?

2. 다음의 측면에서 모델에 관한 귀하의 생각이나 느낌을 설명해 주십시오(각 항목에 대해서 다음 3가지 질문에 대한 답을 주셔야 합니다).
   a. 어떤 도움이 됩니까?
   b. 무엇이 장애가 됩니까?
   c. 모델을 발전시키기 위한 제언은?

① 실습지도 회합의 구조
② 특정 학습 영역에 초점을 맞출 수 있도록 해주는 모델의 능력
③ 표적 목표를 성취하도록 해주는 모델의 능력
④ 학습 목표를 성취하도록 해주는 모델의 능력
⑤ 회합사이의 흐름이나 연결을 제공하는 모델의 능력
⑥ 개인적인 이슈나 "자아"에 대한 이슈를 검토하도록 도와주는 모델의 능력
⑦ 계약
- 과제 선택의 과정
- 표적 목표와 과제의 양
- 선택된 과제의 유형

⑧ 목표를 성취하기 위한 과제의 활용

⑨ 장애물 예상
⑩ 목표 선택의 과정
⑪ 회합 과제의 활용
⑫ 과제 평가 과정(과제의 완성도 측정)
⑬ 과제 검토
⑭ 귀하의 실천에 대해 지속적인 피드백을 제공하는 모델의 능력
⑮ 귀하가 학생 평가를 준비하도록 해주는 모델의 능력

3. 귀하가 내담자와 과제중심 실천을 적용하는 동안 실습지도 회합에서도 과제중심 모델을 활용하는 것에 대한 의견을 제시해 주시기 바랍니다.

4. 실습지도 회합을 녹음하는 것이 귀하가 느끼고 행동하고 반응하는 방법에 영향을 미친다고 생각하십니까?

출처 : Caspi(1997, p. 233)에서 발췌

포커스집단 면접

포커스집단은 질적 연구방법에 있어서 가장 실용적이고 성공적인 방법 중 하나이다(Capko and Anwar, 1998). 포커스집단은 특정 주제에 대하여 연구 참여자가 함께 논의함으로써 그들의 인식을 끌어낼 수 있다는 점에서 매우 유용하다. 포커스집단은 특정 주제를 위해 동질적 표집을 하게 되며 집단 크기는 10명 내외로 구성된다. 포커스집단을 통해 집단 구성원간의 상호작용이 이루어지며, 이 과정은 연구 참여자의 생각과 경험을 이끌어내는 것을 촉진시킨다(Ford et al., 1997). 포커스집단 연구방법은 마케팅 연구와 건강 분야에서 광범위하게 적용되었고 최근에는 다양한 사회과학 분야에서의 사용이 확산되고 있다(김성재 외, 2000). 포커스집단 연구 방법은 서베이 질문지나 실험연구의 연구문제를 개발하기 위해 연구의 예비적인 기능으로 활용되기도 하고, 특정 상황을 심층적으로 탐색하기 위해 사용될 수도 있다. Morgan(1998)은 연구 참여자들이 서로 어떻게 반응하는가를 들으면서 그들의 경험과 견해를 깊이 있게 이해할 수 있게 된다는 점을 포커스집단 연구방법의 강점으로 제시하였다.

출처: 이시연 외(2006)에서 요약 · 발췌

(2) 개입연구에서 활용하는 대표적인 질적 자료수집 방법

현장실험 및 초기개발 단계에서는 질적 연구에서 사용되는 자료 수집 방법을 다양하게 활용하여 개입의 적용 과정을 탐색하고 평가한다. Bailey-Dempscy와 Reid(1996)는 학교 실패의 위험에 처한 학생들을 대상으로 개발한 과제중심 사례관리 모델의 현장실험에서 사례 기록, 인터뷰 녹음테이프, 실천가의 기록일지와 관찰, 수퍼비전 회합, 내담자의 보고, 결과 사정 도구 등 다양한 자료수집 방법을 활용하였다. 사회복지실습지도 모델을 개발한 Caspi(1997)는 실습지도 회합의 녹음 자료, 실습지도자의 결정적 사건 기록(Critical Incidents Reports), 실습생을 대상으로 한 반구조화된 면접, 실습지도 회합에서 나타난 대인관계 과정에 대한 회상(Interpersonal Process Recall), 체계적 기록 양식(학습계약 및 과제 평가 양식), 실습생의 과정기록 등의 자료를 수집하여 모델이 적용되는 과정을 상세히 분석하였다. Naleppa(1995)는 노인을 위한 사례관리 모델을 개발하는 과정에서 연구자와 사례관리자를 통해 다양한 방법으로 자료를 수집하였다. 사례관리자는 정기적인 내담자 가정방문을 통해 녹음 자료를 수집하고 각종 체계적 기록 양식들을 활용하였으며 연구자는 매주 팀회의와 수퍼비전회의와 모델개발에 대한 현장노트를 중심으로 자료를 수집하였다.

이상 살펴본 바와 같이 현장실험에서는 필요한 자료들은 관찰, 인터뷰, 기존 자료 분석 등의 다양한 방법을 통해 수집되며, 결정적 사건 기록, 대인관계 과정 회상, 개발 일지 등은 개입연구에서 활용되는 대표적인 질적 자료수집기법이다.

자료수집 예시: 노인대상 과제중심 사례관리 프로그램 개발 연구에서 활용한 자료수집 방법

측정도구	측정 빈도, 기간	자료수집 담당자
사정	1회, 사례관리 시작할 때	사례관리자
욕구 및 목적 양식	1회, 필요시 추가	사례관리자
표적 문제 양식	지속적, 필요시 각 회합	사례관리자
과제 계획 및 검토	지속적, 필요시 각 회합	사례관리자
재사정	1회, 3달 후에	사례관리자
녹음 자료	지속적으로, 각 회합	사례관리자
개발 일지	지속적으로, 필요시	사례관리자, 연구자
팀 회의/수퍼비전	지속적으로, 필요시	연구자
내담자 대인관계 과정 회상	1회, 현장실험 종료시	연구자 및 촉진자
내담자 질문지	1회, 현장실험 종료시	연구자 및 촉진자
사례관리자 IPR	1회, 현장실험 종료시	연구자 및 촉진자
사례관리자 질문지	1회, 현장실험 종료시	사례관리자

출처: Naleppa(1995, p. 49)에서 발췌

① 결정적 사건 기록

결정적 사건 기록은 개입연구의 경험적인 기법 중의 하나로(Thomas, 1984) 질적 자료 수집에 적합하다(Flanagan, 1954). Caspi(1997)는 결정적 사건 기록이 현장실험 및 초기개발 단계에서 모델의 실행 과정에서 발생하는 장애물을 정의할 때 도움이 된다고 하였다. Caspi의 연구에서 사회복지실습지도 모델을 개발하기 위해 현장실험에 참여한 실습지도자들은 실습지도 모델을 적용하는 과정에서 문제점이 나타나거나 특별한 상황이 발생할 때마다 결정적 사건을 기록하였고, 실습지도자와 실습생의 상호작용을 기술할 때에도 이 기법을 활용하였다.

결정적 사건 기록 예시

일 시: ______________ ___ 번 호: ________________
내담자: ________________ 사례관리자: ________________

내담자에게 개입하는 과정에서 나타난 중요하다고 생각되는 모든 사건이나 정보를 여기에 기록해 주시기 바랍니다. 결정적 사건이란 귀하가 생각하기에 "기대하지 않았던 성공"이나 "예상하지 못했던 문제/장애물"을 의미합니다.

1. 사건이 언제 발생했나요?

2. 사건에 대하여 서술하세요.

3. 사건을 유발시킨 요인은 무엇인가요?

4. 그 사건의 결과는 무엇인가요?

5. 모델에 대한 함의를 기록해 주세요.

출처 : Naleppa(1995, p. 263)에서 발췌

② 대인관계 과정 회상

대인관계 과정 회상은 대인관계 과정에 대한 녹음 기록을 검토하기 위한 독특한 조사 방법이며(Elliot, 1984), 정신치료 회합에서 나타나는 변화 과정에 대한 내담자의 인식을 조사하기 위해서 사용되기 시작하였다. 대인관계 과정 회상의 기본 단계는 첫째, 대인관계 교류를 오디오나 비디오로 녹음・녹화하며, 둘째, 개입 연구자가 아닌 별도의 촉진자가 테이프를 검토한다. 연구자나 촉진자는 녹음이나 녹화 테이프를 다시 듣거나 보면서 참여자(예를 들어, 실천가 또는 내담자)에게 특정 시점에 나타난 사건과

이에 대한 참여자들의 경험과 인식을 서술하도록 요청한다.

대인관계 과정 회상 질문지 예시

(실습생에게 읽어준다)

당신의 참여에 감사드립니다. 다음 질문에 대한 당신의 답변은 실습지도를 위한 과제중심 모델을 개발하는데 많은 도움이 될 것입니다. 당신이 갖고 있는 의견이나 느낌은 모델 자체보다는 실습지도자에 대한 것일 수도 있습니다. 그러나 당신의 경험이 모델에 어떻게 통합될 수 있는지에 대해 당신의 의견을 우리와 함께 공유할 수 있다면 많은 도움이 될 것입니다.

답변에 대해서는 비밀이 보장됩니다. 또한 실습지도자가 당신의 성적을 제출하기 전에는 실습지도자에게 당신의 응답내용을 알리지 않을 것입니다.

당신은 특별히 관심 있다고 느끼는 부분들을 선택했습니다. 다음 질문들에 답할 때, 당신이 회합의 그 순간에 가진 생각이나 느낌이 무엇이었는지 정확하게 기억하도록 노력하십시오. 테이프에 녹음되던 그 순간을요. 바로 그 순간에 당신이 가진 생각과 느낌에 대한 당신의 인식은 실습지도를 위한 과제중심 모델의 개발에 매우 큰 도움이 될 것입니다.

(테이프의 각 부분에 대해서)

1. 왜 이것을 선정했습니까?
2. 도움이 되었습니까(3번으로 가시오), 혹은 방해가 되었습니까?(4번으로 가시오)
3. 만일 도움이 되었다면, 당신은 이 접근을 다른 실습지도자에게 추천하겠습니까? 그 이유는?
4. 만일 방해가 되었다면, 실습지도자는 어떻게 다르게 실행해야 할까요? 어떤 방법이 보다 효과적일까요?
5. 이러한 것이 모델에 어떻게 통합되어질 수 있는지에 대한 제언을 부탁드립니다.
6. 이 부분에 대한 다른 의견이 있다면 말씀해 주십시오.

출처 : Caspi(1997, p. 238)에서 발췌

③ 개발 일지

연구자나 실천가는 개입을 적용하는 과정을 관찰하면서 필요할 때마다 일지를 기록한다. 개발일지는 특정 양식을 제시하기보다는 연구자와 실천가가 자유롭게 기록할 수 있는 형태로 구성한다.

개발 일지

상담가: ________________ 일시: ____________

개입을 개선하는데 도움이 될 모든 제안점을 기록해 주시기 바랍니다. 가능한 한 간결하게 기록하고, 상담사례와 직접적으로 관련될 경우에는 사례 번호를 기입해 주시기 바랍니다.

2) 자료분석 방법

질적 자료의 분석은 수집된 자료(녹음테이프, 필사본, 메모, 현장노트, 문서 등)에서 '의미 있는 단위(meaning units)'를 찾아내고, 개념적 틀을 개발하는 과정이다. 연구자는 방대한 양의 자료들을 축소하고, 의미 있는 자료와 그렇지 않은 자료로 분리하고, 중요한 유형을 찾아내고, 핵심적 자료를 제시할 기본틀을 개발하여 자료를 조직화한다(Patton, 2002). 질적 자료를 분석하는 체계적인 방법 중 하나는 내용분석(Content Analysis)으로, 질적 자료를 양적 자료로 전환하는데 활용되는 대표적인 자료 분석 방법이다. 내용분석은 텍스트로부터 타당한 추론을 이끌어내기 위해 일련의 절차를 사용하는 연구방법(Weber, 1990)으로 과학적 방법에 근거한 양적 분석을 통하여 메시지를 요약한다(Neuendorf, 2002).

개입연구의 현장실험을 통해 수집한 질적 자료를 내용분석 방법을 사용해 분석함으로써 어떤 유형이나 주제(theme) 즉, 경향성을 발견할 수 있다. 내용분석의 일반적 절차는 다음과 같다.

1단계 : 이론적 근거를 바탕으로 개념화와 조작화를 시도하고, 이를 바탕으로 연구의 분석틀을 구성한다.

2단계 : 표본으로 선정된 사례를 분석틀에 맞추어 단위화를 시도한다. 이 과정에서 사례를 만족스럽게 분류할 수 있도록 분석틀을 수정하고, 수정한 틀을 다시 자료에 적용시키는 과정을 반복한다.

3단계 : 각 단위들 간의 중심 주제를 묶어 범주화하고 경향성을 발견한다.

4단계 : 양적 내용분석은 코딩 후에 통계적 방법을 사용하여 범주들 간의 관계를 분석하게 된다(Riffe et al., 2001). 그러나 질적 내용을 양적 자료로 전환하지 않고 질적인 용어로 보고하는 질적 내용분석(qualitative content analysis) 방법도 있다. 이 경우에는 내용분석의 결과를 주로 여러 사례에 있는 긴 인용의 형태로 제시한다(Rubin and Babbie, 1997).

이 외에도 컴퓨터를 이용한 질적 자료 분석을 활용할 수도 있다. 질적 자료를 분석할 수 있는 컴퓨터 소프트웨어는 자료를 저장, 코딩, 반복, 비교, 연결할 수 있도록 지원한다. 이러한 소프트웨어로는 AnSWR, ATLAS.ti, C-I-SAID, CDC EZ-Text, Ethnograph, HyberRESEARCH,

QCA, QSR NVivo, QSR NUD*IST, TextSmart, winMAX 등이 있다[2)](Patton, 2002).

3) 타당도

질적 연구에서의 신뢰도와 타당도는 양적 연구에서와는 다른 개념으로 설명된다. Roberston과 Boyle은 질적 연구에서의 신뢰도는 둘 이상의 관찰자가 같은 사건을 관찰하거나 또는 같은 자료를 여러 사람이 동시에 해석함으로써 확보할 수 있으며, 타당도는 폭넓고 집중적인 자료수집, 다양한 표본추출 및 자료 수집방법의 활용, 자료수집 기간 동안의 지속적인 비교분석을 통해 증대시킬 수 있다고 하였다(유은광, 1993에서 재인용). Lincoln과 Guba는 질적 연구의 신뢰도와 타당도의 대안으로 결과들의 일관성(consistency)이라는 개념을 제시하였다(Marshall and Rossman, 1989에서 재인용). 즉 반복된 관찰에 의해 같은 결과를 획득하는 것보다는 결과들이 일관성이 있고 신뢰할 수 있는 것임을 보이는 것이 더 중요하다는 것이다. 이를 위해서 연구자는 누구나 연구의 전개 과정을 따라갈 수 있도록 연구의 시작부터 끝까지 그 과정을 자세히 설명하고 기록하는 것이 중요하다. 즉, 자료수집 및 분석 방법들이 다른 사람에 의해 반복될 수 있을 정도로 상세히 설명되어야 한다.

현장실험 및 초기개발 단계에서 개입 연구자들은 개입 적용 과정의 신뢰도와 타당도를 높이기 위하여 연구의 반복가능성을 확보하는 것이 필요하다. 즉, 연구방법 선정에서 자료 분석에 이르기까지의 전 과정을 상세히 설명하고 기록함으로써 다른 연구자들이 연구의 전개 과정을 따라갈 수 있도록 제시한다. 또한 다수의 연구자들로 연구팀을 구성하여 교차검증을

2) 최근 국내 사회복지 분야에서 컴퓨터를 활용한 질적 분석 연구가 소개된 바 있다. 연구자들은 의료사회복지사를 소진으로부터 보호하는 요인을 찾기 위해 근거이론에 기반을 두고 개발된 Nvivo 2를 활용하여 질적 자료를 양적 자료로 전환하였다(최명민 · 현진희 · 전혜성, 2005 "의료사회복지사를 소진으로부터 보호하는 요인은 무엇인가?", 『한국사회복지학』, 57(4): 343-370).

수행함으로써 신뢰도와 타당도 확보를 시도할 수 있다. 이 과정에서 연구팀은 함께 자료의 분석틀을 개발하고 관련 분야 전문가에게 이 분석틀에 대한 타당도 검증을 받을 수도 있다. 또한 연구자들은 단위화, 범주화, 계량화 등의 자료처리과정에서 각자 코딩을 한 후에 그 결과를 서로 비교하여 합의하는 과정을 거침으로써 신뢰도를 확보할 수 있다.

현장실험 단계에서 개입 적용과정의 신뢰도와 타당도를 확보하는 것은 효과적인 개입의 개발을 위해 중요한 부분이다. 현장실험의 목적은 개입의 성과를 검증하는 것이 아니라 혁신을 개발하기 위한 것이기 때문에 개입연구의 현장실험에서 개입은 변경할 수 있도록 융통성 있게 실행되어야 한다(Bailey-Dempscy and Reid, 1996).

현장실험 실행 예시

1. 개입 주제 : 과제중심 사회복지 실습지도 모델 개발

2. 현장실험 장소 : Rockefeller Case Management Program(RCMP)(뉴욕주 북부의 빈민 지역에 위치한 3곳의 공립 초등학교에 사회복지 서비스를 제공하는 서비스 전달 및 연구 프로그램)

3. 실천가: 실습지도자(MSW) 2명

4. 표본 : 실습생 10명(1년차 MSW 학생 7명, 2년차 MSW 학생 1명, 4년차 BSW 학생 2명)

5. 자료수집 방법: 양적자료와 질적자료 수집

① 양적자료: 실습생 평가서, 사회복지사 과제 평가서, 내담자 과제 평가서

② 질적자료: 실습지도 회합의 녹음 자료, 실습지도자의 결정적 사건 기록, 실습생을 대상으로 하는 반구조화된 면접, 실습지도 회합에서 나타난 대인관계 과정에 대한 회상(IPR), 체계적 기록 양식(학습계약 및 과제 평가 양식), 실습생의 과정기록 등

출처: Caspi(1997)에서 요약 · 발췌

3. 초기 개발 : 개입 프로토콜의 수정

개입 연구자는 현장실험을 통하여 초기개발물의 강점과 한계점을 확인하고 수정이 필요한 개입의 요소를 확인한다. 현장실험을 통해 수정된 개입은 반복적 현장실험을 통한 개입 수정이나 평가를 통해 보다 완전한 개입으로 발전하게 된다.

개입 연구자는 개입을 적용하는 과정에서 다음과 같은 사항들을 점검하고 초기개발을 마무리한다(Thomas and Rothman, 1994).

① 개입은 효과적인가?
② 일반적인 사용자들이 개입을 반복적용할 수 있는가?
③ 개입을 쉽게 사용할 수 있는가?
④ 개입은 실용적인가?
⑤ 개입을 다양한 상황에서 적용할 수 있는가?
⑥ 개입이 지역의 관습이나 가치와 양립할 수 있는가?

처음 개발된 개입 프로토콜을 수정하기 위한 현장실험은 생산될 개발물이 신뢰할만하고 유용하다는 확신이 들 수 있을 때까지 반복하는 것이 바람직하다(Thomas and Rothman, 1994). Bailey-Dempscy와 Reid(1996)는 개입연구에서 시간과 비용을 많이 소요하는 대규모 실험을 성급히 서두르는 것은 바람직하지 않다고 지적하며, 소규모 현장실험을 반복하는 방법을 제안하였다. 소규모 현장실험은 위험부담을 최소화하면서 조사자가 필요한 결정을 할 수 있게 하고, 실천 현장의 일상적 업무를 덜 방해한다는 점에서도 현실적이다. 시간과 자원이 허락하는 최적의 조건 하에서 여러 번의 현장실험을 거친 후 실험연구를 하게 되면 개입의 신뢰도와 타당도를 확보할 수 있다.

개입연구 현장실험 및 초기개발 단계에서 개입의 문제점을 확인하고 수정한 결과로 얻어지는 성과물은 다음과 같다(Thomas and Rothman, 1994).

① 적절한 개입에 대한 사례들
② 실행에 있어서 실천적 장애물들
③ 실행된 개입에 대한 사례 표본들
④ 개입에 있어서 잘못된 점들
⑤ 실천가-연구자가 개입을 따라한 정도
⑥ 만족스러운 성과를 나타낸 사례들
⑦ 적절한 개입 절차를 나타낸 사례들

현장실험 실행 및 초기개발

(1) 현장실험 실행

① 장소: 초등학교 2곳
- 메트로 초등학교: 빈곤한 소수민족 아동들이 대부분인 저소득 도시 지역에 위치한 학교
- 노스빌 초등학교: 백인 아동들이 대부분인 소도시 학교

② 표본: 메트로 초등학교 36개 사례, 노스빌 초등학교 10개 사례
③ 수행 인력: MSW 대학원생
④ 기간: 1년

(2) 연구 설계 및 자료수집방법

• 양적자료와 질적자료 수집
- 양적자료: 학교 성적, 출석기록표
- 질적자료: 사례관리 모임에 대한 녹음자료, 사례기록, 실천가의 개발일지 및 관찰 자료, 결정적 사건 기록, 수퍼비전 회합 자료 등

(3) 현장실험 실행 평가 결과

① 메트로 초등학교
㉠ 긍정적 결과 산출 실패
㉡ 개입에 대한 공식적 테스트가 시기상조라는 의견이 제시됨

㉢ 실패 이유:
- 메트로 초등학교에서 과제중심 사례관리 모델은 새로운 시도였다.
- 메트로 초등학교에서 학교에 상주하는 사회복지학과 학생이 배치된 것은 처음이었다.
- 메트로 초등학교는 빈곤율, 범죄율, 약물남용, 가족해체 등 도시빈민지역의 문제가 심각하게 나타났기 때문에 사례는 어렵고 복잡하며 문제해결에 많은 시간이 소요되었고 교사들은 많은 스트레스를 받았고 따라서 사례관리 모임에 투입할 에너지가 적었다.
- 실천가-연구자(주 저자)가 '현장'(예를 들어, 학교)에 대한 지식을 직접적으로 습득하기 어려웠기 때문에 학교에 배치한 대학원생에게 수퍼비전을 제공하는 것이 어려웠다.
- 과제중심 사례관리 모델의 상세한 실천 지침이 부족했다.

② 노스빌 초등학교

㉠ 학교 성적과 출석에서 고무적인 성과를 산출함

㉡ 10사례 중 7사례에서 학교 관련 문제에 대한 긍정적인 변화가 나타남

㉢ 노스빌 초등학교에서 현장실험이 순조롭게 진행된 이유:
- 노스빌 초등학교와 오랜 기간 공조 관계를 구축해온 가족서비스 기관과 협력하여 프로젝트가 이루어졌다. 가족서비스 기관에 대한 학교의 신뢰와 확신은 현장실험 연구팀에게까지 확대되었다.
- 노스빌 초등학교는 메트로 초등학교보다 소규모이고, 개입의 효과는 공식적 및 비공식적 의사소통 채널을 통해서 학교와 지역사회로까지 퍼져나갔다.
- 노스빌 초등학교는 백인 아동들이 대부분인 학교로 빈곤, 범죄, 약물남용, 가족해체 등의 발생률이 낮았다.

㉣ 노스빌 초등학교에서 나타난 문제점
- 개입 지침이 미흡
- 예상치 못하게 발생한 중요한 상황을 처리하는데 실패

(4) 초기개발
- 문제해결 과제를 계획하고 실행하는 과정에서 학교 실패 학생들과 그 부모들을 충분히 관여시키지 못하는 문제점이 나타나 이에 대한 수정을 실시함
- 사례관리팀에 학교 실패 학생의 또래집단을 포함시킨 경우, 또래집단이 학교 실패 학생들을 돕는데 도움이 되는 것으로 나타났으므로 이러한 내용을 실천지침에 포함하였음
- 훈련 및 수퍼비전 절차 수정

출처 : Bailey-Dempscy and Reid(1996)

제 8 장

평가 및 후기개발

개입연구에서 평가의 궁극적인 목적은 실천을 평가하려는 실천에 대한 조사가 아닌 효과적인 실천을 개발하려는 실천을 위한 조사이다. 평가 및 후기개발 단계에서는 현장실험을 통해 수정된 초기개발물의 효과성을 평가한다. Thomas(1984)는 개입이 잘 디자인되었다고 해도 성과가 만족스럽지 않다면 그 가치는 거의 없고, 반면 개발의 디자인이 미흡하지만 만족스러운 결과가 산출되었다면 개발을 계속해야 한다고 하였다. 또한 평가 및 후기개발 단계는 그 자체로서 끝이 아니라 개발 과정의 한 부분으로 간주되어야 함을 강조하였다.

개입을 검증하고 수정하기 위해 현장실험을 반복하고 효과성을 평가하는 개입연구는 단순한 프로그램 평가와는 다르다. 개입연구의 평가 및 후기개발 단계에서는 실험 디자인을 선택하고, 실천 현장에서 개입을 반복하고, 자료수집 및 분석을 실시하고, 최종적인 개입 즉 후기개발물을 산출하는 것이 주요 과업이다(Thomas and Rothman, 1994). 이 과정에서는 현장실험 및 초기개발 단계에서와 마찬가지로 전통적 실험과 질적 연구 방법을 모두 활용하지만 양적 자료수집 및 분석 방법을 핵심적인 평가 기법으로 활용한다. 양적 자료수집 및 분석 기법은 비교적 잘 개발되어 있고 사회복지 실천의 성과 평가에서도 널리 이용되고 있기 때문에 여기에서는 개입연구의 효과성 평가에서 고려해야 할 부분을 중심으로 살펴보고자 한다. 평가 및 후기개발 단계는 다음의 3가지 영역으로 나누어 설명한다.

① 평가 준비: 집단실험설계, 단일사례설계, 표본크기
② 평가 실행: 자료수집과 분석, 조사와 서비스 제공 간의 관계
③ 후기개발

1. 평가 준비

평가 준비 단계에서는 현장실험 및 초기개발 단계와 마찬가지로 인력, 평가 과정에 대한 관리, 평가를 실시할 장소, 평가 대상자 선정 등에 대한 구체적인 계획을 수립한다. Thomas(1984)는 평가 준비 단계에서 연구자의 과업으로 ① 평가 목표 설정, ② 평가해야 할 개입의 선택, ③ 개입의 성공 혹은 실패 지표 선정, ④ 측정 도구 선택, ⑤ 조사 설계 결정, ⑥ 표본 크기 선정 등을 제시하였다.

평가 준비 과정에서 연구자의 가장 중요한 과업은 개입의 효과성을 검증할 수 있는 실험 설계를 선택하는 것이다. Rubin과 Babbie(1997)는 성과를 평가하는 방법으로 가능한 한 내적 타당성을 높일 수 있는 실험설계방법을 제시하였다. 실험설계나 단일사례설계는 개입연구의 평가 단계에서 활용할 수 있는 대표적인 조사방법이다.

집단실험설계나 단일사례설계는 개입과 변화를 가져온 행동 및 관련 조건 간의 관계를 설명하는데 도움이 되며, 특히 통제집단을 이용한 실험설계는 개입의 실제 효과를 보여줄 수 있다. 평가에서는 집단실험설계가 일반적으로 활용되지만, 단일 사례에 대해서는 단일사례설계를 적용할 수 있다. 연구자는 내담자가 바라는 변화의 목적 및 중요성, 행동 유형과 변화의 즉시성, 실천 현장과 상황의 안정성, 조사 목적 등을 고려하여 구체적인 조사 설계방법을 결정한다(Thomas and Rothman, 1994). 개입연구에서 조사

설계 방법을 선택할 때 고려해야 할 사항들을 살펴보면 다음과 같다(Thomas, 1984).

① 실험의 엄격성

조사 설계는 개입의 효과에 타당성 문제를 야기할 수 있는 외생변수를 고려해야 한다. 즉, 선택한 설계 방법에서 내적 타당도를 침해하는 문제들을 잘 통제할 수 있어야 하며 이를 위해서는 강력한 인과적 추론을 가능하게 하는 조사 설계 방법을 선택해야 한다.

② 일반화

선택된 조사 설계 방법은 다른 상황이나 더 큰 모집단을 대상으로, 혹은 다른 연구자들이 다시 반복할 경우에 일반화될 수 있어야 한다. 즉, 연구자는 외적 타당도를 확보할 수 있는 조사 설계를 선택해야 하며 이를 위해서 적절한 표본과 상황을 선택할 필요가 있다.

③ 융통성

조사 설계 방법은 디자인·개발이 요구하는 융통성과 재량을 갖추어야 한다.

④ 개입 적합성

조사 설계 방법은 개입의 특성, 필수 조건, 서비스 조건 등과 양립할 수 있어야 한다. 예를 들어, 일단 시작하면 중단하거나 바꿀 수 없는 개입일 경우에 중단을 필요로 하는 설계 방법(예를 들어, ABAB 설계)은 활용하기 어렵다. 이 경우에 다중 기초선 AB 설계는 개입의 중단을 필요로 하지 않기 때문에 사용할 수 있다.

조사를 설계함에 있어서 이상의 조건들을 동시에 충족하는 것은 쉽지 않다. 표준화된 개입은 엄격한 조사 설계를 요구하기 때문에 융통성을 허용하기 어려우며 조사 설계 각각은 장·단점을 갖고 있기 때문에 연구자는 모든 사항을 고려한 후, 연구 목적에 가장 적합한 조사 설계 방법을 선택해야 한다.

집단실험설계와 단일사례설계는 병행하여 사용될 수 있다. Thomas (1984)는 같은 유형의 단일사례실험 자료들을 다수 모아서 집단실험설계에 활용할 수 있다고 제안하였다. 또한 통제집단을 이용한 집단실험에서도 각 사례에 대하여 단일사례설계를 병행할 수 있다. 이러한 평가 방법들은 상호배타적인 것이 아니며 연구자는 개발물의 효과성을 검증하기 위하여 다양한 조사 도구를 효과적으로 이용할 수 있다. 집단실험설계와 단일사례설계뿐만 아니라 개입 과정분석과 같은 초기개발에서 사용한 방법을 함께 사용할 수 있고, 사례를 모아서 다변량 분석(예를 들어, 다중회귀분석)을 실시할 수도 있다.

여기에서는 개입연구 평가 단계에서 주로 활용하는 집단실험설계와 단일사례설계를 살펴보기로 한다.

1) 집단 실험 설계

집단실험설계는 대규모 행정평가, 개발물의 효과성에 대한 비교 조사 등을 실시할 때 도움이 된다. 하지만 실험에 참여할 대상자 수가 적을 경우에는 실험을 실시하기 어렵고 참여자가 많을 경우에는 실험이 지연되거나 오랜 시간이 소요될 수도 있다(Thomas, 1984).

집단실험설계는 단일사례연구와 함께 프로그램 성과를 평가하기 위한 가장 유용한 도구이다. 집단실험설계의 특성을 살펴보면 다음과 같다.

① 다양한 유형의 통제집단을 이용한다.
② 실험집단과 통제집단에 표본들을 무작위 할당한다.
③ 사전조사의 실시 여부에 관계없이 성과 측정은 개입이 이루어진 후에 실시한다.

집단실험설계가 이러한 조건을 충분히 갖출수록 내적 및 외적 타당도를 저해하는 문제가 발생할 확률이 낮아진다. 내적타당도와 외적타당도를 구체적으로 살펴보면 다음과 같다(Rubin and Babbie, 1997).

① 내적 타당도

내적 타당도는 종속변수(결과)에서 나타나는 변이가 독립변수(원인)의 변이에 의한 것임을 확신할 수 있는 정도를 의미한다. 내적 타당도를 저해하는 요인은 다음과 같다.

- 외부 사건

연구를 진행하는 기간 동안 연구 대상자에게 영향을 줄 수 있는 외부 사건이 일어날 수 있다. 이런 경우 연구 결과가 개입으로 인한 것인지 실험을 진행하는 중에 연구 대상자가 실험 외적인 상황으로부터 영향을 받아 변화한 것인지 확신하기 어렵다.

- 성숙

연구 대상자는 개입과 관계없이 시간의 경과에 따라서 성장하거나 변화를 나타낼 수 있다.

- 검사 효과

연구 대상자는 사전 조사에서 이미 응답했던 답변을 기억할 수 있으므로 사후 조사에서 사전조사에서 사용한 것과 동일한 조사 도구를 사용할 경우 개입성과와 관계없이 사후 조사 결과가 향상될 수 있다.

- 도구 효과

검사 효과와는 반대로, 사전조사와 사후조사에서 서로 다른 조사 도구를 사용할 때 나타날 수 있는 문제이다.

- 통계적 회귀

연구 대상자에 대한 사전 조사를 극단적인 상황에서 실시했을 경우, 사후 조사에서서는 개입 여부에 관계없이 변화가 나타날 수 있다.

- 편향된 선별

연구 대상자로 참여한 사람과 참여하지 않은 사람들 사이에는 이미 차이가 있을 수 있다. 즉, 프로그램에 참여하는 사람들은 변화하고자 하는 동기가 더 높을 수 있으므로 참여를 희망하는 사람들로 실험집단을 구성하는 경우 개입 성과가 개입으로 인한 것인지 확신할 수 없다.

- 탈락

연구 대상자가 실험 도중에 탈락할 수 있다. 그 결과, 집단은 동질성을 잃게 되고 연구 결과는 개입으로 인한 것인지 확신할 수 없다.

- 인과적 시간-순서

독립변수와 종속변수 간의 인과관계가 모호할 경우에 나타날 수 있는 문제이다.

- 개입효과의 확산 또는 모방

실험집단과 통제집단에 배정된 연구 대상자들이 서로 간에 영향을 받아 종속변수의 차이가 크지 않을 수 있다.

② 외적 타당도

외적 타당도는 연구 결과를 다른 상황이나 다른 집단에게 일반화할 수 있는 정도를 의미한다.

- 연구표본, 상황, 절차 등의 대표성

연구 결과는 연구가 이루어지는 환경과 대상에 따라서 다르게 나타날 수 있다. 따라서 연구자는 연구표본, 상황, 절차 등에 대해서 상세히 제시할 필요가 있다.

- 조사 반응성

연구 대상자가 실험에 참여하고 있다는 것을 인식하면 연구 결과는 이러한 조사 반응성의 영향을 받게 되고 일반화할 수 없는 연구 결과가 나타날 수 있다.

- 플라시보 효과

연구 대상자는 자신이 실험에 참여하고 있다는 것을 인식하면 개입을 받지 않았음에도 어떤 특별한 것을 받고 있다는 생각 때문에 변화를 보일 수 있다.

집단실험설계는 사전조사, 무작위 할당, 통제집단 등의 이용 여부에 따라서 ① 원시실험설계(pre-experimental research designs) ② 유사실험설계(quasi-experimental research designs) ③ 실험설계(experimental research designs)로 구분할 수 있다.

(1) 원시실험설계

원시실험설계는 통제집단을 이용하지 않고 사전조사나 무작위 할당을 실시하지 않기 때문에 내적 및 외적 타당도가 낮아지는 문제가 발생할 수 있다. 원시실험설계의 유형으로는 일회 사례연구 설계(one-group posttest- only design), 고정집단 비교 설계(posttest-only design with nonequivalent groups), 단일집단 전후시험 설계(one-group pretest-posttest design) 등이 있다.

① 일회 사례연구 설계

일회 사례연구 설계는 단일 집단으로 구성하고 개입을 실시한 후에 측정한다. 개입연구에서 일회 사례연구 설계는 내담자 만족도를 파악하기 위해 실시할 수 있다. Thomas(1984)는 평가 및 후기개발 단계에서 내담자에 대한 만족도 조사를 다양한 집단실험설계나 단일사례연구와 병행하여 사용할 것을 제안하였다.

X O
X 개입 O 개입 효과에 대한 관찰 혹은 측정

② 고정집단 비교 설계

개입집단과 비교 집단으로 구성하고 두 집단 간에 무작위 할당은 실시하지 않는다. 개입집단은 개입을 실시한 후에 측정을 하고(O_1), 비교 집단은 개입을 실시하지 않고 측정만 한(O_2) 후에 두 집단 간의 차이를 비교한다.

X O_1 O_2
X 개입 O_1 개입을 실시한 집단에 대한 관찰 혹은 측정 O_2 비교 집단을 구성하여 관찰 혹은 측정

③ 단일집단 전후시험 설계

일회 사례연구 설계와 유사하지만 개입 전에 사전조사를 실시한다는 점에 차이가 있다.

O_1 X O_2
X 개입 O_1 개입 전의 첫 번째 관찰 O_2 개입 후의 두 번째 관찰

(2) 유사실험설계

유사실험설계는 원시실험설계보다는 내적 및 외적 타당도를 저해하는 요인들을 제거할 수 있다. 그러나 무작위 할당을 하지 않거나 통제집단을 항상 사용하지는 않기 때문에 전통적 실험설계 보다는 내적 및 외적 타당도에 문제가 있을 수 있다. 유사실험설계로는 비동일 통제집단 설계(nonequivalent control group design), 시계열 설계(time series design), 다중 시계열 설계(multiple time series design) 등이 있다.

① 비동일 통제집단 설계

집단실험설계에서 가장 일반적으로 사용되는 방법으로 개입을 실시하는 실험집단과 개입을 실시하지 않는 통제집단으로 구성된다. 두 집단 간에 무작위 할당을 하지 않고 연구자가 임의로 집단을 구성한다. 실험집단과 통제집단 모두에 대해 사전사후 조사를 실시한다.

$$\begin{array}{ccc} O_1 & X & O_2 \\ O_3 & & O_4 \end{array}$$

X 개입
O_1 O_3 실험 및 통제집단에 대한 사전조사
O_2 O_4 실험 및 통제집단에 대한 사후조사

② 시계열 설계

개입 전후에 여러 번 측정하는 방법으로, 단일집단 전후시험설계에서 나타날 수 있는 성숙, 검사 효과, 도구 효과 등의 내적 타당도 위협 요인들의 영향을 줄일 수 있다.

O_1 O_2 O_3 X O_4 O_5 O_6

X 개입
O_1 첫 번째 측정
O_2 두 번째 측정
O_6 여섯 번째 측정

③ 다중 시계열 설계

비동일 통제집단 설계와 같이 무작위 할당을 하지 않은 실험집단과 통제집단으로 구성하지만, 시계열 설계와 마찬가지로 실험집단과 통제집단에 대해 여러 번 측정을 실시한다.

O_1 O_3 O_5 X O_7 O_9 O_{11}
O_2 O_4 O_6 O_8 O_{10} O_{12}

X 개입
O_1 실험집단의 첫 번째 측정
O_2 통제집단의 첫 번째 측정
O_{11} 개입 후 실험집단의 세 번째 측정
O_{12} 통제집단의 여섯 번째 측정

(3) 실험설계

실험설계는 무작위 할당과 통제집단을 이용하기 때문에 내적 및 외적 타당도를 위협하는 요인들을 가장 잘 통제할 수 있다. 실험설계로는 전후 시험 통제집단 설계(classic experimental design), 후시험 통제집단 설계(posttest-only control group design), 솔로몬 집단 설계(solomon four-group design) 등이 있다.

① 전후시험 통제집단 설계

무작위 할당에 의해 개입을 실시하는 실험집단과 개입을 하지 않는 통제집단으로 구성된다. 비동일 통제집단 설계와는 달리 무작위 할당을 실시하기 때문에 외부 사건, 성숙, 탈락, 편향된 선별, 통계적 회귀, 도구 효과 등의 내적 타당도 위협 요인들의 영향을 줄일 수 있다. 그러나 조사 반응성과 같은 내적 타당도 문제는 여전히 존재한다.

R	O_1	X	O_2
R	O_3		O_4

R 실험집단과 통제집단에 무작위 할당 실시
O_1 실험집단에 대한 사전조사 혹은 첫 번째 관찰
O_4 통제집단에 대한 사후조사 혹은 두 번째 관찰

② 후시험 통제집단 설계

무작위 할당을 통해 실험집단과 통제집단을 구성하고 사전 조사 없이 개입 후에 사후조사만 실시한다. 전후시험 통제집단 설계에서 나타날 수 있는 조사 반응성과 같은 내적타당도 저해 요인을 제거할 수 있지만 사전조사를 실시하지 않기 때문에 실험집단이 개입이전에 통제집단과 동질적 집단이었는지를 확인할 수는 없다.

R	X	O_1
R		O_2

R 실험집단과 통제집단 모두에서 무작위 할당 실시
O_1 개입 실시 후 첫 번째 측정
O_2 통제집단에 대한 첫 번째 측정

③ 솔로몬 집단 설계

솔로몬 집단 설계는 전후시험 통제집단 설계와 후시험 통제집단 설계를 조합한 형태로, 내적 및 외적 타당도 문제를 보다 잘 해결할 수 있다. 그러나 무작위 할당으로 4개 집단을 구성할 수 있을 만큼의 내담자를 확보하기 어렵고 많은 비용이 소요되기 때문에 사회복지조사에서는 활용도가 떨어지는 방법이다.

R	O_1	X	O_2
R	O_3		O_4
R		X	O_5
R			O_6

R	모든 집단에서 무작위 할당 실시
O_1 O_3	사전조사
O_2 O_4 O_5	사후조사
O_6	사전조사로 고려할 수 있음

집단실험설계의 종류와 각 설계가 해결할 수 없는 내적 및 외적 타당도 문제를 〈표 8-1〉에 정리해 보았다.

〈표 8-1〉 집단실험설계 유형과 내적 및 외적 타당도 문제

종류	도형화	내적타당도 저해요인	외적타당도 저해요인
원시실험설계			
1. 일회 사례연구 설계	X O	편향된 선별, 외부 사건, 탈락	편향된 선별-개입 상호작용, 외부 사건-개입 상호작용
2. 고정집단 비교 설계	X O O	편향된 선별, 탈락	편향된 선별-개입 상호작용
3. 단일집단 전후시험 설계	O X O	외부 사건, 성숙, 검사 효과, 도구 효과, 통계적 회귀, 편향된 선별	외부 사건-개입 상호작용, 조사 반응성
유사실험설계			
1. 비동일 통제집단 설계	O X O O O	편향된 선별, 성숙	편향된 선별-개입 상호작용, 성숙-개입 상호작용, 조사 반응성
2. 시계열 설계	O O O O X O O O O	외부 사건	외부 사건-개입 상호작용, 조사 반응성
3. 다중 시계열 설계	O O O O X O O O O O O O O O O O O O	외부 사건	외부 사건-개입 상호작용, 조사 반응성
실험설계			
1. 전후시험 통제집단 설계	R O X O R O O	없음	조사 반응성
2. 후시험 통제집단 설계	R X O R O	없음	없음
3. 솔로몬 집단 설계	R O X O R O O R X O R O	없음	없음

O = 관찰
X = 개입
R = 무작위 할당

출처: Marlow(2001)의 집단실험설계 유형에 내적타당도 및 외적타당도(Royse, Thyer, Padgett, and Logan, 2001)를 추가하여 작성하였음.

2) 단일사례설계

단일사례설계(Single Case Design)는 1960년대 말 행동수정 중심의 임상심리학에서 활용되기 시작하였고, 사회복지실천 분야에서는 1970년대 이후 많이 이용되기 시작하였다. 개입연구에서 단일사례설계는 개발 과정에서 융통성이 필요하고 디자인과 재디자인을 반복할 때 적절한 방법이다(Thomas, 1984). 단일사례설계에서는 조사연구 과정이 실천 과정과 분리되지 않고 통합될 수 있다. 즉, 반복 측정으로부터 수집된 자료를 통해서 개입에 대한 반응으로 나타난 조사 대상자의 변화를 즉각적으로 파악할 수 있기 때문에 실천가는 이러한 피드백에 따라서 개입의 방향을 수정할 수 있다. 단일사례설계의 요소, 절차, 종류는 다음과 같다.

(1) 단일사례설계의 요소

단일사례설계는 하나의 사례로 개입의 효과성을 평가한다. 한 사례를 대상으로 개입전과 후에 반복 측정을 하기 때문에 마치 통제집단과 실험집단이 주는 집단 비교의 효과를 볼 수 있다는 장점이 있지만 반복 측정으로 인한 조사 대상자의 반응효과 등의 문제가 나타날 수 있다.

단일사례설계의 요소는 기초선, 개입에 대한 명확한 정의, 표적 행동에 대한 조작화와 반복 측정으로 구성된다.

① 기초선

개입 전에 이루어지는 반복 측정을 기초선이라고 한다.

② 개입에 대한 명확한 정의

개입의 목적, 방법 등을 명확히 정의한다.

③ 표적 행동에 대한 조작화 및 반복 측정

표적행동을 측정 가능한 용어로 명확히 정의하고 표적행동의 빈도, 크기, 기간을 설정하고, 개입 전후에 반복 측정을 실시한다.

〈그림 8-1〉 단일사례설계의 기초선과 개입

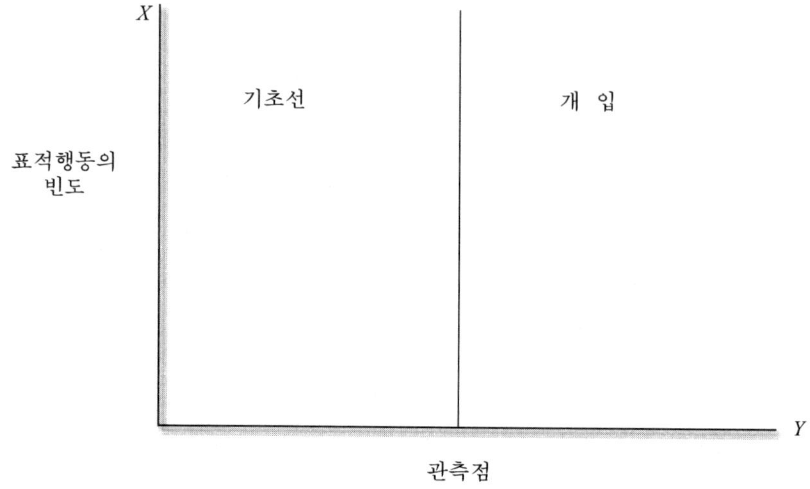

(2) 단일사례설계의 절차

단일사례설계의 절차를 살펴보면 다음과 같다(Royse, Thyer, Padgett, and Logan, 2001).

① 반복 측정할 수 있는 실천적이고 유용한 성과 측정방법을 선택한다.

② 성과 측정을 실시한다.

③ 측정 결과를 그래프로 제시한다. 가로축에는 시간을, 세로축에는 성과 측정(표적 행동의 빈도, 크기 등)을 기록한다.

④ 개입 성과와 관련하여 타당한 추론을 한다. 다음과 같은 항목을 검토한다.

- 자료가 내담자의 향상을 보이고 있는가
- 자료가 내담자의 악화를 보이고 있는가
- 자료가 변화를 보이고 있는가

- 자료가 불명확한가

(3) 단일사례설계의 종류

단일사례설계의 대표적인 종류들은 다음과 같다.

① AB 설계

AB 설계는 단일사례연구의 가장 기본적인 유형이다. 개입을 실시하기 전에 표적 행동에 대한 자료를 수집하는데 이를 기초선 혹은 A 단계라고 한다. B 단계는 개입이 이루어진 후에 표적 행동에 대한 측정을 실시하는 것이다. 개입의 효과성은 표적 행동에 대한 A 측정 결과와 B 측정 결과를 비교하여 결정한다.

〈그림 8-2〉 A-B 설계

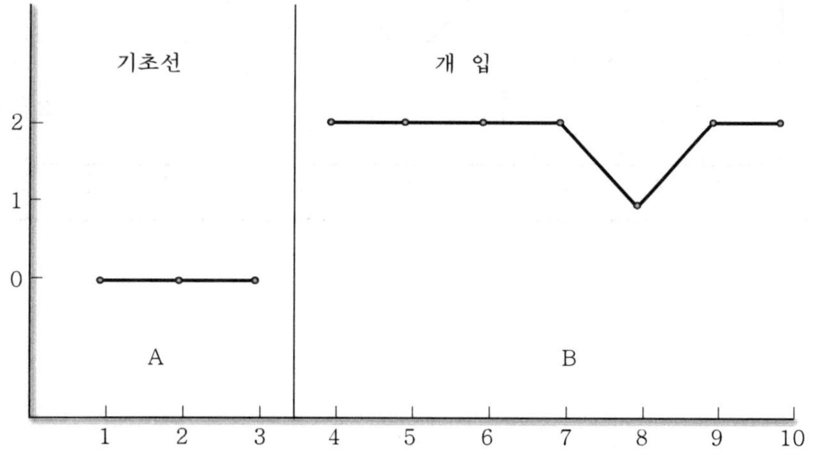

② ABC 설계

ABC 설계는 AB 설계에 새로운 개입 C가 추가된 형태이며 각 개입이 이루어진 후에 표적 행동에 대한 측정을 실시한다.

〈그림 8-3〉 ABC 설계

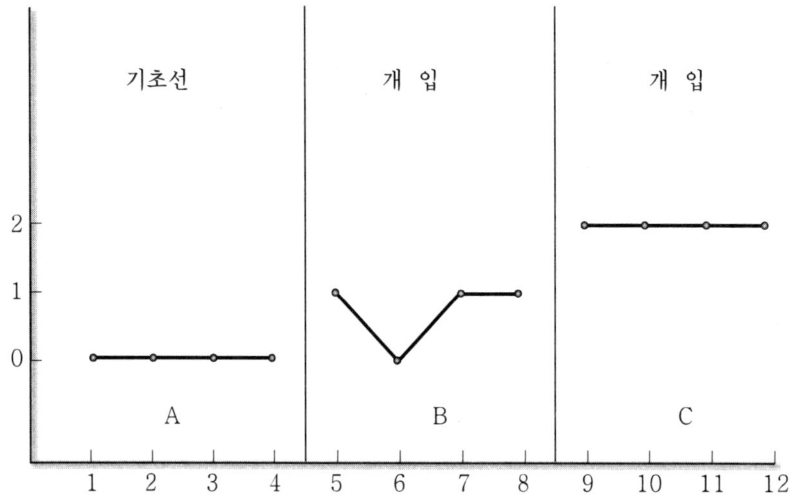

③ ABAB 설계

ABAB설계는 AB 설계를 실시한 이후에, 개입을 일정 기간 중단하고 (A), 다시 개입을 실시하는(B) 유형이다.

〈그림 8-4〉 ABAB 설계

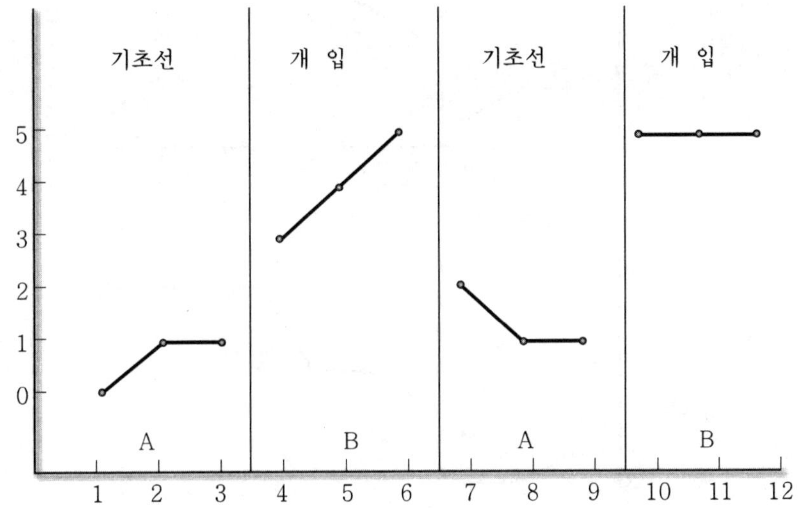

④ 다중 기초선 설계

다중 기초선 설계는 둘 이상의 표적 행동, 둘 이상의 내담자, 혹은 둘 이상의 상황에 대하여 동일한 개입을 하는 것으로 AB 설계를 반복하는 방법이다.

〈그림 8-5〉 다중 기초선 설계

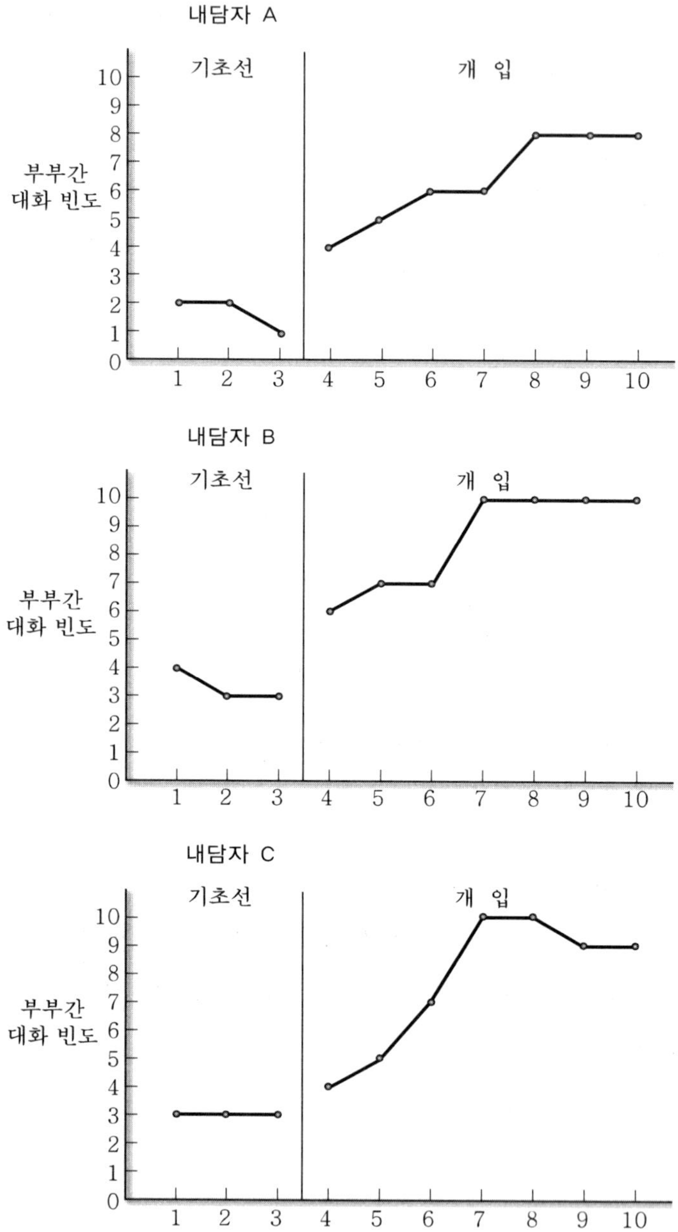

3) 표본 크기

단일사례실험의 표본 크기는 선택한 설계가 필요로 하는 대상 수가 얼마나 되는가, 검증 결과의 신뢰도를 확보하기 위해서는 어느 정도의 반복이 필요한가에 달려 있다. Herson과 Barlow(1976)는 최소한 3회의 반복을 추천하고 있지만 이에 대한 명확한 기준은 아직까지 없으며 조사 설계를 잘 선택한다면 많은 대상이 필요하지만은 않다.

집단실험설계는 단일사례설계보다 좀더 많은 대상을 필요로 한다. 대상, 시간, 예산이 충분하다면 통계학자들처럼 높은 기준에 따라서 표본 크기를 선택하면 바람직하다. 하지만 실천 현장에서 실험에 참여할 대상을 확보하기 어렵고 한정된 시간과 예산으로 평가를 실시해야 하기 때문에 표본 크기를 확대하기 쉽지 않다. Kraener(1981)는 이러한 현실적 상황을 고려해서 정신의학과 심리학에서 임상연구를 할 때 적절한 '대처전략'을 제안했다. 이에 따르면 통계적 기준에도 맞고 임상연구가 가능한 표본크기는 실험집단과 통제집단이 적어도 각각 10명 이상이고 전체 대상이 최소한 20명 이상이다(Thomas, 1984).

평가 준비 예시

1. 연구 개요
- 유급, 정학이나 퇴학 등의 징계를 받을 수 있는 반사회적 행동의 가능성이 큰 학생들을 대상으로 사례관리 과제중심 모델을 사용하여 개입을 실시함
- 사례관리팀은 사회복지사, 교사, 교직원, 부모, 학생, 지역사회 기관 대표자 등으로 구성함
- 사례관리자는 사회복지를 전공하는 대학원생으로, 개입연구자로부터 훈련과 수퍼비전을 제공 받음

2. 조사 설계 방법 선택 : 전후시험 통제집단 설계
3. 표본 크기
- 학교 실패의 위험이 있다고 교사가 판단한 여학생 16명을 선정한 후, 무작위 할당을 통해 실험집단과 통제집단에 각각 8명의 여학생을 배정
- 나이는 11세에서 17세, 학년은 6학년에서 10학년까지 분포
- 사례 중 80% 이상이 심각한 학교 문제가 있는 것으로 나타났고, 대략 반 이상은 무단결석의 이 문제를 갖고 있는 것으로 조사됨

4. 실험 장소 : 백인 아동이 대부분인 소도시에 위치한 노스빌 초등학교
5. 실험 기간 : 약 2년 간 실시
6. 조사 도구 : 학교 성적, 출석률
7. 신뢰도 확보 방법
- 과제중심 사례관리모델에 대한 상세한 지침을 제시한 개입 프로토콜(초기 개발물)을 활용하여 사례관리자를 훈련함
- 모든 사례관리자에게 매주 개별 및 집단 수퍼비전을 실시함
- 사례관리자에게 구조화된 과정기록을 하도록 요청하고, 이에 대한 수퍼비전을 제공함
- 사례관리팀의 회의 내용을 녹음하고 분석한 후, 그 결과를 사례관리자에게 제공함

출처: Bailey-Dempscy and Reid(1996)에서 요약·발췌

2. 평가 실행

평가 단계에서 개입의 효과성이 성공적으로 검증된다면 연구자는 개입의 보급을 고려할 것이다. 하지만 성과 평가의 결과가 부정적이거나 평가가 적절히 진행되지 않았다면 평가 전략을 변경하고 새로운 평가 계획을 세울 필요가 있다. 여기에서는 이러한 평가를 실시할 때 개입연구에서 고려해야 할 점들을 중점적으로 살펴보고자 한다.

1) 자료수집과 분석

자료수집과 분석 단계에서 연구자가 고려해야 할 사항은 다음과 같다(Thomas, 1984; Thomas and Rothman, 1994).

① 자료는 계속적으로 수집하고 분석한다.

다음 단계를 계획하기 전에 결과를 확인하기 위해서는 자료 분석을 일찍 시작하는 것이 바람직하며 평가 단계에서 효과성 분석과 디자인·개발의 다른 활동들을 동시에 실행할 수도 있다. 분석은 개입의 효과에 초점을 맞추어야 할 뿐만 아니라 성과에 영향을 미치는 변수에도 초점을 두어야 한다(Gottman and Markman, 1978).

② 신뢰도와 반복가능성을 확보하기 위해 둘 이상의 관찰자를 활용한다.

둘 혹은 그 이상의 관찰자를 활용하여 결과의 신뢰도와 반복가능성을 확보할 수 있다. 일반적으로 관찰자 간에 80% 혹은 그 이상의 합의가 존재한다면 일관성이 확보된다고 할 수 있다.

③ 반복의 중요성을 인식한다.

개입연구의 첫 번째 목적은 실제로 문제를 경험하는 사람들이 처한 다양한 실제 상황에서 활용할 수 있는 효과적인 개입을 개발하는 것이므로 다양한 현장 상황에서 성과 평가의 반복을 통해 개입 효과의 보편성을 확인하는 것이 필요하다.

2) 조사와 서비스 제공 간의 관계

개입연구에서 평가와 서비스 제공은 동시에 이루어진다. 연구자는 개입에 대한 평가를 실시함과 동시에 연구에 참여하는 내담자 체계에 서비스를 직·간접적으로 제공하게 되는데 이 과정에서 평가를 위한 조사와 서비스 제공 간에 갈등이 나타날 수 있다. 평가를 위한 조사 방법과 서비스의 필수요건 간의 상이점은 서비스 혹은 평가, 또는 둘 모두에 문제를 가져올 수 있다. 이런 갈등이 발생했을 때 해결책으로 다음과 같은 5가지를 고려할 수 있다(Thomas, 1984).

① 대안 1 : 서비스 제공 제한

개입을 개발하는 동안 서비스 제공을 제한하는 방법이다.

② 대안 2 : 서비스 제공의 일부로서 평가 실행

성과 평가에서는 평가가 최우선 목표가 되지만 서비스 영역에서 볼 때는 서비스 제공이 최우선이 되고 평가가 이차적인 것이 된다. 서비스 제공을 일차적 목적으로 하면서 서비스 제공의 일부로서 평가를 실행할 수도 있다.

③ 대안 3 : 측정의 경직성(intrusiveness) 축소

사례기록을 통해 기초선을 구성하거나, 기록 보관소의 자료를 기초선으로 사용하거나, 기초선과 사전사후 비교를 위한 시점을 단축하거나 하여 자료 수집에 있어서 경직성을 줄일 수 있다.

④ 대안 4 : 조사 설계 방법의 경직성을 축소

다중 기초선 설계는 개입의 중단을 필요로 하는 다른 설계 방법보다 윤리적, 실천적으로 보다 적절할 수 있으므로 이를 활용하는 것도 한 방안이 될 수 있다.

⑤ 대안 5 : 실험 없이 평가를 실행

비실험 평가를 위해 사용가능한 방법은 시계열분석과 목표 달성 척도를 사용하는 방법이다. 시계열 설계와 다중 시계열 설계와 같은 유사실험설계 방법을 사용할 수 있다.

3. 후기개발

평가를 통해 개입의 효과성을 성공적으로 검증했다면, 평가 결과는 보급하기 위한 형태로 제시되게 된다. 평가를 통해 효과성이 검증된 개입은 사용자들이 실제 현장에서 바로 활용할 수 있는 상세한 지침을 제시한 매뉴얼의 형태로 만들어진다(Thomas, 1984; Thomas and Rothman, 1994).

평가 실행　및 후기개발 예시

1. 평가 실행 결과

- 학업과 출석에 있어서 단기간 효과가 나타났으나 다음 학기까지 변화가 지속되지 못하였다.
- 과제중심 사례관리모델의 시행 절차에 대한 세부적인 지침의 필요성이 제기되었다(예를 들면, 사정과정, 과제계획, 실천가의 자기평가에 대한 내용 등).

2. 후기개발

- 효과를 지속하기 위한 방법으로 수정하거나 서비스를 필요로 하는 학생들을 위해 2년 이상 제공할 수 있는 지속적인 서비스 접근으로 재디자인하는 방법을 고려하였다.
- 사정 과정에 사회적 관계망지도(Social Network Map)를 포함시켰는데 그 목적은 가족 중에서 사례관리 팀원을 적절하게 선택하기 위해서이다(Tracy and Whittaker, 1991).
- 사례관리 모임 동안 과제 계획에 대한 실천 지침을 좀더 상세하게 제시하였다.
- 개입 지침에 따라서 실행하고 있는지를 자기 평가할 수 있도록 사회복지 실천가들이 사용할 수 있는 자기 기술 사정 척도를 개발하였다.
- 개입 지침에 일반화를 위한 절차를 추가하였다. 예를 들어, 여학생들이 수년간 지속할 수 있는 학습 기술을 개발할 수 있도록 돕는 것 등이다.

출처: Bailey-Dempscy and Reid(1996)에서 요약・발췌

제 9 장

보급 및 사후관리

개발물에 대한 평가가 실시되고 효과성이 검증되면 연구자는 개발물의 보급을 계획한다. 개입연구에서 보급 및 사후관리 단계는 기존 사회복지 프로그램 개발 및 평가에서는 중요하게 다루지 않았던 프로그램의 보급과 활용을 강조한다. 개입연구자가 아무리 유용한 프로그램을 개발한다 하더라도 이것이 보급되지 않는다면 다른 사람들이 활용할 수는 없을 것이다. 한 사회나 조직 내에서 새로운 개발이 어떻게 확산되어 가는가를 밝혀 주는 혁신 확산(Diffusion of innovation) 모델을 제시한 Rogers(2003)는 새로운 아이디어를 채택하는 일은 그것이 가져 올 분명한 이득이 있는 경우에도 쉬운 일이 아니라는 것을 강조하였다. 어떤 개발물은 이용 가능하게 되는 시점에서부터 널리 채택될 때까지 수년간의 긴 시간이 걸리기도 한다.

개입연구에서 연구자가 평가를 종결하고 보급을 실시할 시점을 결정하는 것은 중요한 일인데, 개발의 안전성과 효율성을 충분히 검증한 후에 보급을 시작해야 한다. 일반적인 발표 방법인 컨퍼런스 발표, 학술지 논문 등을 통해서 개발물을 보급하는 것은 문제가 되지 않는다. 그러나 다른 사람들이 이러한 개발물을 이용하도록 직접적인 영향을 주는 적극적인 보급 방법을 활용할 때에는 보다 더 심사숙고해야 한다. 개입연구자는 개발물을 적용할 대상에 대한 개입 효과성을 철저히 검토해야 하고, 개발물이 한계가 있음에도 불구하고 개발물을 보급해야 할 가치를 확신할 수 있을 때 보급을 실시해야 한다(Bailey-Dempscy and Reid, 1996). Rothman과 Thomas(1994)는 보급 및 사후관리 단계에서 연구자의 주요 과업으로 ① 보급을 위해 개발을 준비하고, ② 개입을 위한 잠재적인 시장을 파악하고, ③ 개입을 위한 수요를 만들고, ④ 개입 이용자의 상황에 맞게 개입을 수정하도록 지원하고, ⑤ 이용자를 위해 기술적 지원을 계속 제공할 것을 제안하였다. 보급 및 사후관리 단계에서는 다음의 2가지 영역을 중심으로 설명하고자 한다.

① 보급 준비: 보급 프로그램 준비, 잠재적 시장 조사, 마케팅 활용
② 보급 실행: 보급 매체
③ 사후관리 서비스

1. 보급 준비

연구자는 보급을 실시하기 전에 보급 프로그램을 준비하고 잠재적 수요자를 파악하고 보급을 위한 마케팅을 실행한다.

1) 보급 프로그램 준비

효율적인 보급 및 채택을 위하여 연구자는 보급을 위한 전략을 체계적으로 수립해야 한다. Rogers(2003)는 핸드폰과 VCR은 단지 몇 년 만에 미국 전역의 소비자에게 널리 확산된 반면에, 미터법 사용이나 자동차 안전벨트 착용과 같은 새로운 아이디어는 보급되는데 몇 십 년이나 걸렸다고 지적하였다. 그렇다면, 개발물의 채택률에 영향을 미치는 요인들은 무엇이며 채택 절차와 보급 프로그램 준비를 위해 연구자가 수행해야 하는 과업

들을 무엇인가?

(1) 채택률에 영향을 미치는 요인과 채택 절차

개발물의 채택률에 영향을 미치는 요인은 다음과 같다(Rogers, 2003).

① 상대적 이점

새로운 개발물이 종래의 아이디어보다 얼마나 더 좋은지에 대해 채택자가 느끼는 정도를 말한다. 상대적 이점의 정도는 경제적 측면에서 측정될 수도 있지만 사회적 위신, 편리성, 만족도 역시 중요한 요인이다. 개발물이 '객관적인' 이익을 많이 지니고 있는가 하는 것보다 개발물에 대해 채택자가 인식한 상대적 이점이 크면 클수록 채택률은 높아질 것이다.

② 적합성

개발물이 잠재적 채택자가 지니고 있는 기존의 가치관, 과거의 경험, 그리고 필요에 부합하는가 하는 것에 대한 인식 정도를 말한다. 사회체계의 가치나 규범에 부합하는 아이디어는 그렇지 못한 개발물보다 더 빠르게 채택되게 된다. 기존의 가치나 규범에 부합되지 않는 개발물이 채택되기 위해서는 새로운 가치체계의 채택이 우선적으로 이루어져야 하므로 비교적 느린 채택 과정을 거치게 된다.

③ 편리성

개발물이 이해하거나 사용하기 용이하게 인식되는 정도를 뜻한다. 어떤 개발물은 보통 사람들에게 쉽게 이해가 되지만 어떤 것들은 이해하기가 힘들어 채택 속도가 느려진다.

④ 시험가능성

수용자가 개발물을 한정된 범위 내에서 시험해 볼 수 있는 정도를 뜻한다. 시험이 가능한 개발물이 전혀 시험이 불가능한 개발물보다 대체로 더 빨리 채택되는 경향이 있다. 시험 가능한 개발은 시험을 통해 배울 수 있기 때문에 개발물을 채택하려는 사람들에게 불확실성을 줄여준다는 이점이 있다.

⑤ 관찰가능성

개발물의 사용 결과가 타인에게 보여질 수 있는 정도를 말한다. 사람들이 개발물 사용의 결과를 눈으로 보는 것이 쉬우면 쉬울수록 그 개발물을 채택할 가능성이 높아진다. 이러한 관찰가능성은 새로운 아이디어에 대한 동료 집단의 논의를 자극하게 되며, 채택자의 친구나 이웃들은 채택자가 개발물을 사용한 이후의 변화나 만족도를 보고 듣게 되며 이것이 그들의 채택에 영향을 줄 수 있다.

요약하면, 개발물은 상대적 이점, 적합성, 편리성, 시험가능성, 관찰가능성이 크고 복잡성이 적을수록 더 빠르게 채택될 것이다. Rogers(2003)는 처음 두 가지 속성이 혁신의 채택률을 설명하는 데 특히 더 중요하다고 하였다.

또한 개입연구자는 채택자들이 개발물을 수용하고 사용하는 단계를 인식할 필요가 있다. Rogers는 Mcguire(1989)와 Prochaska 등(1992)의 연구를 조합하여 개발 채택 결정 과정의 단계를 설명하였다(〈표 9-1〉). 이 단계는 일정한 단계를 통해 개인의 행동에 변화가 일어나는 과정을 제시해주고 있다. Prochaska 등의 모델은 사람의 중독적 행동이 변화하는 과정을 다루고 있는데, HIV/AIDS를 방지하기 위한 성교육, 유방암 조기 발견을 위한 엑스선 검출, 금연 등의 공중 보건 분야에서 유용한 것으로 알려져 있다(Rogers, 2003).

〈표 9-1〉 개발물 채택 과정의 단계

Rogers의 개발물 채택 결정 과정의 단계	Prochaska 등의 변화 단계
Ⅰ. 지식 단계 1. 정보 회상 2. 메시지의 이해 3. 개발물의 효과적인 채택을 위한 지식 및 기술	Ⅰ. 전숙고
Ⅱ. 설득 단계 4. 개발물에 대한 호감 5. 타인과의 새 태도에 대한 논의 6. 개발물에 대한 메시지 채택 7. 메시지와 개발물에 대한 긍정적인 이미지 형성 8. 개발물에 대한 시스템의 지원 활동을 지지	Ⅱ. 심사숙고
Ⅲ. 결정 단계 9. 개발물에 대한 추가적 정보를 추구하려는 의도 10. 개발물을 시도(시험)하려는 의도	Ⅲ. 준비
Ⅳ. 실행 단계 11. 개발물에 대한 부가적 정보 습득 12. 규칙적인 원리를 토대로 개발물 사용 13. 개발물의 지속적인 사용	Ⅳ. 실행
Ⅴ. 확인 단계 14. 개발물 사용의 이익에 대한 인식 15. 개인의 일상에 개발물 통합 16. 타인에게 개발물 사용 촉진	Ⅴ. 유지

출처: Rogers(2003, p. 210)

(2) 연구자의 주요 과업

개입연구에서 개발물의 보급을 준비하는 과정에서 고려해야 할 주요 과업은 브랜드, 가격, 기준을 정하는 것 등이며, 그 내용을 구체적으로 살펴보면 다음과 같다(Thomas and Rothman, 1994).

① 브랜드 만들기

브랜드는 오늘날 고도의 기업 마케팅 전략의 핵심 도구로 취급되고 있으며, 중요한 법적 자산으로도 평가받고 있다. 기업에서 브랜드의 자산 가치는 고정자산과 유형자산을 합한 금액의 4~7배에 달한다. 브랜드 자산 가치를 강화시키는 중요한 이유는 다음과 같다(강석정, 2001). 첫째, 브랜드 자산 가치가 강화되면 그렇지 않은 경우에 비하여 더 높은 시장 점유율을 획득할 수 있거나, 더 높은 가격 프리미엄을 획득할 수 있다. 둘째, 라이센싱 수입을 올릴 수 있으며, 셋째, 브랜드 확장을 통하여 신제품의 성공 가능성을 높이거나 출시비용을 낮출 수 있다.

사회복지 영역에서 브랜드 가치에 대한 인식은 아직까지 높지 않지만, 최근 들어 사회복지조직의 후원 관리를 중심으로 마케팅 전략이나 활성화 방안에 대한 연구가 등장하고, 후원자를 개발·관리하기 위한 방법으로 사회복지 브랜드 전략을 소개한 책이 출간되는 등[1] 관심이 나타나고 있다. 브랜드는 새롭게 개발된 개입을 기존의 프로그램과 차별화시켜 주기 때문에 개입연구에 있어서도 브랜드는 효과적인 보급과 확산을 위한 중요한 역할을 한다. '가족교육 모델(Teaching-Family Model, Phillips et al., 1971)'이나 '지역사회 지부 모델(Community Lodge Model, Fairweather, 1967)'과 같은 브랜드는 정신장애를 가진 비행 위험 청소년과 성인을 위한 다른 거주 개입과 차별화 할 수 있도록 한다.

② 가격 정하기

개입에 적절한 가격을 매기는 것은 중요하다. 보건 및 인간 서비스 조직의 직원이나 행정가를 대상으로 개발물을 보급할 때 가격은 채택률에 영향을 미치는 주요 요인이 된다.

③ 기준 만들기

개입에 대한 명확한 사용 지침을 제시하면 상품의 질을 유지할 수 있다. 예를 들어, 선호도 조사 방법(Concerns Report Method, Fawcett et al., 1980)은 욕구사정과 지역사회 포럼에 대한 사용 지침을 명시한 프로토콜을 사용한다. 즉, 지역 후원자에 대한 정보, 내담자에 개입하는 절차 등을 상세히 기록함으로써 채택자가 이러한 개발물을 사용할 때 상품의 일관성과 상품의 질을 유지할 수 있도록 한다.

---

1) 사회복지 브랜드 전략(양원석, 2005, 나눔의 집) 등이 있다.

2) 잠재적 시장 조사

개발물을 채택할 잠재적 수요자를 파악하는 작업은 개입연구의 문제분석 단계에서부터 확인해야 할 부분이다. 마케팅 분야에서는 잠재적 수요자를 잠재적 시장 규모로 설명하는데, Bass(1969)의 확산 모델에 의하면 신제품의 시장 잠재력은 도입 시기에 결정되고 그 제품의 전 주기에 걸쳐 일정하다고 한다. 그러나 최근 잠재적 채택자 수는 가구 수의 증가, 인구 증가, 제품의 수익성, 가격, 소매업자 수의 증가 등의 영향을 받으면서 끊임없이 변화하는 것으로 나타나고 있다(김용규, 1995). 개입연구에서 잠재적 수요자를 파악하는 방법과 고려해야 할 사항들은 다음과 같다.

(1) 잠재적 시장을 파악하는 방법

① 욕구사정

사회복지 프로그램 개발에서 잠재적 수요자에 대한 조사는 내담자 체계에 대한 욕구사정을 중심으로 이루어진다. 욕구사정은 양적 조사방법과 질적 조사방법을 모두 활용하는 기법으로 사회지표를 이용한 이차자료 분석, 주요 정보제공자의 활용, 명목집단, 델파이기법, 포커스집단, 지역 주민 설문조사 등이 있다(Royse et al., 2001).

② 조기 채택자(early adopters) 활용

잠재적 수요자를 파악하기 위해서 연구자는 채택자의 범주를 명확히 인식할 필요가 있다. 채택자 범주는 개혁자, 조기 채택자, 조기 대다수, 후기 대다수, 비개혁자 등으로 구성된다. 구체적으로 살펴보면 다음과 같다(Rogers, 2003).

- 개혁자 :

모험심이 강하고 새 아이디어에 흥미를 가진 집단이다. 개혁자는 사회체계 바깥에서 혁신을 들여옴으로써 사회체계 내에서 새로운 아이디어가 확산되는 데 가장 근원적인 역할을 담당한다.

- 조기 채택자 :

조기 채택자는 혁신의 수용에 있어서 평균적인 사람들에 비해 매우 앞서가는 집단은 아니지만 새 아이디어를 채택하여 그것에 대한 불확실성을 감소시키고 대인 네트워크를 통해서 가까운 동료에게 개발물에 대한 주관적인 평가를 전달하는 역할을 담당한다.

- 조기 대다수 :

조기 대다수는 혁신의 확산이 그 사회체계의 평균점에 도달하기 직전까지 혁신을 채택하는 계층이다. 채택자 범주 중 가장 많은 편으로, 보통 전체 구성원의 3분의 1 정도를 차지한다.

- 후기 대다수 :

후기 대다수는 혁신의 확산이 그 사회체계의 평균점에 도달한 직후 채택하는 성향이 있는 계층이며, 조기 대다수처럼 전체 구성원의 3분의 1 정도를 차지한다. 후기 대다수는 보통 경제적 필요에 의해, 혹은 주변 사람들을 통한 사회적 압력에 이끌려 혁신을 채택한다.

- 비개혁자 :

비개혁자들은 사회체계에서 혁신을 채택하는 마지막 범주로서 의견지도력이 매우 낮다. 이들은 대부분 전통적 가치를 갖고 있고 과거에 의존하여 의사결정을 하는 경향이 있다.

Rogers(2003)는 조기 채택자를 개발물을 채택하고 승인 도장을 찍는 역할을 하는 사람들로 정의하고 그 중요성을 강조하였다. 조기 채택자는 사회체계 다른 구성원들에게 '역할모델'이 되고, 개발물이 사회체계 내에서 확산될 때 결정적 다수를 형성하는데 영향을 미친다. 최근 기업에서는 본

격적인 상품 출시에 앞서 조기 채택자를 대상으로 신상품에 대한 기능 점검을 실시하는 사례가 늘어나고 있다. 개입연구자는 조기 채택자를 통해 보급을 준비하고 개발물을 점검할 기회를 가질 수 있다.

확산 과정에서 조기 채택자의 역할

조기 채택자들은 일반 시장의 이용자들에 앞서서 개발물 사용에 대한 욕구를 가지고 있고, 개발물 채택 과정에 중요한 역할을 한다. 조기 채택자는 새로운 개발물을 사용하고, 개발자에게 개발물에 대한 피드백을 제공하고, 주변 사람들에게 정보를 전달하는 역할을 담당한다. 또한 자신들이 직접 개발물에 대한 원형을 만들어 제조회사들에게 그 개발물을 생산하고 판매하도록 개발 과정에 적극적으로 참여하기도 한다. 최근에는 조기 채택자 간에 신제품에 대한 정보를 공유하는 웹사이트가 운영되고 있고, 기업에서는 본격적인 상품 출시에 앞서 조기 채택자를 대상으로 신상품에 대한 기능 점검을 실시한 후 피드백을 통해 제품을 수정하여 판매하는 사례가 늘어나고 있다.

Von Hippel 등(1999)은 확산 과정에서 조기 채택자들이 수행하는 역할을 다음과 같은 S형 확산 곡선으로 설명하였다.

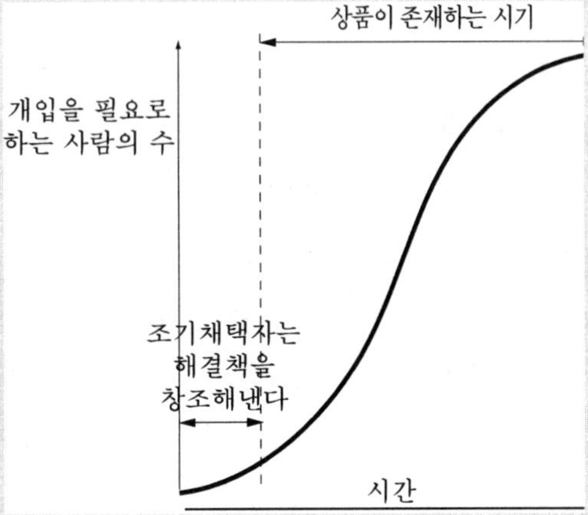

(2) 시장 조사에서 고려해야 할 사항

잠재적 시장을 파악할 때 개입연구자는 다음과 같은 질문들을 고려해야 한다(Thomas and Rothman, 1994).

① 개입으로 이득을 얻을 수 있는 사람은 누구인가?
② 개입을 채택하여 문제 해결에 가장 많이 기여할 수 있는 사람은 누구인가?
③ 광범위한 보급이 목적인가? 아니면 특정 집단을 대상으로 한 제한적 보급이 목적인가?
④ 개입을 가장 잘 채택하고 이득을 얻을 수 있는 시장(보건 또는 인간 서비스 조직 등)은 무엇인가?
⑤ 보급을 할 때 가장 적절하고 실현 가능한 미디어(공익광고, 우편 등)는 무엇인가?

3) 마케팅 활용

마케팅은 생산자가 상품 또는 서비스를 소비자에게 유통시키는데 관련된 모든 체계적 경영활동이라고 정의할 수 있다(홍성태, 2003). 상품의 대량생산 이후, 시장은 판매자 중심이 아닌 구매자 중심이 되었고, 이로 인해 마케팅에 대한 수많은 연구와 시도가 이루어져 왔다. 최근에는 TV, 라디오, 신문, 잡지 등의 전통적 매체 광고 이외에도 인터넷이 마케팅의 주요 매체로 등장하였고, 표적 고객들이 모여 있는 특정 시간이나 장소, 상황에 맞춰 표적화되고 집중화된 노출을 펼치는 아웃도어형 노출 마케팅도 등장하였다(LG경제연구원, 2006).

사회복지 분야에서의 마케팅은 비영리조직의 마케팅 연구에서 시작하였다. 상업적 마케팅 전략들을 비영리 상품이나 서비스의 확산에 적용하는 것을 사회적 마케팅(social marketing)이라고 한다. 사회적 마케팅의 접근

방법은 에너지 절약, 금연, 안전운전, 유아 사망률 감소, HIV/AIDS 예방, 가족계획, 약물과 알코올 남용 예방, 아무데나 쓰레기 버리지 않기 캠페인, 영양 증진 등에 적용되어 왔다(Rogers, 2003). Seekins과 Fawcett(1988)은 개발물을 위한 마케팅 방법으로 모델 활용, 샘플 이용, 캠페인 실시 등을 제안하였다(Thomas and Rothman, 1994). 이를 구체적으로 살펴보면 다음과 같다.

① 모델 활용

전문가, 명사 등을 모델로 활용하는 것은 보급에 도움이 된다. 예를 들어, 청소년들이 선호하는 아이돌 스타나 프로스포츠 선수들이 가출이나 학교 폭력 예방, 금연, 알코올 및 약물 예방 등을 위한 공익 광고에 출연함으로써 청소년들의 이해와 수용을 높일 수 있다.

② 샘플 이용

잠재적 채택자들에게 관련 상품의 샘플을 제공함으로써 차후 제품 채택률을 높일 수 있다. 개입연구자는 조기 채택자에게 개발물의 샘플을 미리 제공하고 이들로부터 개발물의 효과에 대한 피드백을 받을 수 있고, 궁극적으로는 보급의 기회를 갖게 된다. 예를 들어, 개입연구자들은 자조집단 리더 훈련 프로그램을 보급하기 위한 방법으로 전국 및 지역 컨퍼런스를 통해 이 프로그램을 이용할 잠재적 기관이나 단체 또는 개인들을 대상으로 프로그램의 일부를 실연할 기회를 가질 수 있다. 또한 사회복지 기관에서 이용할 수 있는 내담자 관리 시스템을 개발한 기업은 같은 시스템으로 10명의 내담자를 시범적으로 관리해 볼 수 있는 소프트웨어를 잠재적 기관들에 배포하기도 한다.

③ 캠페인 실시

모델을 활용하고 샘플을 제공하는 마케팅 전략은 캠페인을 통해 효과를 극대화할 수 있다. 개입연구자들은 캠페인을 활용하여 개발의 효과성과 효율성 등을 보다 적극적으로 홍보할 수 있다.

2. 보급 실행

개입연구자가 실제 개발물을 보급할 때 고려해야 할 가장 중요한 사항 중의 하나는 보급 매체를 결정하는 것이다. 개입연구에서 활용할 수 있는 보급 매체의 유형을 살펴보면 다음과 같다(Thomas, 1984).

① 출판

현장실험과 평가 단계를 통해 보다 정교화된 개발물은 상세한 지침을 제시하는 매뉴얼이나 모델의 형태로 만들어진다. 이는 전통적 지식 전달 매체인 책으로 출간되기도 하고 녹음이나 녹화 테이프, 웹에 기반한 책(e-book)의 형태나 CD 등으로 만들어지기도 한다.

② 훈련 및 교육

개발물은 훈련이나 교육을 통해서도 보급할 수 있다. 개입연구자는 잠재적 채택자를 대상으로 워크숍이나 세미나를 열고, 특정 기관을 대상으로 직원훈련 및 교육을 실시할 수 있다.

③ 현장 실연

개발물을 보급하고 사용 방법을 명확히 소개하기 위하여 개입연구자는 잠재적 채택자나 채택 결정한 고객을 대상으로 개발물을 직접 실연하기도 한다.

3. 사후관리

개입연구자는 개발물을 보급하는 것으로 개입연구가 종결되는 것이 아니라 채택자들이 개발물을 활용하는 과정에서 지속적인 서비스를 제공해야 할 책임이 있다는 것을 기억해야 한다. 개입연구자는 채택자들이 자신의 상황에 적합하도록 재발명할 수 있도록 지원하고, 지속적인 기술적 지원을 제공해야 한다. 재발명은 채택자들이 개발물을 지역의 상황에 적합하게 수정할 때 나타나기도 하며 교육 프로그램의 일부 내용과 형식을 수정하거나 삭제하고 새로운 요소를 추가할 때 나타나기도 한다. 그러나 부적절한 재발명은 개발물의 효과성, 신뢰성, 개발물의 유용성을 상실시킬 수 있기 때문에(Thomas and Rothman, 1994), 개입연구자는 개발물의 실행과정 및 성과에 대해 지속적으로 모니터링을 할 필요가 있다. 재발명이 일어나는 이유를 구체적으로 살펴보면 다음과 같다(Rogers, 2003).

① 이해하기에 복잡하고 어려운 개입은 재발명되기 쉽다.
② 채택자가 변화주도자나 이전의 채택자들과 직접적으로 접촉하지 않았거나 채택자가 개발물에 대해 자세히 알 수 없을 때 재발명이 일어날 수 있다.
③ 컴퓨터나 인터넷과 같이 보편적인 개념이거나 다양한 적용이 가능한 개발물일수록 재발명될 가능성이 높다.
④ 사용자의 다양한 문제들을 해결하기 위해 개발물이 사용될 때 재발명이 일어나기 쉽다.
⑤ 개발물에 대한 소유권을 갖고 있다는 긍지나 자신감이 재발명의 요인이 될 수 있다.
⑥ 변화주도체가 개발물 사용자들로 하여금 개발물을 수정, 개선하도록

영향을 줄 때 재발명이 일어날 수 있다.

⑦ 개발물을 채택하는 조직의 구조에 맞게 개발물을 사용할 때 재발명이 일어난다.

⑧ 후기 채택자들은 조기 채택자들의 시행착오 및 오류 등의 경험을 이미 목격했기 때문에 재발명은 개발물의 확산 후기에 더 자주 일어날 수 있다.

또한 개입연구자는 채택자들이 개발물을 효과적으로 활용할 수 있도록 수퍼비전을 제공하거나 지원 인력을 개발물을 사용하는 실천 현장에 파견하기도 한다.

보급 예시: 과제중심 사회복지 실습지도 모델 개발

대학의 실습지도교수와 실천 현장의 실습지도자가 모인 전국 대회에서 개발한 내용을 요약 발표하였으며, 요약 보고서를 만들어 대회에 참여한 사람들에게 배포하였다. 또한 대회 참여자들의 주소록을 만들었는데, 앞으로 모델 개발에 대해 새로이 수정한 자료는 주소록에 있는 사람들에게 정기적으로 제공할 예정으로 있다. 요약 보고서를 받은 사람들이 본 연구자에게 모델의 후속 실험에 대한 자료도 보내줄 것을 요청하였다.

본 연구 결과는 추후 학술지에 게재할 예정이며 모델에 대한 설명과 그 적용이 담긴 책이 출판될 예정으로 있다. 이렇게 되면 더 많은 사람들에게 모델을 보급할 수 있을 것이다.

마지막으로, 실습지도자들과 사회복지학과 실습지도교수들을 대상으로 워크숍과 훈련을 에 제공할 계획이다. 사회복지학과의 실습지도자 훈련 세미나에서도 모델을 제시할 예정이다.

출처: Caspi(1997)에서 요약·발췌

제 3 부

정보검색과 정보통합의 실제

제 10 장

정보검색의 실제[1)]

1. 도서관 자료검색

1) 도서관 검색 및 타 도서관 검색

도서관에서 주제검색, 키워드 검색, 인용색인지 검색, 서가 브라우징, CD-ROM을 이용한 관련문헌 검색을 실시하여 서지 정보를 수집할 수 있다. 또한 백과사전 기사, 비평지 기사를 읽으면 자기 주제에 관련하여 상당히 많은 단행본, 정기 간행물 기사, 또 다른 자료들을 알 수 있게 된다. 또한 여러 도서관의 목록검색을 통해 풍부한 정보를 얻을 수 있다. 인터넷을 통해 전세계의 국가도서관, 대규모 학술도서관, 공공도서관, 전문도서관, 정부기관도서관, 회사도서관 등의 목록을 이용할 수 있다. 도서관의 카드목록이 온라인목록으로 바뀌게 되어 보다 빨리 타 도서관의 소장자료를

1) 학술정보의 유형 및 정보검색 방법은 제5장 '정보의 수집과 통합'에 기술되어 있으므로 그곳을 참조하면 된다. 여기에서는 다양한 통로를 통해 정보를 실제 검색하는 방법들을 예시와 함께 제공하였다. 제5장의 내용 중 '정보의 유형과 정보검색 방법', 그리고 제10장의 '정보검색의 실제'는 서울여자대학교 박사과정에 재학 중인 정은주가 이 책을 위해 집필해 주었다. 감사의 마음을 전한다.

찾을 수 있게 되어 있다. 보통 자료들이 어디에 있는지 파악하려면 국내 대학도서관 홈페이지(예: 서울여자대학교 도서관 이용)를 이용하거나, 전국대학종합목록은 한국교육학술정보원(RISS4U.net)에서 제공하는 전국대학도서관 통합목록 검색화면으로 하이퍼링크가 되어 있다(박온자, 2005).

2) 전자도서관(가상도서관체제)

도서관자원은 인터넷의 발달을 통하여 1990년 중반 이후부터 급속도로 변화되기 시작하였다. 90년대 중반부터 인터넷 상에는 수많은 정보원들이 올려지기 시작했고, 기존의 인쇄형태나 전자형태의 정보원들이 인터넷으로 옮겨지게 되었다. 따라서 도서관체계 또한 전자도서관, 인터넷으로 자료를 모두 이용할 수 있는 구조물 없는 도서관 환경이 만들어지게 되었다고 할 수 있다. 이러한 환경변화는 전문적인 정보를 주로 다루는 고급 이용자를 대상으로 하는 대학도서관에서 더욱 두드러지게 나타나고 있다.

3) 도서관 정보검색 방법

각 대학도서관은 온라인통합정보검색서비스를 제공하고 있다. 아래의 그림들은 서울여자대학교 도서관에서 제공하고 있는 통합검색서비스와 관련된 화면들이다. 먼저 서울여자대학교 도서관 홈페이지에 들어가서 소장자료를 검색한 다음, 결과를 통해 위치를 파악하고, 보유현황 및 관련 전체 내용을 이해할 수 있도록 온라인시스템이 제공되어지고 있다. 또한 외부 접속 시에는 반드시 로그인을 한 다음 이용해야 하며, 전체 학술정보통합 화면을 검색하면 e-article, e-journal, e-thesis, e-book 순으로 색인목록들이 제시되어 있다. 그 중 사회과학연구자들이 많이 이용하는 사이트를 클릭하면 하이퍼링크 시스템으로 URL 사이트 창이 접속되면서 곧장 관련 사이트로 연결되어 주제관련 자료들을 탐색할 수 있도록 시스템이 되어 있다.

〈그림 10-1〉 정보자원의 통합과 가상도서관체제

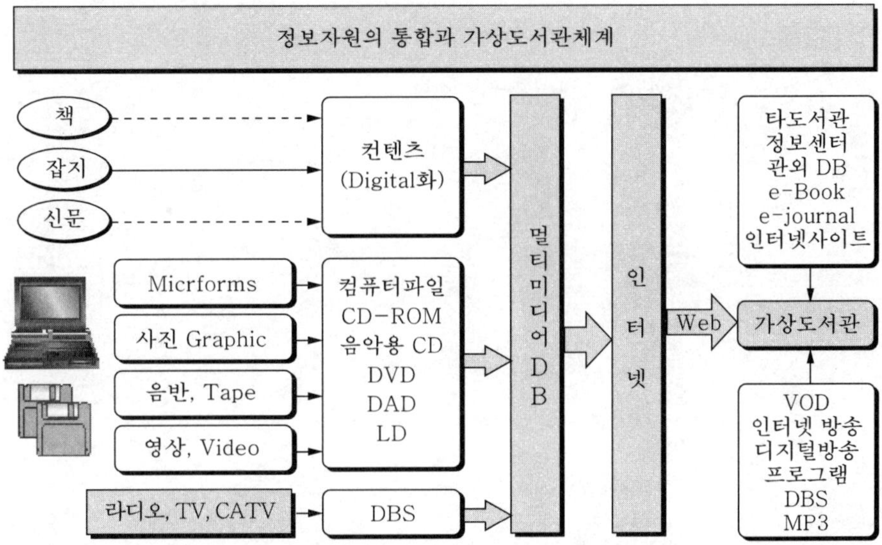

출처: 박준식(2003, p. 34)에서 발췌

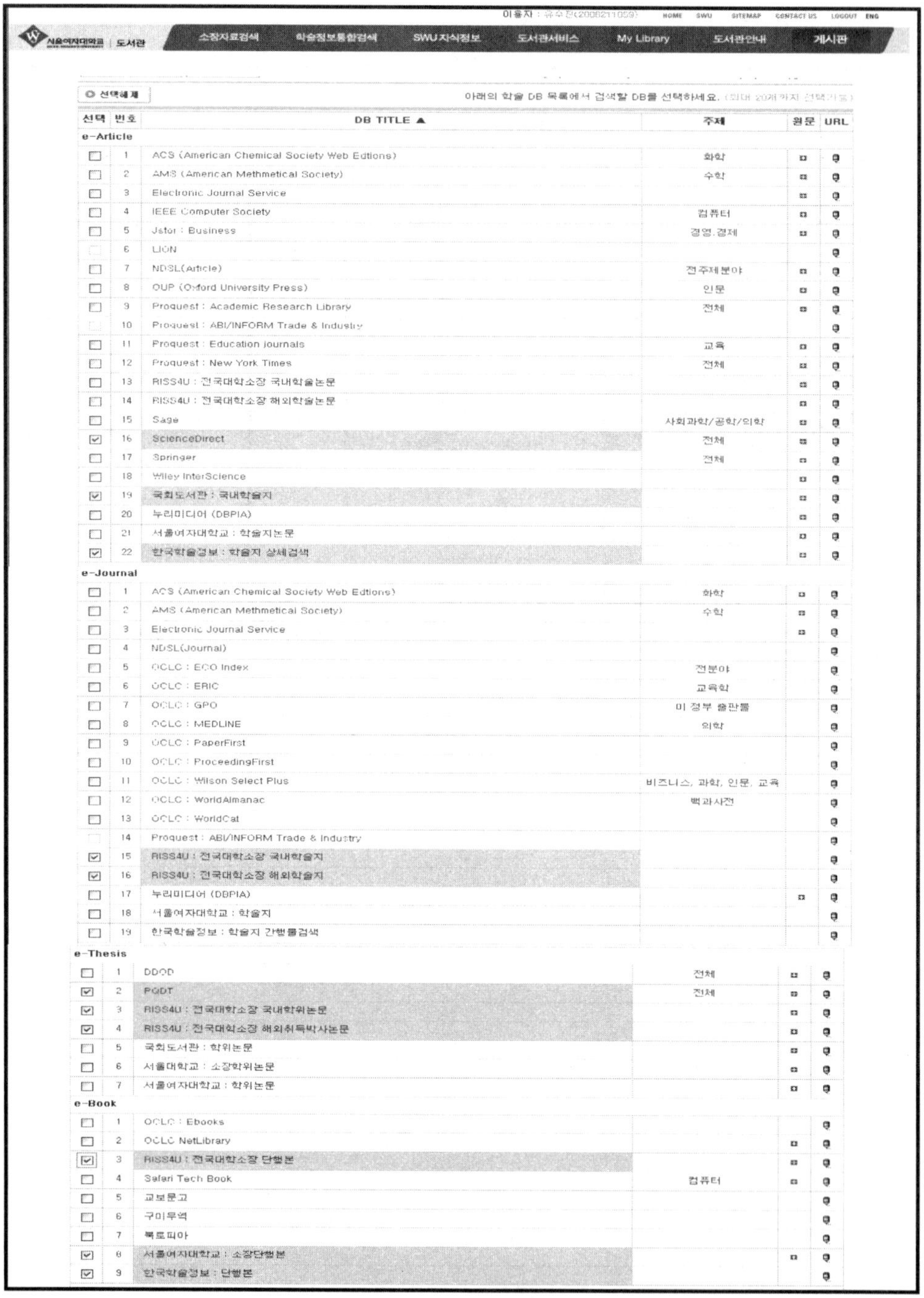

선택	번호	DB TITLE ▲	주제	원문	URL
e-Article					
	1	ACS (American Chemical Society Web Edtions)	화학		
	2	AMS (American Methmetical Society)	수학		
	3	Electronic Journal Service			
	4	IEEE Computer Society	컴퓨터		
	5	Jstor : Business	경영, 경제		
	6	LION			
	7	NDSL(Article)	전주제분야		
	8	OUP (Oxford University Press)	인문		
	9	Proquest : Academic Research Library	전체		
	10	Proquest : ABI/INFORM Trade & Industry			
	11	Proquest : Education journals	교육		
	12	Proquest : New York Times	전체		
	13	RISS4U : 전국대학소장 국내학술논문			
	14	RISS4U : 전국대학소장 해외학술논문			
	15	Sage	사회과학/공학/의학		
✓	16	ScienceDirect	전체		
	17	Springer	전체		
	18	Wiley InterScience			
✓	19	국회도서관 : 국내학술지			
	20	누리미디어 (DBPIA)			
	21	서울여자대학교 : 학술지논문			
✓	22	한국학술정보 : 학술지 상세검색			
e-Journal					
	1	ACS (American Chemical Society Web Edtions)	화학		
	2	AMS (American Methmetical Society)	수학		
	3	Electronic Journal Service			
	4	NDSL(Journal)			
	5	OCLC : ECO Index	전분야		
	6	OCLC : ERIC	교육학		
	7	OCLC : GPO	미 정부 출판물		
	8	OCLC : MEDLINE	의학		
	9	OCLC : PaperFirst			
	10	OCLC : ProceedingFirst			
	11	OCLC : Wilson Select Plus	비즈니스, 과학, 인문, 교육		
	12	OCLC : WorldAlmanac	백과사전		
	13	OCLC : WorldCat			
	14	Proquest : ABI/INFORM Trade & Industry			
✓	15	RISS4U : 전국대학소장 국내학술지			
✓	16	RISS4U : 전국대학소장 해외학술지			
	17	누리미디어 (DBPIA)			
	18	서울여자대학교 : 학술지			
	19	한국학술정보 : 학술지 간행물검색			
e-Thesis					
	1	DDOD	전체		
✓	2	PQDT	전체		
✓	3	RISS4U : 전국대학소장 국내학위논문			
✓	4	RISS4U : 전국대학소장 해외취득박사논문			
	5	국회도서관 : 학위논문			
	6	서울대학교 : 소장학위논문			
	7	서울여자대학교 : 학위논문			
e-Book					
	1	OCLC : Ebooks			
	2	OCLC NetLibrary			
✓	3	RISS4U : 전국대학소장 단행본			
	4	Safari Tech Book	컴퓨터		
	5	교보문고			
	6	구미무역			
	7	북토피아			
✓	8	서울여자대학교 : 소장단행본			
✓	9	한국학술정보 : 단행본			

〈그림 10-2〉 학술정보 통합검색 전체화면

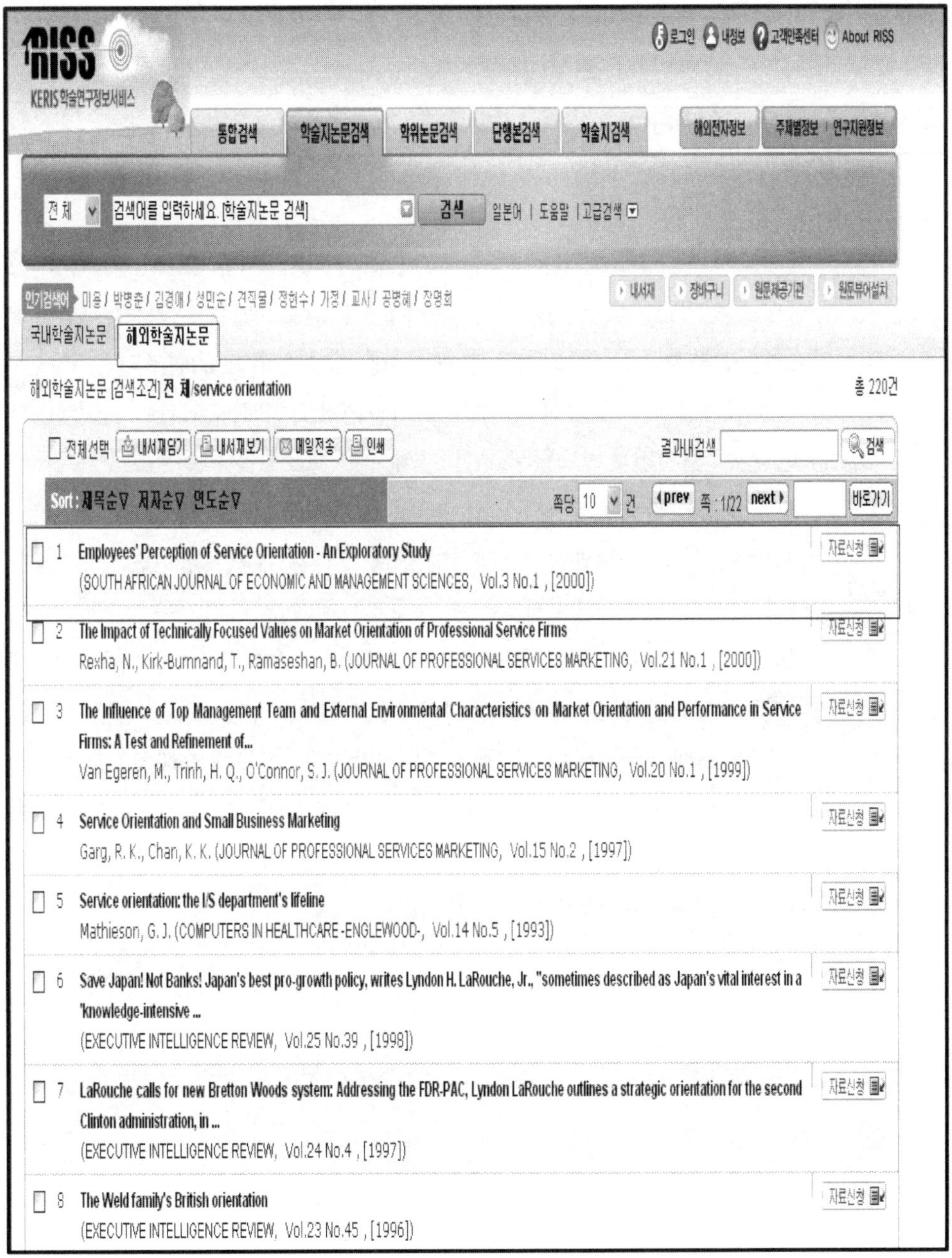

〈그림 10-3〉 해외박사논문 주제관련 검색결과화면

2. 국회도서관 정보검색

국회도서관은 1952년 개관이후, 97년 국가전자도서관 DB구축사업을 성공적으로 수행함으로써 인터넷을 통하여 서지정보뿐만 아니라, 저작권문제가 없는 원문정보를 함께 이용할 수 있게 되었으며, 2000년부터는 학술정보 상호협력협정을 체결한 전국의 도서관에서도 국회도서관이 구축한 약 300만 건의 서지정보 및 약 2500만 면의 원문자료를 온라인으로 이용할 수 있다. 국회도서관정보검색시스템(NOLIS)을 통해 제공되는 데이터베이스는 서지정보DB, 법률관련정보DB 입법부 발간자료DB, 국회공보DB, 국정감사자료DB가 있고, 학술정보관련 정보로는 석박사학위논문, 단행본목록, 국내학술잡지(기사), 외국학술잡지(기사색인), 국내외학술잡지(목록), 세미나자료, 비도서자료(CD-ROM, 오디오, 비디오, 마이크로폼 등), 정부간행물, 해외소재 한국관련자료 등이 있다(박준식, 2003). 아래의 그림은 국회도서관에서 제공하고 있는 자료검색과 그에 관련 위치 및 원문제공 여부를 확인해 주는 검색화면이다. 회원가입 후 로그인을 한 다음 자료를 검색할 수 있도록 시스템이 이루어져 있다.

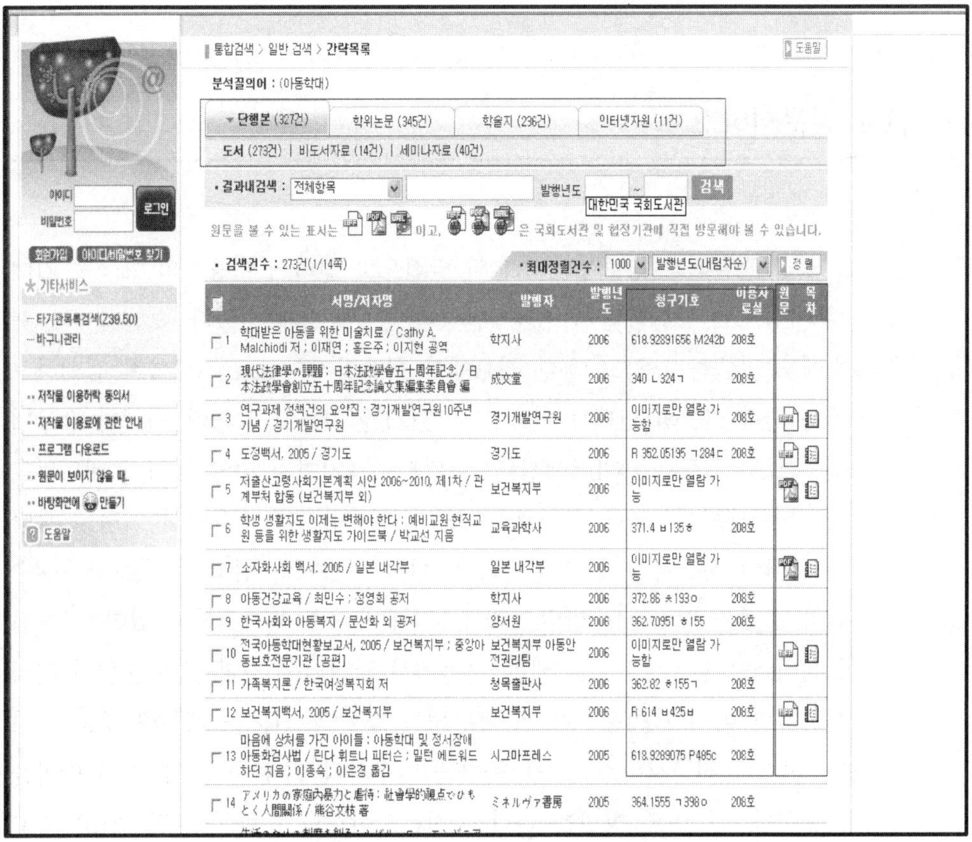

〈그림 10-4〉 국회도서관 검색결과화면

3. 전자 전문서비스

최근 컴퓨터와 정보통신 기술의 발전으로 인하여 이용자의 요구를 기대치 이상으로 성취시킬 수 있는 환경이 만들어지게 되었다. 오늘날에는 팩스에도 만족하지 않고 최신 정보에서 학술잡지의 소급기사까지 검색하고 이를 즉시 전문의 형태로 이용할 수 있기를 원하고 있는데, 이러한 요구에 부응할 수 있도록 OCLC에서 인터넷에 이르기까지 다양한 서지 네트워크 및 상용 네트워크들은 도서관이 소유할 수 없거나 소유하기 어려운 광범한 분야의 정보를 손쉽게 접근하고, 원하는 자료의 입수가 가능하도록 수단과 방법을 열어주는 방법으로 전자전문서비스가 제공되고 있다. 전자전문서비스는 용어상으로는 색인, 초록에서 발견되는 것과 같은 문헌의 서지사항뿐만 아니라 이용자가 필요로 하는 문헌의 전문을 제공해 주는 것이다. 전자적 전문서비스에서는 문헌을 입수하기 위해 주로 세 가지 방법을 사용한다. 첫 번째 방법은 온라인 전문서비스로서 문헌을 검색하고 읽고 인쇄하거나 다운로드받는 것을 상업적 성격을 지닌 온라인 데이터베이스를 통해 수행하는 것이다. 두 번째 방법은 하이브리드 온사이트 데이터베이스(hybrid on-site database)로서 하나의 패키지에 색인·초록서비스와 전문데이터베이스를 연결시켜 이용자는 CD-ROM 색인을 통해 서지사항을 찾고, 필요한 아이템에 키를 누르거나 마우스를 클릭하면 같은 화면에서 그 논문의 전문을 검색할 수 있는 방법이다. 어떤 부분이나 전체가 필요하다면, 또 다른 키나 클릭으로 다운로드시키거나 출력할 수 있다. 세 번째 방법으로는 도서관 자체에서 전문을 수록한 CD-ROM데이터베이스를 구축하고 CD-Net을 통해 서비스를 받는 경우이다.

상용 전문 서비스 업체로는 EBSCO, IAC, UMI가 있는데 이들은 개인용 컴퓨터나 CD-ROM 주크박스(juke box), 소프트웨어의 조합기술을 사용하여 이용자가 어떤 논문이 필요하다고 요구하면 주크박스에 저장되어 있는 전문이 이용자의 인쇄서버에 전송된다. UMI의 서비스 내용을 소개하면 다음과 같다. UMI는 ABI/Inform, Periodicals Ondisc, Social Sciences Index Full Text와 같은 색인·초록서비스와 하이크리드 온사이트데이트베이스의 포맷을 구사하고 있다. UMI의 ProQuest 시리즈는 본문과 이미지 정보를 함께 수록한 CD-ROM판(Periodical Abstracts Ondisc)에서 서지정보를 검색하는 한편, 원문을 제공하는 서비스(General Periodicals Research)를 해주고 있다. 탐색자는 색인을 찾아 인용문을 확인하고, 그 다음 기사의 전문을 찾기 위해 General Periodicals Research로 전환하는 것이 가능하다(박준식, 1998).

다음은 UMI의 ProQuest에서 제공하는 외국박사학위논문을 찾는 방법에 대해서 제시한 것이다. 일부는 각 대학 도서관에서 무료로 제공하고 있으며, 최신자료나 유료의 논문들도 다수 포함되어 있다. 유료의 논문일 경우는 아래와 같이 24페이지 정도 미리 보기로 내용의 일부를 제공하고 있으며, 이후 관련 자료를 온라인으로 구입할 수 있다.

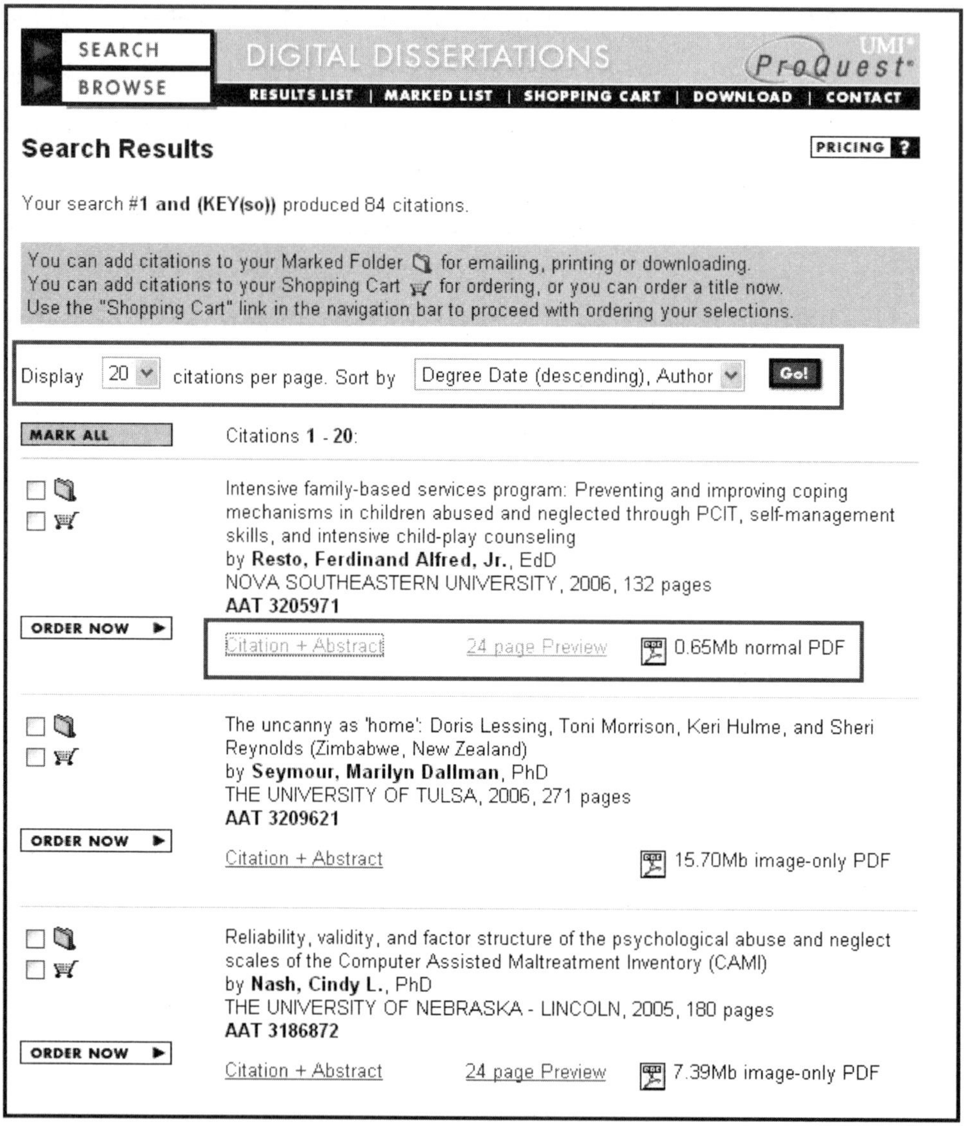

〈그림 10-5〉 UMI 제공 해외박사논문 서비스 결과화면

4. 한국교육학술정보원

한국교육학술정보원(KERIS)은 국내외의 다양한 학술정보를 디지털화하여 데이터베이스를 구축하고 국내외 학술정보망을 연계하여 RISS4U.net을 통하여 연구자들의 자유로운 학술정보활용을 지원하고 있는 방대한 사이트이다. RISS4U의 학술정보서비스이용은 무료이며, 홈페이지에 접속하여 회원가입을 한 후 서비스를 이용할 수 있다.

한국학술정보원은 전국 300개 대학도서관이 보유한 단행본/비도서, 학술지, 학술지수록논문, 학위논문을 통합하여 검색할 수 있으며, 또한 OCLC, CSA, ACM사와 계약을 통해 해외학술데이터베이스를 주제별로 이용할 수 있다. 1999년 이후에 수여된 박사학위논문에 대한 원문제공서비스인 해외박사학위논문서비스(Digital Dissertation On Demand)를 제공하고 있으며, 그 외에 문헌복사서비스, 세미나정보, 연구지원채널 등 다양한 정보서비스를 제공하고 있다.

5. 기타 정보검색 사이트

* Academic Dissertation Publishers 해외논문검색사이트
〈http://www. dissertation.com〉

\- 각종 학위논문과 연구논문 및 단행본 등을 유료로 제공하는 사이트이며, 최근 많이 이용되고 있다.

* KISS 한국학술정보 〈http://search.Koreanstudies.net〉

- 학술지, 학위논문 원문 데이터베이스로 1,200여 기관의 학회지, 40여 대학교의 석·박사학위논문 및 간행물, 20여 대학교의 신학 석·박사학위 논문을 제공하고 있다. 학술지의 경우는 회원으로 등록되어 있어야 하며, 원문을 이용하고자 할 경우, 대학도서관에서 접속하면, 자유롭게 열람이 가능하다. 또한 원문의 열람을 위해서는 반드시 Acrobat Reader를 우선적으로 설치하여야 한다.

* OCLC(Online Computer Library Center) 〈http://www.oclc.org〉

- OCLC는 미국을 비롯하여 전세계 65개국의 도서관들이 참여하고 있는 비영리도서관네트워크로서, 온라인 분담목록, 소급전환서비스, 온라인 전자파일, 온라인 수서 및 상호대차, 연속 간행물 통정, 대출통정, 온라인 참고서비스 등 자원공유를 위해 다양한 프로그램을 개발 보급시키고 있는 대표적인 서지 네트워크 서비스 사이트이다.

제 11 장

정보통합의 실제: 메타분석

개별 연구에서 효과가 있다고 결론 내려진 치료개입들이 연구마다 다르고, 또 치료개입의 효과정도가 연구마다 다르게 보고되고 있다면 실천가들이나 연구자들은 어떤 개입이 얼마나 효과적이라고 결론내릴 수 있을 것인가? 개입의 효과성을 검정하기 위한 연구들이 많이 존재하지만 그들은 흔히 서로 다른 결과척도(outcome measures)들을 사용하고 있어 개별연구에서 제시된 결과 그대로를 가지고는 연구결과들 간에 비교가 용이하지 않다. 이런 속에서 효과적인 개입을 확인하기 위해서는 개별 연구들의 결과를 비교 가능하게 하며 이를 종합할 수 있도록 해주는 어떤 객관적인 잣대가 필요하다. 메타분석(Meta-Analysis)은 서로 다른 조건 속에서 행해진 실증적 연구결과들을 표준화된 양적 점수로 바꾸어줌으로써 연구들 간에 비교가 가능하게 해준다.

1. 메타분석의 정의

'메타'라는 말은 Glass(1976)에 의해 붙여졌는데 '개략' 또는 '개관'한다는 의미를 지니고 있다. 메타분석은 어떤 특정한 연구 주제에 대해 행해진 여러 독립적인 연구결과들을 통계적 방법을 사용하여 종합하는, 연구결과(분석)들에 대한 분석(analysis of analyses)이며 이에 대한 적극적인 논의라고 할 수 있다(송혜향, 1992). 메타분석은 계량적, 통계적 분석방법이기 때문에 양적 연구합성(quantitative research synthesis)이라는 용어로 불리기도 한다.

메타분석의 이론은 1930년대에 Fisher와 Pearson에 의해 처음 제시되었다. 1970년대에 Glass가 375편의 심리치료효과에 관한 선행연구들의 결과들을 수집하고 통제집단과 실험집단의 평균차에 대한 표준화 점수를 산출해 냄으로써 메타분석이라는 새로운 연구방법을 개발하게 되었다(오성삼, 2007). 이후 임상심리학, 산업심리학, 사회심리학, 교육학, 교육심리학, 공중보건학, 경영학, 사회학 분야 등에서 실제 연구물에 대한 분석이 활발히 이루어지고 있다.

2. 메타분석의 특성

메타분석의 특징은 이전까지 사용되어 오던 전통적 통합분석과의 차이를 비교해 봄으로써 분명해진다. 이지훈(1993, 오성삼, 2007 p. 12에서 재인용)은 그 차이를 다음과 같이 요약하고 있다. 전통적 통합분석방법은 연구문제의 정립이 이론지향적이고, 분석을 위한 기존연구가 연구자의 자의적 판단에 의해 선택되며, 기존 연구 결과의 정리와 해석 또한 연구자의 주관적 판단에 의존하게 되는 경향이 있다. 또한 전제된 문제 및 가설 등에 부합하지 않거나 상반되는 연구결과들은 무시되거나 배제되어 버리기 쉽다. 이에 비해 메타분석은 가능한 문제나 가설의 범위를 넓게 설정하고, 분석을 위해 기존연구들을 가능한 많이 선정한다. 그 선정은 임의적일 수 있으나 전제된 문제 또는 가설 등에 부합하지 않거나 상반되는 결과들도 다 포함하여 분석하며 새로운 주요 독립변인 또는 조절변인 등을 발견함으로써 새로운 설명 가능성까지도 모색할 수 있다는 이점이 있다.

메타분석은 선행연구 결과들의 표집수가 큰 경우에 매우 유용한 연구분석방법이다. 또한 결론을 내리기 위해 객관적이며 과학적인 통계적 방법을 사용함으로 많은 사람들의 분석을 필요로 하지 않는다는 장점이 있다. 또한 메타분석은 단일 기법이라기보다 연구자가 알아내고자 하는 정보를 충분히 제공할 수 있도록 일련의 통계기법들을 함께 사용하는 융통성있는 분석방법이다(Cook and Leviton, 1980, 오성삼, 2007에서 재인용). 따라서 연구자들은 어떤 대상에게 가장 효과적인 개입방법은 무엇인가와 같은 주요 문제의 해결뿐만 아니라 어떤 부가적 상황 또는 조건 속에서 개입이 더 효과적일 수 있는지와 같은 다양한 관계들을 메타분석을 통해 규명할 수 있다.

위에서 기존의 전통적인 질적 연구통합 방법에 비해 메타분석이 가지는 장점을 기술하였는데, 이러한 장점은 메타분석이 계량적이며 통계적이라는 점에 기인하다고 할 수 있다. 이러한 특성이 가져오는 장점을 다음과 같이 정리해 볼 수 있겠다.

① 각 연구의 효과크기(effect size)를 계산하여 비교함으로써 연구들 간의 객관적 비교가 가능하다.

② 수많은 연구 결과들을 통합함에 있어 개별 연구의 결과내용(기대하는 결과이든 아니든)과 관계없이 모두 메타분석의 결론 도출을 위해 분석대상이 될 수 있다. 다시 말해 특정 주제에 관련된 여러 연구 결과들을 모두 분석자료로 사용하는 것이 가능하다.

③ 메타분석을 통해 체계적이며 보다 정확한 결론을 도출해 낼 수 있다. 메타분석에서는 연구들간의 효과크기 비교에서 그치는 것이 아니라 그 효과크기들을 함께 묶어 전반적인 효과크기와 방향을 제시하는 데 관심을 갖는다.

메타분석의 장점에도 불구하고 다음과 같은 문제점들이 지적되고 있다(오성삼, 2007; Glass, McGaw, and Smith, 1981).

① 서로 다른 유형의 연구들을 함께 묶어 분석하는 것이 문제로 제기되고 있다. 다시 말해, 메타분석은 사과와 오렌지와 같이 상이한 성질의 연구결과들을 한데 분석하고 종합하려고 시도한다는 것이다. 이 문제점에 대해 메타분석 옹호자들은 상이한 연구들이기 때문에 종합할 필요가 있는 것이지 유사한 연구들의 결과들이라면 구태여 종합할 필요가 없다는 반론을 제시하고 있기도 하다.

② 새로이 데이터를 수집하는 것이 아니라 다른 연구에서 수집된 데이터를 사용하는 것이기 때문에, 기존의 연구가 부적합한 방법론을 사용하였을 경우 그런 방법론에 의해 산출된 연구의 결과를 분석의 데이터로 그냥 사용하게 되는 오류를 범하게 된다.

③ 정보검색을 통해 메타분석에 사용할 연구들을 표집할 때 편견이 발생할 수 있다. 특히 정보검색은 이미 출판되어 있는 연구들만을 주로 표집대상으로 하기 때문에 연구물 표집의 대표성이 문제가 될 수 있다.

④ 동일 데이터 세트를 사용해 여러 개의 논문이 보고된 경우, 각각의 논문이 독립적인 데이터에 근거한 것처럼 가정될 수 있다. 분석되는 연구물의 수가 많지 않은 상태에서 여러 개의 연구물들이 동일한 데이터로부터 산출된 것이라면 이 결과들에 대한 메타분석으로 도출된 결론은 일반화에 어려움이 있을 수 있다.

위와 같은 문제점들에 대한 대안으로, 연구의 성격이나 방법이 현저하게 상이한 연구의 결과들을 무리하게 한데 섞어 종합하여 결론을 도출하기보다는 극단적 자료는 잘 선별하여 제외시킬 것과, 분석에 사용된 각각 개별연구들의 질적 수준에 따라 적절한 비중을 두고 종합할 것이 제시되고 있다.

3. 메타분석의 과정

메타분석은 일반적으로 다음과 같은 과정을 거친다.

① 연구문제 또는 연구가설 설정

연구자가 밝혀내고자 하는 연구의 문제 또는 가설을 설정한다.

② 연구자료의 범위 선정 및 수집

연구자료의 선정범위는 특정 분야에서 '특정 연도 이후에 발간된 자료'와 같이 연도로 한정할 수도 있으며, '특정집단을 대상으로 개입한 개입효과에 관한 연구'와 같이 대상으로 구분지을 수도 있다. 실제적 자료수집에서는 선정한 범위에 속하는 전 연구들을 확인하고 검색한다. 메타분석의 성패는 연구하고자 하는 주제와 관련하여 얼마나 많은 양의 연구결과물들을 수집했는가에 의해 좌우될 수 있다.

연구자료의 수집은 다음의 절차에 따라 수행된다.

- 연구문제나 가설과 관련이 있는 일반지식영역의 명확화
- 구체적 정보원을 확인
- 검색을 위한 적절한 주제어를 결정

③ 분석자료의 특성변인 및 코딩방법 선정 및 코딩 실시

어떤 특성변인들(이론적 또는 방법론적 특성, 내담자 특성 등)을 분석할 것인지와 이 변수들을 코딩할 방법을 결정한다. 이에 근거해 개별 연구들로부터 특성들을 확인하고 분류하여 통계적 분석이 가능하도록 코딩한다.

④ 통계분석

개별 연구들에서 사용된 개입의 효과크기와 방향에 대한 양적 추정치를

계산하며 개입의 특성들과 개입효과와의 관계성 등을 양적으로 분석한다. 다양한 통계적 방법들이 활용될 수 있다.

⑤ 분석 결과의 제시 및 해석

분석결과들에 대한 일반화를 도출하고 연구문제 및 가설에 대한 결론을 내린다.

4. 메타분석의 요소

1) 효과크기(Effect Size)

효과크기란 여러 연구들을 비교하거나 종합하고자 할 때 개입이나 치료 효과의 크기를 서로 비교해 볼 수 있도록 동일한 척도로 표현한 것이다. 효과크기는 다음과 같이 표현될 수 있다. 메타분석에서의 효과크기란 실험집단의 평균이 통제집단의 평균에 비해 얼마나 효과적인가를 표준편차라는 공통의 척도로 변환시켜 놓은 것이다.

$$\text{효과크기}(ES) = \frac{\overline{Xe} - \overline{Xc}}{Spooled}$$

$\overline{Xe}$: 실험집단의 평균

$\overline{Xc}$: 통제집단의 평균

$Spooled$: 통합표준편차$= \dfrac{(n_1 - 1)S_{12} + (n_2 - 1)S_{22}}{n_1 + n_2 - 2}$

예를 들어, 실험집단의 평균점수가 45이며 통제집단의 평균점수는 42,

통합표준편차가 10이라면 효과크기는 .30[(45-42)/10=.30]가 된다. 과거에는 통합표준편차 대신 통제집단의 표준편차를 사용했었는데 최근에는 통합표준편차가 주로 사용되고 있다. 표준화된 평균차를 직접 계산하여 효과크기를 계산해내는 방식 이외에는 오늘날에는 각종 추정통계량들의 효과크기를 계산하는 방법들이 개발되어 있으므로, t값 또는 F값만 제시되어 있는 경우 또는 t값과 F값에 대한 유의수준만 제시된 경우에도 효과크기를 계산해 낼 수 있다. 또한 카이제곱검사 결과 또는 상관관계 결과 등 다양한 통계량들로부터 효과크기의 계산이 가능하다. 이런 다양한 분석방법들에 대해서는 오성삼(2007), 송혜양(2001), 이지훈(1993) 등을 참조하면 된다.

메타분석에서는 모든 개별 연구에 대해 효과크기가 산정되며 연구 당 1개 이상의 효과크기가 계산될 수 있다. 두 개의 척도가 동일한 개념을 측정하기 위해 사용된 경우는 이 두 개의 척도로부터 계산된 효과크기는 통합된다. 어떤 연구가 정신과적 증상을 측정하는 1개의 척도를 효과측정을 위해 사용한다면 효과크기는 1개이며, 정신과적 증상과 내담자 만족을 측정하기 위해 두 개의 측정도구를 사용하면 효과크기는 2개이다. 하지만 만약 효과성 측정 척도가 3개이지만 2개가 정신과적 증상을 측정하기 위한 도구이며 다른 하나만 내담자 만족도를 측정하기 위한 것이라면 효과크기는 2개로 계산된다.

Cohen(1977)은 효과크기가 0.8 이상이며 '큰 효과', 0.5 정도이면 '보통 효과', 0.2 이하이면 '작은 효과'라고 하였다. Forness와 Kavale(1994)는 효과크기가 0.4 이상이면 그 효과가 중요하게 생각될 수 있다고 보고 있다. 효과크기가 0.8이라 함은 실험집단의 평균이 통제(비교)집단 보다 0.8배의 표준편차만큼 더 크다는 것을 의미한다. 그러나 해석에서 유의할 사항은 각각의 효과크기가 계산되어 나온 각 연구의 상황으로부터 효과크기를 분리하여 생각하여서는 안 된다는 것이다. 즉 각 연구의 특정 상황 속에서 특정 효과크기가 생산되었다는 점을 기억해야 한다.

2) 관련 연구변수

수집되고 코드화되어야 하는 관련 연구변수들은 기존연구들에서 사용된 조사문제들에서 도출될 수 있다(Forness and Kavale, 1994). 예를 들면,

- 연령: 특정 개입은 젊은이들에게 더 효과적인가 노인들에게 더 효과적인가?
- 진단명: 어떤 종류의 내담자에게 더 효과적인가?
- 지능: 어느 정도의 지능지수를 가진 내담자가 가장 잘 반응하는가?
- 기간: 어느 정도의 치료기간이 가장 효과적인가? 최소 어느 정도의 치료기간이 효과성과 관련을 갖는가?
- 결과척도: 개입이 어떤 결과척도에 더 효과성을 더 잘 나타내는가?
- 시기: 오래전의 과거에 이루어진 연구들이 최근 연구들보다 더 긍정적인 효과를 보이는가?
- 조사자의 수: 조사자 수가 많을수록 더 확실한 효과크기를 생산해 내는가?

위와 같은 변수들은 효과크기와의 관계성을 계산하는데 있어 독립변수 혹은 종속변수 둘 다로 사용될 수 있다.

5. 메타분석을 활용한 논문의 예시: 정신보건사회사업 실천 연구에 대한 메타분석[1)]

Videka-Sherman(1988)의 논문을 앞에서 제시한 메타분석의 단계에 따라 분석·기술하면 다음과 같다.[2)]

1) Videka-Sherman, L. 1988. "Metaanalysis of research on social work practice in mental health." *Social Work*, July-August, 325-338.

2) 논문 예시에 포함되어 있는 참고문헌은 저서의 맨 뒤에 있는 참고문헌 목록에

1) 연구문제 설정

① 개입 이론에 따라 효과성이 다르다는 경험적 증거가 존재하는가?

② 효과성과 관련성을 가지고 있는 특정 개입 기술들이 있는가?

③ 서로 다른 효과성과 관련성이 있는 조사방법적 특성이 있는가?

④ 조사방법론적 특성을 통제한 이후에도 이론적 오리엔테이션이나 실천 기술이 효과적인 실천을 예측해 주는가?

2) 연구자료의 범위 선정 및 수집

사회복지 실천의 효과성을 보고자 했던 연구들 중에서 1965년부터 1983년에 걸쳐 발표된 연구논문들을 10개의 온라인 데이터베이스를 통해 검색하여 확인하였다. 학회지에 발표된 논문들과 학위논문들이 포함되었으며 총 142개의 연구가 확인되었다. 본 연구에서는 그다지 심각하지 않은 정신장애 문제를 가진 내담자를 대상으로 외래 세팅에서 치료를 행한 연구이면서 통제(비교)집단이 사용된 유사실험조사나 실험조사를 실시한 38개의 연구에 대해 메타분석을 실행하였다.

3) 분석자료의 특성변인 및 코딩방법 선정 및 코딩 실시

① 내담자 특성

성, 결혼관계, 교육수준, 인종

② 실천가 특성

경험정도, 전공영역, 연구를 위해 훈련을 제공 받았는지에 대한 여부

③ 개입 특성

서 생략됨.

개입 단위(개인, 집단, 가족 등), 개입기간, 개입이론, 치료의 구체성, 치료의 구조, 치료를 위해 내담자를 준비시켰는지 여부, 개입기법

- 개입이론 - Meyer의 실천모델 분류를 활용해 개별연구의 이론적 오리엔테이션이 무엇인지 검토하였다(생태학적, 인지-행동적, 심리사회적, 위기개입적, 문제해결중심적, 과제중심, 인본주의적 등).
- 치료의 구체성 - 치료과정에 대한 기술이 없는 것에서부터 수행된 과정이 특정 순서에 따라 자세히 기술된 경우까지 다양하였다.
- 치료의 구조화 - 개입 실행에 관한 의사결정을 하는데 있어 실천가가 얼마나 자율성을 가졌는가 하는 것을 측정하였다. 실천가가 특정 개입 요소를 선택하는데 완전한 자율권을 가진 경우(낮음)에서부터 구체적인 개입 프로토콜이 개발되어 있고 이것에 대한 최소한의 변형만이 허용되는 경우(높음)까지로 구성되었다.
- 개입을 위한 내담자의 준비도 - 5점 척도. 내담자와 개입에 대한 토의가 개입 시작 전에 이루어지지 않은 경우(낮음)에서부터 개입과 내담자의 역할이 분명히 기술되고 개입 시작 이전에 내담자와 이 부분에 대해 논의를 한 경우(높음)까지로 구성되었다.
- 개입기법 - 다양한 개입기법들이 확인되었다(시간제한적 개입, 모델링, 가정방문, 의뢰, 옹호, 상황해석, 내담자 자신에 대한 해석, 구조화, 지시, 문제기술, 지지, 집단과정의 활용, 과제수행, 아웃리치 등).

④ 조사 방법론적 특성

표집, 집단 배정 방법, 통제(비교)집단의 특성, 내적 타당도(Glass, McGaw, and Smith의 과정을 사용해 검토함), 효과성 척도(심리적 적응, 표적 문제의 변화, 내담자 만족, 사회기술, 대인관계 등) 등.

4) 통계분석

전체 효과크기의 수, 개별 연구 당 효과크기의 수, 효과크기의 평균과 표준편차, 효과크기의 범위 등을 통계적 처리를 통해 얻어내었다.

〈표 11-1〉 만성정신질환자 연구들의 특성

저자 및 발표연도	표본수	내담자 특성	개입	개입 기간	효과크기 (ES)
Beard, Malamud, and Rossman (1978)	C=81 E_1=88 E_2=83 E_3=81	60% 남성 16-67세 (24-43세 60%) 정신분열증	아웃리치 서비스 초기직업훈련 여가활동 일반아파트 거주 보호 취업	6개월에서 2년	ES_1=0.76 ES_2=0.51 ES_3=0.33
Boyd, McGill, and Fallon (1981)	E=15 C=15	17-45세 정신분열증	의사소통훈련 구조적문제해결 행동적전략 가족치료	24개월	ES=1.03
Byers, Cohen, and Harshbarger (1978)	E=79 C=55	남녀 평균연령=48세 일종의 정신증	비분류된 사후서비스	1년	ES=0.21
Criswall (1970) (Report of three evaluations)	E_1=252 C_1=81 E_2=70 C_2=67 E_3=60 C_3=38	20-39세 정신분열증	임시고용 심리사회적 클럽	18개월	ES_1=0.61 ES_2=0.33 ES_3=0.77
Hogarty and Goldberg (1974)	약물=97 위약효과=87 MRT & 위약효과=95 MRT&약물=95	남녀 18-55세 평균연령=34.4세 정신분열증	위약효과와 MRT, 클로프로마진과 MRT	2-3년	ES=0.14
Kirk(1976)	E=136 C=40	남녀 정신분열증 신경증, 정신증	지역사회보건센터	평균 =376일	ES=0.24

〈표 11-2〉 만성정신질환자 연구들에서 사용된 개입의 빈도(n=23)

구 분	N	%
기술훈련	13	57
레크리에이션 또는 활동적 치료	10	44
집단 또는 가족치료 과정의 활용	10	44
정신성 약물치료	10	44
지지	8	35
변화에 대한 클라이언트의 기대강화	7	30
모델링	3	13
응급이용	3	13
비분류된 관계요인	3	13
탐색 또는 문제기술	2	9
클라이언트의 자기해석	2	9
강화	1	4
과제부여	1	4

또한 치료의 특성과 치료 효과와의 관계성을 양적으로 분석하였다. 효과크기와 개별 연구들에서 사용된 이론적, 방법론적 특성들과의 관계성을 분석에서는 이원분석 또는 다변량 분석 등 다양한 형태의 분석이 다 활용될 수 있다.

〈표 11-3〉 만성정신질환자 연구에 사용된 치료기법과 효과크기 사이의 상관관계

구 분	r	r_p
옹호	0.38***	0.56***
개입에 대한 시간제한	0.34**	0.57***
회기 내 정보탐색	0.25*	0.36**
지지	0.25*	0.34**
요법치료	0.23*	0.13
모델링	0.16	0.19
변화에 대한 클라이언트의 기대강화	0.15	0.45***
정신성 약물	0.14	-0.10
조언	0.14	0.16
의뢰	0.13	0.40**
응급이용	-0.09	-0.24
기술훈련	-0.10	-0.26*
비분류된 관계요인	-0.16	-0.37**

* $p < .10$, ** $p < .05$, *** $p < .01$

제 12 장

정보통합의 실제: 체계적 연구합성

1. 체계적 연구합성의 개념과 특성

체계적 연구합성(Systematic Research Synthesis: SRS)은 메타분석의 구조성과 전통적 고찰 방법의 융통성을 함께 통합한 것이다. 메타분석과 같이 절차상의 엄격성이나 결론을 제시해 주는 통계학적인 요약에 의존하지 않으면서도 방대하고 무질서한 기존의 연구결과들을 이해하는 과정으로서 엄격성과 창의성 양쪽의 장점을 모두 활용한다. 체계적 연구 합성의 기본적인 특성은 다음과 같다(Rothman et al., 1994)

① 연구는 구조화된 절차에 따라 진행하며, 결과물에 대한 합의를 도출시 체계적인 기준에 근거하여 범주화와 개념의 통합을 실시한다.

② 자료의 통계학적 통합보다는 개념적 통합을 제공한다.

③ 개념적 통합은 매우 광범위한 자료 수집에 근거한다.

④ 새로운 지식의 축적뿐만 아니라 실천과 정책개발을 돕는다.

이러한 특성으로 인해 체계적 연구합성의 결과는 문제를 해결하는 방법에 관한 하나 이상의 가설이나 '가능성 있는 의견(promising hunches)' 형태로 제시된다(Rothman et al., 1994).

2. 체계적 연구합성의 절차

체계적 연구합성의 절차는 다음과 같다. 1단계에서 4단계까지는 메타분석의 절차와 동일하다(Rothman et al., 1994).

1) 문제 및 목표의 정의

일반적으로 문제와 목표는 초기에 설정된다. 문제와 목표는 동전의 양면과 같아서 서로 깊은 관련성을 가지고 있다.

2) 문제/목표와 관련이 있는 일반지식영역 명확화

문제/목표와 관련이 있는 일반적 지식의 영역을 찾아서 정리한다.

3) 구체적인 정보원 확인

정보는 다양한 형태와 방법으로 기록되고 저장되어 있다. SRS에서 활용할 수 있는 대표적인 정보원을 살펴보면 다음과 같다.

(1) 컴퓨터 데이터베이스

컴퓨터 데이터베이스는 방대한 양의 자료를 신속하고 편리하게 검색할 수 있는 효율적인 정보원이다. 예를 들어, DDOD(Digital Dissertation On Demand)는 전 학문 분야에 걸쳐 북미 상위 50위 대학의 박사학위논문의 원문을 제공하는 데이터베이스이다. 또한 미국 교육정보시스템인 ERIC은 대표적인 컴퓨터 데이터베이스로 1966년부터 750여개 교육학 관련 저널과 수천 개의 교육 관련 보고서를 제공한다.

(2) 간행물

컴퓨터 데이터베이스는 최근 발표된 자료는 누락할 수 있다. Psychological Astracts, Sociological Abstracts, Social Science Citation Index, Social Sciences and Humanities Index 등과 각 분야의 연차 보고서 등을 활용할 수 있다.

(3) 미간행 자료

미간행 자료는 학위논문, 학회 발표 자료, 정부 보고서, 교신자료 등을 포함한다. 간행물에는 긍정적인 결과만 게재될 수 있다는 문제점이 있는 반면(Cooper, 1984), 미간행 자료는 이러한 간행물의 단점을 보완할 수 있다. 그러나 미간행 자료는 엄격한 과학적 방법론이 결여될 수 있다는 단점이 있다.

4) 검색을 위한 적절한 주제어 결정

주제어는 지식의 창고에 들어가기 위한 일종의 쇼핑 목록표와 같다. 동일한 개념이 학문분야에 따라서 다른 용어로 표현될 수 있기 때문에 다양한 주제어를 활용해야 한다.

5) 범주화, 사정, 정보 관리를 위한 절차 구성

주제어 검색을 통해 수집한 원자료를 체계적으로 정리하는 과정으로, 다음과 같은 핵심 영역으로 분류하여 정리한다.

① 기본 정보 : 연구 및 문서 제목, 저자, 출처, 주제 등
② 연구 방법의 특성 : 변수, 연구방법, 측정도구 등

③ 초록이나 요약 : 이론적 접근 및 개념틀, 문제의 맥락, 가설, 방법, 결과 등

④ 합성을 위한 하위범주 : 변수 또는 주제어

⑤ 정보의 질과 적절성 : 연구 방법, 제한점, 다른 연구와의 관련성, 프로젝트 목적의 활용성 등에 대한 평가

6) 결과에 대한 합의와 개입 지침을 개발하기 위한 절차 구성

연구 결과를 합성하는 과정에서는 체계적이고 창의적인 측면 모두가 필요하며, 결과를 합성하는 방법으로는 질적 연구에서 사용하는 기법들을 사용한다. 예를 들어, 범주화, 변수 분류, 요인화, 중재 변수 확인, 변수 간의 관계 메모, 증거를 논리적으로 연결하는 자료 분석 전략 등이 활용될 수 있다.

3. 체계적 연구합성을 활용한 논문의 예시

1) 예시 1 : 노인에 대한 사례관리 개입에 대한 연구[1)]

Rothman 등(1994)이 수행한 체계적 연구합성 논문을 위에서 기술한 절차에 따라 분석·기술하였다.

(1) 문제 및 목표의 정의

① 실천문제: 내담자들이 지정된 기관의 서비스를 이용하는 것을 주저함

② 문헌문제: 사례관리에 대한 경험기반 개입원칙들의 결여

1) Rothman et al., 1994. "Systematic Research Synthesis-Conceptual Integration Methods." *Intervention Research*, pp. 142-154.

③ 실천목표: 서비스 활용정도를 높이기 위한 내담자 자극방법의 개발

④ SRS목표: 문헌 검토를 통해 관련 연구들을 찾아내고 이에 근거하여 개입모델을 구성

(2) 문제/목표와 관련이 있는 일반지식영역 명확화

① 목표: 노인 내담자의 의존성을 감소시키기 위한 개입 개발

② 일반 지식 영역: 의학, 노년학, 심리학, 사회복지학, 간호학, 재활학, 기타 학문들

③ 사례관리에 관한 정보원 영역: 심리학, 사회학, 사회복지학, 보건학, 정신보건학 등

(3) 구체적인 정보원 확인

① PsychLit(심리학, 1967년부터)

② Mental Health Abstracts(1969년부터)

③ Social Work Research and Abstracts(1977년부터)

④ Sociofile(사회학 및 관련 정보, 1963년부터)

⑤ Medline(공중보건, 간호, 정신의학) (최근 3년 동안의 자료만 사용)

(4) 검색을 위한 적절한 주제어 결정

자료 검색을 위해 사용된 주제어들은 다음과 같다.

옹호, 탄력성, 다학제간 팀, 사례회의, 지속적 보호, 심리사회적, 사례조정, 보호의 연속성, 재활, 사례관리, 탈시설화, 의뢰, 사례계획, 노숙, 자원통합, 연결, 학제간 팀, 자원 동원, 만성 정신장애, 기관 간 관계, 서비스 조정, 내담자 옹호, 조직 간 분석, 서비스 통합, 지역사회중심 보호, 조직 간 관계, 사회적 지지, 지역사회 지지

(5) 범주화, 사정, 정보 관리를 위한 절차 구성

원자료를 체계적으로 정리하기 위한 코드 목록은 다음과 같다.

① 일반적 영역

표적 집단, 지역사회 환경, 사례관리 모델, 조직간 관계, 재정, 사회적 지지(공식 및 비공식), 인력, 훈련 및 수퍼비전, 서비스 계획, 정보 체계, 법적 이슈와 내담자 권리, 조직 평가, 사례관리 의의, 기타 변수들

② 사례관리 개입 과정

내담자 인적사항 및 아웃리치, 인테이크, 사정 또는 진단, 목적, 자원 목록, 지역사회 기관 간의 일반적 합의사항, 서비스 계획, 필요한 서비스와 내담자 연결, 서비스 전달체계 점검, 재사정, 옹호, 평가(개인 수준), 관계 점검, 개입 과정에 대한 논의, 기타 개입 과정

(6) 결과에 대한 합의와 개입 지침을 개발하기 위한 절차 구성

① 코드 목록에 따라서 사례관리 연구에 포함된 모든 논문들을 체계적으로 범주화하고 분석하였다.

② 서로 다른 영역에서 상이한 분야를 연구하는 여러 연구자들의 연구 결과에 대한 합의를 공식화함으로써 일반화가 이루어졌다. 일반화는 사례관리에서의 사례관리자와 내담자의 역할, 내담자와 비공식적 원조 네트워크 연계, 사례관리 인력 개발 및 훈련, 사례관리 서비스 평가 등의 범주에 따라 구분되어 진행되었다.

③ 일반화를 근거로 하여 각 범주별 행동 지침(정책, 프로그램 또는 실천적 합의)을 구성하였다.

2) 예시 2 : 위탁아동에 대한 치료적 개입[2)]

Craven과 Lee(2006)가 위탁아동을 위한 치료적 개입에 관한 연구들에

---

2) Craven R. A. and R. E. Lee, 2006, "Therapeutic Interventions for Foster Children: A Systematic Research Synthesis." *Research on Social Work Practice*, 16(3), pp. 287-304.

대해 수행한 체계적 연구합성을 앞에서 기술한 절차에 따라 분석·기술하였다.

(1) 문제 및 목표의 정의

① 실천문제: 위탁보호 아동의 약 30%가 심각한 정서, 행동 또는 발달상의 문제를 갖고 있음

② SRS목표: 위탁 아동을 위한 치료적 개입들을 확인하고 분류하여 효과적인 위탁 아동 개입을 개발하기 위한 근거자료 제시

(2) 문제/목표와 관련이 있는 일반지식영역 명확화

① 일반 지식 영역: 심리학, 사회학, 사회복지학, 교육학, 의학

② 위탁 아동에 대한 치료적 개입에 관한 영역: 위탁 아동에게 특별히 사용된 개입, 위탁 아동에게 활용이 가능한 것으로 언급된 개입, 많은 위험요인을 가진 표적 아동에 대한 개입

(3) 구체적인 정보원 확인

First Search, PsychLit, Lexus-Nexus, ERIC, Medline와 같은 컴퓨터 데이터베이스를 사용하여 1994년부터 2004년까지 발표된 문헌을 조사하였다.

(4) 검색을 위한 적절한 주제어 결정

위탁 보호, 위탁 아동, 위탁 가정, 아동, 가족, 대리 가족, 가정 외 위탁, 상담, 치료, 가족치료, 개입, 애착, 정신적 외상, 정서 및 행동 장애, 노숙

(5) 범주화, 사정, 정보 관리를 위한 절차 구성

① 검색 결과, 총 18개의 연구를 다음과 같은 2개의 범주로 구분하였다.

- 범주 1: 위탁 아동에게 나타난 문제 행동의 치료에 초점을 둔 개입
- 범주 2: 문제 행동의 예방에 초점을 둔 개입

② 각 범주를 다음과 같은 코드 목록에 따라서 코딩을 실시하였고, 코딩

결과는 각 범주 별로 표를 만들어 정리하였다. 범주 1에 대한 코딩 결과는 〈표 12-1〉과 같다.

〈표 12-1〉 문제 행동의 치료에 초점을 둔 개입에 관한 연구들의 특성

저자 및 발표연도	문헌검토여부, 이론 또는 모델	표본크기, 나이, 성별	설계, 표집방법	측정도구, 자료분석, 효과크기	치료의 초점	충실한 치료를 위한 절차	결과, 사후관리
Becker-Weidman (2004)	검토함/애착이론	n=113 나이 10-17 남/여	무작위할당 미실시 / 1개 집단	반응성애착장애검사, 아동행동체크리스트/t-검정/효과크기 제시 안함	정서적 동조,PLACE(쾌활함,사랑,수용,호기심,감정이입),인지적 재구조화,싸이코드라마 재연	제시안함	반응성애착장애검사:t=12.822(p<.0001),아동행동체크리스트:t-검증:4.897-10.57(p<.0001-.006)/사후관리없음
Whitemore, Ford, and Sack (2003)	검토함/가족보존	n=129 나이2-6 남/여	무작위할당 미실시 / 1개 집단	교사평가양식, 아동행동체크리스트,피바디그림어휘력검사,표현어휘력검사/ MANOVA, 빈도분석, 그래프/ 효과크기 제시안함	특수교육,집중사례관리,학업 및 발달 기술개발,개별 및 가족치료,대리보호	대리보호서비스를 제공받는 아동에 대한 광범위한 스크리닝	교사평가양식:F(9,113)=7.031(p<.01),아동행동체크리스트:F=10.746(p<.001),베텔발달검사:F=25.64(p<.01),피바디그림어휘력검사:t(59)=5.66(p<.001),표현어휘력검사:t(84)=11.725(p<.001)/사후관리:인테이크, 종결,4년간

(6) 결과에 대한 합의와 개입 지침을 개발하기 위한 절차 구성

① 각 범주 별로 코드 목록에 따라서 18개의 논문을 체계적으로 범주화하고 분석하였다.

② 치료 등급 기준(Treatment Classification Criteria) (Saunders, et al., 2004)에 따라서 치료의 효과성을 6가지 등급으로 분류하였다.

③ 각 범주별 코딩과 개입 등급 기준에 따른 코딩을 근거로 하여 연구의 함의를 제시하였다.

제 4 부

개입연구 실례

제 13 장

실례 1: 정신보건센터의 사회복지 실습과제 개발 연구-개입연구 방법을 적용한 사례관리 프로그램 개발[1)]

본 개입연구 논문은 우리나라 학회지에 소개된 것으로 개입연구 전체 과정 중 분석 및 기획 단계부터 현장실험 및 초기개발까지 다루고 있다.[2)]

1. 분석 및 기획

(1) 문제분석

① 준전문가 활용 사례관리 모델의 필요성

사례관리서비스는 내담자의 입원 예방, 삶의 질 향상, 기능향상 및 정신보건비용의 감소에 영향을 미치는 것으로 보고되고 있다(Franklin et al.,

---

1) 본 사례는 서진환(성공회대 교수)이 『사회복지연구』에 발표한 논문을 저자의 허락 하에 요약 발췌한 것임.
서진환. 2004. "정신보건센터의 사회복지 실습과제 개발 연구: 개입연구 방법을 적용한 사례관리 프로그램 개발". 『사회복지연구』, 24: 93-124.

2) 13장과 14장에서 다루고 있는 개입연구의 실례들은 국내에서 발표된 이 분야의 대표적 논문들로서, 개입연구의 전 과정이 아닌 현장실험 및 초기개발 단계까지만을 다루고 있다. 아직까지 국내에서 발표된 논문들 중에는 보급까지의 전 과정을 한 논문 안에서 다루고 있는 경우는 없다. 외국에는 개입연구 전 과정을 다루고 있는 여러 논문들이 있으나 저작권 문제 등이 있어 여기서는 실례로 제시하지 못하였다. 13장과 14장에서 제시된 참고문헌들은 저서의 맨 마지막에 있는 참고문헌 목록에 포함되지 않았다.

1987; Harris and Bergman, 1986; Jinnett et al., 2001; Musser et al., 1998; Patterson and Lee, 1998; Solomon, 1992). 어떠한 사례관리 유형이 얼마나 효과적인가에 대해서는 아직 충분한 합의가 도출되고 있지 못하지만(Burns et al., 1999; Rothman, 1991; Rubin, 1992), 효과적인 사례관리를 위해서는......전문가 1인당 내담자 10-35명 정도가 적절하다고 일관되게 강조되고 있다(Schmidt-Posner et al., 1998).

국내 정신보건분야의 사례관리서비스 적용을 문헌상에서 찾아보면 아직 다양한 모델의 적용이 시도되었거나 엄격한 실험설계를 통한 효과성 입증이 이루어지지 않은 상태이다. 전문가 1인당 평균 사례관리 대상자가 60명에 이르는 곳도 있어 사례관리 본래의 목적달성을 위한 기본적인 구조체계가 미흡한 것으로 보인다.

이러한 상황에서 전문인력의 수급이 가장 우선적인 개선전략이 될 수 있겠으나 대안모델의 적용가능성을 탐색해 볼 수도 있다. 최근의 사례관리 성과고찰 연구들에 의하면, 고도로 훈련된 경험 많은 전문가가 수행하는 임상모델이 일반적인 사례관리 모델보다 반드시 더 효과적인 것은 아니라는 주장이 제기되고 있다(Burns et al., 1999). 또한 모든 환자가 전문가 모델을 필요로 하는 것은 아니라는 주장이 제기되기도 하며(Hemming and Yellolees, 1997), 자원봉자사나 가족, 동료회원, 사회복지학과 학생들을 훈련을 통해 사례관리자로 활용하는 모델의 장단점이 논의 혹은 실행되고 있다(Billing, 1989; Rapp and Chamberlain, 1985). 같은 센터 내에서 전문가와 준/비전문가를 함께 활용하는 방안 역시 고려될 수 있다.

② 전문가 양성을 위한 사회복지실습 과제개발의 필요성

실습교육 변화를 위한 노력의 일환으로 학습경험을 극대화할 수 있는 실습과제의 제시 및 평가가 중요한 실습교육의 과제가 되고 있다. 그러나 실습과제의 대부분은 집단프로그램의 수행 및 수행보조에 치중하고 개인을 서비스 단위로 하는 업무수행 경험의 기회는 제한적으로 주어지고 있다. 사례관리를 통해 광범위한 사회복지실천 기술의 요소들을 습득할 수 있으며, 특히 자원을 활용하는 업무수행과 관련하여 국내 정신보건서비스 관련 기관과 사회적 자원에 대해 배울 수 있는 복합적인 학습과제는 실습교육의 목표달성에 매우 효과적일 수 있다.

(2) 개입연구의 목적

만성정신장애인의 일상생활 욕구해결과 정신보건센터 내 사회복지 실습생의 사회복지실천기술 습득을 돕기 위한 사례관리모델을 개발하는데 있다. 이를 위해 사례관리 서비스의 모든 절차와 전략의 구체적 사항들을 포함하는 사례관리 매뉴얼을 작성하고, 매뉴얼에 따라 시행된 사례의 성과를 내담자, 학생, 수퍼바이저의 측면에서 관찰, 수집하여 수정, 개발한다.

(3) 관련기관과의 협력체계 구축

2003년 1학기 정신보건센터에서 주 3회 심화실습을 하고 있는 사회복지학과 4학년 학생 3명에게 본 연구자가 추진하고 있는 사례관리 모델의 개요를 설명한 후 참여신청을 받았다. 또한 각 학생들이 실습하고 있는 기관의 실무자(수퍼바이저)와 1,2차(프로그램 취지와 개요를 전달하면서 참여의사를 타진하고 기관방문을 통해 참여의사 확인) 접촉을 통해 계약을 체결하였다. 참여의사를 밝힌 기관의 실무자들은 연구자가 추진하고자 하는 사례관리 모델의 필요성에 동의하였으며 연구자는 프로그램 개발 및 사례관리자 교육과 훈련을 제공하고 기관에서는 내담자 선정 및 배정과 과제수행에 대한 수퍼비전을 제공하는 것으로 역할 분담을 하였다.

실무자들은 현재 해당기관에서 이루어지고 있는 사례관리 서비스의 상황과 사용되고 있는 문서양식을 연구자에게 공개해 주었고, 특히 연구자가 기획하고 있는 서비스로부터 혜택을 받을 수 있는 내담자의 일상생활 욕구의 실제 예들을 알려주었다. 이러한 과정으로부터 만성정신장애인의 지역사회 생활에서 어떠한 유형의 사례관리 서비스가 필요한가에 대한 정보를 추가적으로 얻을 수 있었다.

개발하고자 하는 프로그램의 매뉴얼이 향후 실습교육의 교재로 사용될 수 있으며 해당기관의 내담자들에게도 실질적인 도움이 될 것이라는 기대가 기관의 연구 참여와 협력에 기여한 것으로 보인다.

2. 정보수집과 통합

기존문헌을 통해 정보를 수집, 분석, 종합하고 실천세팅으로부터 성공사례를 수집하여 기능적 요소들을 파악함으로써 다음 단계인 '디자인'의 토대로 삼았다. 사례관리 교재와 성과연구 및 메타분석 연구들을 고찰하고 만성정신장애인 대상 사례관리 모델의 유형과 프로그램 요소들을 살펴보았다.[3)]

① 사례관리 모델의 유형

이상의 연구결과를 통해 볼 때, 높은 수준의 훈련과 경험을 갖춘 전문가의 수가 적고, 전문가 일인당 사례수가 많으며, 연계할 지역사회 자원이 많지 않고, 환자와 가족의 사례관리에 대한 인식이 높지 않은 우리 실정에서는 한 기관 내에서 모든 대상에게 단일 유형의 모델을 제공하기 보다는 사례특성별로 전문가/비전문가 배치를 적절히 혼합하고 특히 비전문가 모델의 활용방안을 적극적으로 모색할 필요가 있다는 시사점을 얻을 수 있다.

② 사례관리 서비스의 단계별 사회복지실천 기술의 적용

연구자는 관여, 사정, 목표설정 및 계획, 수행과 조정, 점검과 재사정, 평가와 종결 단계에 따라 여러 학자들이 제시하는 과업들을 검토하였다.

③ 성공적인 사례관리를 위한 프로그램 요소

아직까지 사례관리 서비스가 정신장애인에게 어떻게 도움이 되며, 얼마

3) 정보수집과 통합에서는 연구자가 살펴본 내용들의 제목과 결론만 제시하였다. 내용이 많은 지면을 요구해 여기서 모두 다 제시하지는 못하지만 이 내용들을 기반으로 디자인이 이루진다는 점에서 전체 논문을 참조하면 도움이 된다.

나 효과적이며, 성공적인 결과에 도움이 되는 특별한 기제나 서비스 요소가 있는가에 관한 이해는 충분히 공유되지 못하고 있지만(Draine, 1997) 최근 일부 문헌들은 사례관리의 핵심적인 서비스 요소에 대한 의미 있는 연구결과들을 제시하고 있는데 다음과 같다.

- 내담자 자기결정권의 존중 : 내담자의 의사결정과정 참여 및 내담자 욕구별 맞춤서비스의 중요성 강조
- 직접 서비스의 제공 : 내담자가 지역사회 생활문제를 다루고 인간관계 갈등에서 겪는 어려움을 해결하는데 도움을 주는 직접적 지지 서비스가 중요하며, 전문가가 부족한 우리 현실에서는 비전문가가 직접 서비스의 일부를 담당하는 방안 고려 필요
- 내담자-사례관리자 관계 : 사례관리자는 내담자가 과업을 스스로 처리할 수 있도록 함께 있어 주면서 지지를 제공
- 사례관리자의 전문성 정도와 훈련 : 다양한 사람들을 사례관리자로 활용 가능. 하지만 수퍼비전이나 훈련 및 기법 원조 필요
- 접근성 향상을 위한 서비스 장소와 시간 : 내담자를 생활장면에서 만나게 되면 서비스 접근성이 증가하고 중도탈락이 최소화되며 내담자 관여가 향상됨. 주 1회의 정기적인 만남 이외에도 내담자의 욕구가 있을 때마다 반응할 경우 접근성이 향상
- 비공식적 자원의 활용 : 가족, 자원봉사자, 이웃, 대학생, 스포츠단 등의 비공식적이며 자연적인 지역사회 자원을 활용할 경우 입원율 감소와 내담자 생활영역의 목표 달성에 효과적

3. 디자인

(1) 디자인 목표 설정

만성정신장애인의 일상욕구 해결과 사회복지 실습생의 실천기술 향상을

위해 사례관리 개입절차와 실천지침을 개발한다.

(2) 디자인 영역 설정

제한된 실습시간을 비롯한 실습교육의 구조와 정신보건서비스 전달체계 환경 등은 고정영역의 요소들이다. 사례관리의 구체적 원조전략을 포함한 사례관리 프로그램의 내용이 디자인 영역이다.

(3) 디자인 조건 설정

짧은 실습기간 동안 경험이 부족한 실습생이 제공하는 사례관리 모델을 개발해야 하므로 다음의 디자인 조건을 설정하였다.

- 실습생이 해당기간 동안 사례관리 전 과정을 경험할 수 있어야 한다.
- 사례관리 서비스의 진행과 결과를 통해서 내담자와 실습생이 성취감을 경험할 수 있어야 한다.
- 제한된 실습기간과 훈련과정을 고려하여 사회복지 학부 실습생의 지식과 실천기술 범위 내에서 서비스가 제공될 수 있도록 해야 한다.

(4) 디자인 문제 설정

- 사회복지학부 실습생과 같은 준전문가가 제공할 수 있는 사례관리 서비스 모델을 무엇인가?
- 실습기간과 같이 단기간 내에 성취될 수 있는 목표를 어떻게 설정하는가?
- 실습을 통한 학습목표의 달성과 내담자 문제해결의 성과를 보여주기 위해서 어떤 실천기술 훈련이 필요한가?
- 기관의 상주실무자가 아닌 실습생을 사례관리자로 활용하는 경우, 사례관리의 연속성 문제와 서비스의 포괄성을 어떻게 해결할 것인가? 기관 내외에서 실습생에게 주어진 권위의 제한성을 고려할 때 이를 넘어서는 옹호작업이 필요한 경우는 어떻게 할 것인가?
- 내담자의 목표달성과 실습생의 실천기술 향상을 어떻게 평가할 것

인가?

(5) 정보의 유형과 출처

본 연구는 '정보수집과 통합' 단계에서 습득한 성공적인 사례관리 프로그램 요소를 최대한 반영할 수 있으며 상기한 디자인 문제에 대한 해결안으로 생각되는 강점관점과 과업중심실천모델을 선정하였다. 특히, 강점관점은 실습모델의 하나로 개발, 활용되어온 사례관리 모델이 있으므로, 이에 과업중심 실천모델의 개입요소들을 첨가하고 실습교육의 상황 및 정신보건서비스 환경을 포함하는 국내 실정에 적합한 형태로 변형하였다. 따라서 본 연구의 디자인 작업은 기본적인 해결안은 존재하나 해당문제 해결을 위해서 변형이 필요할 때 활용하는 수정(adaptation)수준에 해당한다고 하겠다.

(6) 정보의 일반화 및 실천지침 도출

본 프로그램은 강점 및 자기결정권 존중을 기반으로 한다. 또한 단기과업중심모델을 적용한 개입절차와 방법을 사용하였고 내담자와 함께 머물러 주고 함께 행동해 주는 동반자 관계를 실천관계의 핵심으로 하고 있다. 이를 반영하기 위한 개입전략은 다음과 같다.

① 내담자 능력강화의 구현: 강점모델 적용 및 자기결정권 존중

(내담자의 문제나 욕구 결핍보다는 내담자의 능력과 잠재력을 사정, 내담자의 자원망 구축 시도, 사례관리자-내담자 상호작용에서 내담자가 주도권과 책임감을 발휘하도록 사정도구, 목표설정 도구를 가능한 내담자 스스로 작성하도록 함.)

② 과업중심모델의 적용

본 연구에서 개발한 모델은 과업중심접근전략을 사례관리 진행과정에 적용한 것임.

③ 사례관리자의 훈련과 서비스 구조

이 사례관리 모델은 브로커 모델에서 더 나아가 내담자 역량강화를 목적으로 강점을 강조하고 지지를 제공하여 단기과제를 성취는 강점관점 준전문가 모델을 따르고 있다. 따라서 매 회기 내담자를 만나기 전에 매뉴얼을 통한 진행단계별 과업을 숙지하고 동료와의 면접연습과 전문가의 수퍼비전을 통한 지도를 포함하는 강도 높은 훈련이 필수적이다.

실습생이 사례관리서비스를 제공하게 될 때 발생하는 서비스 연속성 유지 문제를 해결하기 위해 Reid and Epstein(1977)의 '연속적 계약'을 시도하였다. 연속적 계약이란 과업별로 표적문제, 목표, 과업, 기간 등을 포함한 계약을 새로이 체결하는 것으로 이미 만선정신분열증 환자들에게 매우 효과적인 접근으로 보고되고 있다. 본 연구에 이를 적용하여 기관 내 상근실무자인 실습생의 수퍼바이저가 총괄적이며 지속적인 사례관리자가 되어 내담자와 지속적인 관계를 유지하는 가운데 실습생이 구체적인 개별 과업별 사례관리자 역할을 맡아 계약을 체결하여 수행한 후 종결한다. 필요한 경우 다음 학기의 실습생이 또 다른 표적문제를 목표로 계약을 체결함으로써 한 내담자와 과업중심적 모델을 몇 차례에 걸쳐 실시하도록 고안하였다.

(7) 구체적 실천지침과 단계별 작업(절차화)

① 구체적 실천 지침

- 학부생의 실습기간과 시간을 고려하여 8주 정도 동안 사례관리 서비스 전 과정을 경험할 수 있도록 한 명의 사례에 2-3개의 단기목표를 설정한다.
- 내담자와 실습생이 성취감을 경험할 수 있도록 단기간에 실현가능하며 관찰과 측정이 가능한 목표설정이 이루어질 수 있도록 한다.
- 학부 실습생의 실천기술 정도와 기관 수퍼비전의 양과 내용은 개인마다 차이가 있으나 실습생 스스로 가이드라인을 참고로 진행하고 간단한

수퍼비전만으로도 서비스가 가능할 수 있도록 구체적인 절차와 상세한 면접방법이 제시된 지침서를 제시한다. 지침서에는 각 단계별 개입의 목적과 주요과제 및 준비사항, 진행과정에 대한 설명과 구체적인 질문의 예시, 예상되는 내담자의 질문이나 반응과 이에 대한 답변의 예시, 주의사항, 진행절차상 요구되는 서류 견본(예, 계약서), 표준화된 도구(예, 욕구목록, 사정기록표, 목표실행계획서 등) 및 이의 사용방법을 제시한다. 이와 함께 학교에서 면접훈련과 사례진행 보고 및 이에 대한 수퍼비전을 제공하는 세미나도 실시한다.

② 사례관리 단계별 작업과 진행도구

(관여, 강점사정, 목표설정/계획, 자원획득과 연결, 계획의 점검, 종결과 평가 단계 별로 주요작업과 진행보조도구 제시)

③ 평가체계의 고안

구조화된 평가도구를 활용하여 내담자(서비스 측면의 평가)와 실습생(실습교육 측면의 평가) 각각에 대한 프로그램 목표의 달성정도를 평가하고 모든 개입참여자(내담자, 사례관리자, 기관 수퍼바이저)와의 인터뷰와 구조화된 설문을 사용하여 결과에 대한 분석을 하였다.

4. 현장실험 및 초기개발

(1) 현장실험 실행

- 장소: 2003년 1학기 서울과 부천의 지역정신보건센터 2곳
- 수행 인력: 선정된 장소에서 사회복지 실습을 수행하고 있는 학생 3명

기관에서는 프로그램을 통해 혜택이 클 것으로 판단되는 3명의 기관 이

용자를 서비스 수혜 대상으로 선정하여 실습생에게 각각 한명씩 배정
- 기간: 4-6월까지 약 8주 동안
- 만성정신장애인에게 사례관리 서비스 제공

단계별로 서비스를 제공하되 매 단계별로 내담자와 만나기 전 실습세미나를 통해 시행 전 교육을 받고 미리 제공된 매뉴얼을 숙지하고 내담자를 만나도록 했으며 회기 후에는 사례진행에 대한 보고와 제기된 이슈와 어려움에 대한 수퍼비전을 제공하였다.

(2) 연구 설계 및 자료수집방법

평가는 내담자와 실습생 개인의 변화와 반응에 대한 고찰을 통해 이루어졌다.
- 회기별로 실습생이 작성한 과정기록(면담 축어록) 분석
- 미리 개발된 도구를 사용하여 사전 및 사후에 측정

(3) 현장실험 실행 평가 결과

(평가 결과보다는 어떤 도구들을 사용하여 어떤 내용을 측정하였는가에 초점을 맞추어 기술함)

① 개입과정에 대한 참여자들의 견해

㉠ 내담자의 서비스 만족도 : CQS-8 사용

㉡ 내담자-사례관리자 관계에 대한 내담자 평가 : 상담관계질문지 85문항 중 사례관리관계와 관련된 내용 14문항을 선택하여 사용

㉢ 실습프로그램에 대한 사례관리자(실습생)의 반응 - 사례관리 과제에 대한 평가 및 개선을 위한 제언
- 본 프로그램 참여를 통해 배운 것 중 가장 중요한 것은 무엇인가?
- 지침서가 과제수행에 도움이 되었는가? 어떻게?
- 프로그램 수행시 가장 어려운 부분은 무엇이었는가?
- 본 프로그램이 자신의 실천기술향상에 도움이 되었는가? 어떻게?

- 프로그램의 개선점은 무엇인가?

㉣ 프로그램에 대한 수퍼바이저의 반응

- 이 프로그램이 내담자에게 도움이 되었는가? 어떤 점이 도움이 되었는가?
- 실습생의 사례관리 서비스가 수퍼바이저의 기대를 어느 정도나 충족시켰는가?
- 이번 사례와 비슷한 상황의 내담자를 다음에 다시 이 프로그램에 의뢰하겠는가?

② 개입목표 달성 정도 평가

㉠ 내담자 목표달성척도에 대한 사례별 결과

㉡ 주관적 삶의 척도의 사례별 결과

㉢ 사례관리자의 기술숙련 정도

(4) 초기개발

① 강점관점 및 자기결정권 개념의 구현을 위한 실천전략의 강화

본 연구에 참여한 실습생의 과정기록을 분석한 결과, 이들은 내담자의 강점 찾기에 익숙하지 않고 오히려 개인적 성격문제나 병리에 초점을 두고 이를 표적문제로 삼거나 내담자의 욕구보다는 자신의 의도를 실현하기 위해 과제 진행에 주도권을 행사하면서 내담자의 생활영역에 과도하게 개입하려는 경향을 보이는 등 강점관점과 자기결정권 존중이라는 개념을 실무에서 구현하는데 어려움을 겪고 있는 것으로 나타났는데...이러한 문제는 사례관리자의 개인적 특성이라기보다는 훈련이나 경험 부족의 결과로 인식되어 다음과 같은 전략을 첨가하였다.

우선, 사정단계에서 '강점관점 채택하기' 항목을 첨가하고 지침서에는 강점관점과 병리관점의 사례를 제시하여 비교하도록 하였다. 내담자와의 면접에 대한 과정기록과 일지 작성시 자신의 사례관리 활동이나 상호작용에서 강점관점 및 내담자 자기결정권 존중개념과 일치하는 부분을 찾아내어 *표를 하도록 함으로써 과정의 구체적 실천을 촉진하고자 하였다. 수퍼비전 과정에서도 강점과점의 실천을 잘한 부분(실습생의 강점)을 실습생 스스로 찾아내도록 함으로써 강점관점의 구현을 직접 체험하도로 하였다. 또한 과제 수행에 대한 실습생 평가항목에서도 강점관점의 실천여부를 기입하도록 하였다.

② 목표설정 방법의 구체화

내담자가 목표로 내어놓은 장기적이고 추상적인 목표를 단기의 구체적 목표로 전화하는 작업에서 실습생들이 가장 큰 어려움을 보였다. 따라서 성취정도를 측정할 수 있는 목표 진술방법을 반복훈련하고, 지침서에는 기술이 숙달되기 전까지는 모방을 통한 경험이라도 쌓을 수 있도록 목표 설정이 잘된 사례를 제시하였으며 목표설정 작업을 도와줄 수 있는 목표설정 도구를 사용함으로써 빈칸을 채우면서 자연스럽게 단기목표를 설정해 갈 수 있도록 하였다.

③ 평가도구의 수정

- 내담자 목표달성척도의 수행방법 수정: 자가평가도구인 목표달성척도를 내담자 단독으로 작성하지 않고 사례관리자가 함께 참여하도록 하였다.
- 주관적 삶의 질 척도 제외: 본 프로그램과 같은 단기간의 서비스나 작은 생활상의 변화를 통해 변화되기 어려운 특성을 가진 것으로 판단되어 개입의 성과지표에서 제외하기로 하였다.
- 사례관리자 기술숙련 정도의 평가방법 수정: 본 연구에서 사용했던 평가도구는 사후에 하향평가의 경향을 초래하기 때문에 기술의 향상정도를 정확히 반영하기 어려운 것으로 판단되어 이를 개선하기 위해서 평가의 근거를 제시할 수 있는 객관적인 척도를 도입해야 할 필요성이 대두되었다. 또한 본 연구에서 활용한 강점관점 모델의 특징에 대한 사례관리자의 인식 및 이의 구현이 내담자 목표성취에 중요한 역할을 하는 것으로 나타나 사례관리자의 강점관점 구현기술의 향상정도에 대한 평가를 포함시키는 것이 필요한 것으로 판단되었다.

- 기타 프로그램 진행절차의 수정: 사례관리 프로그램의 실시와 관련한 계약 때문에 기관과 학교가 사전준비의 많은 시간을 소요하게 되어 실제 서비스 기간이 8주 내외로 줄게 되므로 서비스 기간을 늘리기 위해 실습시작 전에 계약을 진행하기로 하였다

제 14 장

실례 2 : 사회복지전공 학부생 실습지도 모델 개발에 관한 연구[1)]

본 개입연구 논문은 박사학위논문으로 개입연구 전체 과정 중 분석 및 기획 단계부터 현장실험 및 초기개발까지는 실제로 진행하였고, 평가 및 후기개발과 보급 및 사후관리 단계는 계획을 제시하였다.

1. 분석 및 기획

(1) 문제분석

① 사회복지 실습지도의 중요성

실습교육은 오늘에 이르기까지 대학의 사회복지 및 사회사업 교육에 지속적으로 포함되어 왔다. 학교와 실천 현장에서 이루어지고 있는 실습교육의 실태에 대해서 전국적으로 조사한 결과들은 그리 많은 편은 아니다. 한 연구결과에 의하면 한국사회복지대학협의회(이하 협의회라 한다) 회원교인 전국의 45개 대학들은 복지관, 병원, 일선 행정 기관 등 약 380개소의 복지 기관 또는 관련 기관에서 실습교육을 시키고 있는 것으로 나타났다

1) 본 사례는 이시연. 2001. "사회복지전공 학부생 실습지도 모델 개발에 관한 연구". 서울여자대학교 사회사업학과 박사학위논문. pp. 153-168.에서 발췌한 것임.

(한국사회복지대학협의회, 1995). 이들 대학들은 협의회의 교과목 지침에 따라서 구조적인 측면에 있어서는 대부분 비슷한 유형의 실습교육을 실시하고 있다. 그러나 실습교육의 내용에 있어서는 학교에서 공통적으로 다루어져야 할 부분을 명확히 정의하지 않고 있다. 따라서 실천 현장에서 실습생에게 기본적으로 가르쳐야 할 핵심 내용 및 기술과 그리고 이를 전달하는데 필요한 방법과 기법 즉, 실습지도의 과정 및 단계를 운영하는데 적용할 수 있는 기법과 기술에 관한 명확한 모델이 개발되고 있지 못하는 실정이다. 현재 한국의 실습교육 상황에서 학생들이 기본적으로 습득해야 할 실습 내용 및 기술 그리고 실습지도 과정과 절차를 규명하는 것은 효과적인 사회복지 및 사회사업 교육을 위해서 선행되어야 할 매우 중요한 과제이다.

② 사회복지 실습지도 모델의 필요성

실습교육의 중추적인 부분을 담당하고 있는 실천 현장은 예비 사회복지사들인 학생이 전문적인 지식과 경험을 전수하는 장이 된다. 실천 현장은 사회복지와 사회사업의 전문적 발달을 위한 윤리와 책임 의식을 갖고 지역사회 서비스 차원에서 전문 사회복지사를 양성하는 책임을 학교와 공유하게 된다. 그러나 실습 목적과 내용, 절차의 불명확성과 실습지도자의 자질 부족, 학교와 기관과의 관계 결여 등은 실습지도의 문제점으로 지속적으로 지적되고 있다.

그럼에도 불구하고 지금까지의 실습교육에 관한 대부분의 선행연구들을 보면 실습교육의 일반적인 실태 및 구조적인 측면의 문제점들만을 주로 다루고 있다. 즉, 최근의 실습교육의 추세인 일반주의 실천가 양성이라는 목적에 근거하여 기본적으로 다루어야 할 구체적인 핵심 내용 및 기술에 대한 연구와 실습지도의 과정 및 단계의 운영에 대한 연구는 활발히 이루어지지 않고 있다. 실습생들이 기본적으로 학습해야 할 핵심적인 내용 및 기술은 실습교육에 있어서 무엇보다도 중요한 측면이 된다. 이와 아울러 실천 현장의 실습지도자와 학생에게 교수(teaching) 및 학습 목표를 성취하기 위한 구체적인 전략과 단계를 제시하는 것이 학생의 실습 경험에 대한 만족도(Fortune, 1985)와 성공적인 실습 경험(Abramson and Fortune, 1990)에 영향을 미치고 있음을 고려할 때, 실습지도 과정 및 단계의 운영에 대한 세부적인 지침을 제공하는 것은 매우 중요하다. 따라서 우리나라 실습교육의 당면 과제를 해결하기 위해서는 앞서 언급한 실습지도의 핵심적인 내용 및 기술을 규정하는 것과 더불어 실천 현장에서 실습지도의 과정 및 단계를 체계적으로 운영할 수 있도록 상세한 지침을 제시할 필요가 있다.

(2) 개입연구의 목적

사회복지 실천현장에서 실습지도자가 실습지도에 활용할 수 있도록 실습지도의 핵심적인 내용 및 기술을 제시하고, 실습지도 과정 및 단계에 대한 체계적 운영 지침을 제시한 실습지도 모델을 개발한다.

2. 정보수집과 통합

사회사업 및 사회복지 실습교육과 수퍼비전 문헌에 관한 조사를 통하여 국내・외의 실습지도 모델을 찾는 작업을 실시하였다. 우선 학위논문검색(UMI, 1861-2000)을 통해 자료를 찾았고, 학생 실습지도와 수퍼비전 실천에 대해 연구한 학술지의 자료들과 책을 조사하였다. 각종 국내외 도서관과 대형서점을 중심으로 관련 책을 수집하고, 관련 학술지를 상세히 조사하였다. 이와 더불어, 사회사업 및 사회복지 기관, 학회, 협회를 통해서 관련 자료들을 직접 수집하기도 하였다. 이러한 과정을 통해서 우리나라에서 학생 실습지도에 대한 핵심적인 내용 및 기술과 실습지도의 과정 및 단계의 운영방법을 제시하는 실천 모델이 부재함을 확인하였고, 상술한 이론적 기반을 바탕으로 하여 실습지도 모델을 구성하였다.

본 연구에서는 Fortune(1994)과 Caspi(1997)의 모델을 적용하였다. Fortune(1994)은 실습교육 문헌과 실습교육이 이루어지는 실천 현장 및 학교에 대한 경험적인 조사를 바탕으로 일반주의 실천의 관점에서 실습지도의 핵심적인 내용 및 기술에 관한 모델을 제시하였다. 즉, 사회사업 실천에 대한 실무능력 중심으로 학생들이 기본적으로 습득해야 할 핵심적인 내용들을 설명하였다. Caspi(1997)는 임상실천 모델을 실습지도에 적용한 과제중심 실습지도 모델을 개발하였다. 이 모델은 실천 현장에서의 적용가능성이 실제 현장적용(field trials)을 통해서 경험적으로 입증되었다.

3. 디자인

(1) 디자인 목표 설정

사회복지 실천현장에서 실습지도자가 실습생에게 일반적으로 사용할 수 있는 실습지도의 핵심 내용과 단계에 대한 실천지침을 개발하는 것이다.

(2) 디자인 영역 설정

사회복지전공 학부생을 대상으로 사회복지 실천현장에서 방학동안 실시되는 집중식 배치의 실습을 실습지도로 정의하였다. 실습지도의 핵심적인 내용 및 기술에 관한 모델(Fortune, 1994)과 과제중심 실습지도 모델(Caspi, 1997)에 근거한 실습지도 프로그램의 내용이 디자인 영역이다.

(3) 디자인 조건 설정

- 실습지도의 핵심적인 내용 및 기술에 관한 모델(Fortune, 1994)에 근거하여 실습내용을 구성한다.
- 실습내용의 구성은 기관의 특성을 반영하되, 지역사회분석, 기관분석, 문제해결모델 분석을 포함해야 한다.

- 실습 수퍼비전은 과제중심 실습지도 모델(Caspi, 1997)에 근거하여 실시하고, 학습계약 및 과제평가서를 활용한다.

(4) 디자인 문제 설정

- 짧은 실습기간 동안 실습생에게 핵심적인 내용 및 기술을 어떻게 전달할 것인가?
- 실습지도자의 업무량을 고려할 때, 단기간 동안 실습생에게 과제중심 실습지도 모델에 근거한 수퍼비전을 어떻게 제공할 것인가?

4. 현장실험 및 초기개발

(1) 현장실험 실행

① 장소: 종합사회복지관 2곳

② 표본: A종합사회복지관 실습생 10명(여자 8명, 남자 2명), B종합사회복지관 실습생 8명(여자 7명, 남자 1명)

③ 수행 인력: A종합사회복지관 2명(사회복지 실무경력은 각각 9년, 7년이고 실습지도 경력은 각 6년, 4년이며 직위는 모두 과장임), B종합사회복지관의 실습지도자 1명(사회복지 실무경력은 6년이고 실습지도 경력은 4년이며 직위는 과장임)

④ 기간: 4개월

(2) 연구 설계 및 자료수집방법

① 질적자료: 실습지도 회합에 대한 녹음자료, 결정적 사건 기록, 실습지도자 및 실습생에 대한 면접 자료 등

② 양적자료: 출근일지

(3) 현장실험 결과를 바탕으로 초기개발 수정

- 실습지도의 내용 및 기술의 부분에서는 실습의 시기 즉, 초기, 중기, 종결기에 다루어야 할 핵심적인 내용 및 기술을 제시. 초기에는 행정적 측면과 정책적 측면에 대한 교육, 실습생들의 대인관계 기술에 초점. 실습 중기와 종결기에는 클라이언트 체계 개입을 위한 일반적 기술에 중점을 둘 것. 특히 종결기에는 종결에 대한 부분을 다루어야 함
- 학습계약의 내용을 실습지도자가 미리 개발하여 실습생에게 제시할 것
- 실습지도의 과정 및 단계에 있어서 지침서의 첫 부분에 구체적인 운영 방법(실습지도 회합의 횟수, 시간, 실습생 인원 등)을 명시할 것. 이러한 구체적인 수정 사항을 모델의 초기 지침에 반영하고 수정 모델을 구성함(부록 참조할 것)

5. 평가 및 후기개발

본 연구는 개입연구 전체 과정 중 분석 및 기획 단계부터 현장실험 및 초기개발까지 다루었으나 후속 과정으로 평가 및 후기개발 단계를 계획하면 다음과 같다.

(1) 조사 설계 방법

비동일 통제집단 설계

(2) 표본 크기

- 실습기관(종합사회복지관)에 실습을 신청한 학생 40명을 선정한 후, 실험집단과 통제집단에 각 20명의 학생을 배정

(3) 실험 장소

서울시 소재 종합사회복지관 2개소

(4) 실험 기간

1년간 실시(방학중 실습 2회, 학기중 실습 2회)

(5) 조사 도구

실습성과 척도

(6) 신뢰도 확보 방법

- 실습지도 모델에 대한 상세한 지침을 제시한 수정된 개입 프로토콜을 활용하여 실습지도자를 훈련
- 연구자는 모든 실습지도자에게 매주 개별 및 집단 수퍼비전을 실시
- 실습지도자에게 구조화된 과정기록을 하도록 요청하고, 이에 대한 수퍼비전을 제공

6. 보급 및 사후관리

본 연구에서 보급 및 사후관리 단계를 계획하면 다음과 같다.

- 대학의 실습지도교수와 실천 현장의 실습지도자를 대상으로 세미나를 실시한다. 실습지도 모델의 내용을 발표하고 요약 자료를 만들어 대회에 참여한 사람들에게 배포한다. 참여자를 대상으로 주소록을 작성하고, 앞으로 모델 개발에 대해 새로이 수정한 자료는 주소록에 있는 사람들에게 정기적으로 제공한다. 요약 자료를 받은 사람들에게 모델의 후속 실험에 대한 자료를 본 연구자에게 보내주도록 요청한다.

- 연구 결과는 학술지에 게재하고 모델에 대한 설명과 그 적용이 담긴 책을 출판한다.
- 실습지도자들과 사회복지학과 실습지도교수들을 대상으로 워크숍과 훈련을 실시한다.
- 본 모델을 적용한 실습기관 및 실습지도자의 요청이 있을 경우, 수퍼비전 또는 컨설팅을 제공한다.

7. 초기 개발물 제시

이 모델은 사회사업 및 사회복지 전공 학생들이 다양한 사회체계에서 일반적인 실무를 할 수 있는 능력을 개발하기 위해서 실습교육에서 기본적으로 습득해야 하는 핵심적인 내용을 중점적으로 제시한다. 이 모델은 실습기간 동안 실습생에게 교육해야 하는 실습지도의 내용 및 기술과 이를 전달하기 위한 실습지도의 과정 및 단계의 운영 방법으로 구성되어 있다. 이러한 것은 실습생에게 지도해야 하는 최소한의 부분이기 때문에 기관의 특성에 따라서 다른 측면이 추가적으로 실습내용에 포함되어질 수 있다.

실습지도는 실습생 개인별로 주 1회, 1회합에는 30분에서 1시간 이내로 진행하는 것이 바람직하다. 실습지도자 1명이 4명 정도의 실습생을 담당하는 것이 이러한 실습지도 지침을 진행하기에 무리가 없는 것으로 보이나 기관의 특성과 실습지도자의 업무량을 고려하여 조절할 수 있다.

실습생 개인별로 실습지도 회합을 하기에 앞서 이러한 지침서에 대해서 실습생들이 명확히 이해할 수 있도록 강의를 실시한다. 그 이후에는 실습생들에게 이에 대한 의견을 서로 나누게 하고 질문을 받음으로써 실습생들의 이해를 높이도록 한다.

■ 실습지도의 내용 및 기술 ■

실습의 시기별로 볼 때, 초기에는 행정적 측면과 정책적 측면에 대한 교육이 중점적으로 이루어질 것과 실습생들의 대인관계 기술에 초점을 두는 것이 적합하다. 실습 중기와 종결기에는 클라이언트 체계 개입을 위한 일반적 기술에 중점을 두고 특히 종결기에는 종결에 대한 부분을 다루어 준다.

일반적인 실습교육의 목적은 사회사업 전문직으로서 갖추어야 할 지식, 기술 그리고 가치관을 전문가인 자신의 실천 속으로 통합하려 하고, 나아가 이 세 가지 국면들을 전문직 자아의 전체적인 개념과 사회사업 전문가로서 가장 바람직하다고 생각되는 사회사업 실천의 스타일과 통합하려는 것이 되어야 한다. 따라서 실습교육의 최종목적은 자신을 전문적 사회사업가로 성장시키려는 데 핵심이 있다. 그러므로 특히 전문적 발을 위한 교육내용은 중요하게 고려되어야 한다.

1. 전문적 발달을 위한 교육 내용

1) 사회사업 가치 및 윤리에 대한 사명감

- 실습생이 사회사업 전문직의 가치, 윤리, 기능을 이해할 수 있도록 지도한다.
- 실습생이 윤리적 이슈를 구체적으로 인식할 수 있는 과제를 부과한다.
- 실습생이 사회사업 가치에 대한 사명감을 증진하고 실제적으로 가치에 따라서 행동할 수 있도록 자극하고 격려한다.

2) 인간의 다양성에 대한 존중

- 실습생이 인간의 다양성을 이해하고 서로 다른 배경, 사고의 관점, 혹

은 재능을 가진 다양한 사람들과 일할 수 있는 능력을 키울 수 있도록 지도한다.

- 실습생이 지역적, 성별, 신체적 조건에서 오는 차이점과 다양성에 대해서 서로 다른 집단의 차이를 존중하고 강점을 찾을 수 있도록 지도한다.

3) 사회적 및 경제적 정의 증진에 대한 사명감

- 실습생이 특정 집단에 대한 편견이나 선입견을 갖지 않도록 지도한다.
- 실습생이 사회적 억압을 받거나 어려움에 처한 집단을 돕고 이들을 위해서 사회사업 실천기술을 활용할 수 있도록 지도한다.

4) 자아인식

- 실습생이 자신의 강점과 약점에 대해 파악할 수 있도록 지도한다.
- 실습지도 회합에서 실습생의 과정기록을 활용하여 지도한다.
- 실습생이 자신의 발전에 가장 도움이 되는 자신의 약점에 도전하는데 도움이 될 수 있는 과제물을 선택할 수 있도록 지도한다.

5) 전문적 성장에 대한 책임감

- 실습생이 자신의 전문적 성장에 대해 책임감을 갖도록 지도한다.
- 전문적 성장을 위한 다양한 방법들 지도한다(예를 들어, 자기평가, 전문적 조직에 참여, 새로운 문헌 독해, 자문 활용 등)

6) 효과성의 평가

- 실습생이 자신의 활동에 대한 효과성을 평가할 수 있도록 지도한다.
- 평가도구를 활용하여 자신의 과업 달성 및 성취를 평가하도록 한다 (예를 들어, 과제평가서).

2. 행정적 측면의 지식 및 기술

1) 기관의 사명 이해

- 실습생이 기관의 사명과 철학, 클라이언트에 대한 기관의 정책을 이해할 수 있도록 지도한다.

2) 기관의 구조 파악

- 실습생이 기관의 공식적·비공식적 관료제도, 정보가 전달되는 통로와 의사결정이 이루어지는 방법, 클라이언트를 위한 자원에 접근할 수 있는 방법 등 기관의 내적 작용을 이해하도록 지도한다.

3) 관료제도내에서 기능 하는 능력

- 실습생이 조직 내에서 기능 하는 방법을 학습하도록 지도한다. (예를 들어, 직원의 자유재량권을 유지하면서 조직의 목적과 목표를 유지하는 노력, 갈등적 이해관계를 가진 상황 속에서 사정하고 타협하는 노력 등)

4) 기록유지와 기록활동

- 실습생에게 기관 내의 기록양식에 대해서 교육하고 기록을 유지해야 할 필요성을 지도한다.

3. 정책적 측면의 교육 내용

1) 사회복지정책

- 기관에 직접적인 영향을 주는 국가와 지방의 사회복지정책에 대해 지도한다.

2) 지역사회에 대한 지식

- 실습생이 지역사회에 대한 정보의 중요성과 이를 서비스에 적용하는 방법을 이해할 수 있도록 지도한다.

3) 지역사회복지 서비스 전달체계에 대한 지식

- 실습생이 지역사회내의 사회사업 서비스 연계망을 이해할 수 있도록 지도한다.
- 실습생이 조직 간의 관계에 대해서 이해할 수 있도록 지도한다.
- 실습생이 클라이언트를 위한 의뢰절차와 접수과정에 관한 내용을 이해할 수 있도록 지도한다.

4. 기본적 대인관계 기술

- 실습생이 동료들과 일할 수 있는 능력 즉, 협력, 갈등해결, 과업집단에 건설적으로 참여할 수 있도록 지도한다.
- 실습생에게 팀을 이루어 작성해야 하는 집단과제물을 부여한다.

5. 클라이언트체계 개입을 위한 일반적 기술

- 실습생에게 개별면접(클라이언트 개별 사례-1case 배정)과 집단프로그램(집단에의 개입)에 참여할 수 있는 기회를 제공한다.

1) 인간행동 및 다양성에 관한 지식의 적용

- 이에 관련된 지식을 학교에서 가르치고 현장에서는 관련 지식을 개입에 적용하는 기회로서 지식과 행동을 통합하는 기회를 제공한다.

2) 클라이언트와의 면접기술

- 실습생이 클라이언트와의 상호작용을 이끌고, 이해를 전달할 수 있도록 영향을 줄 수 있는 기술을 학습하도록 한다.
- 실습생에게 클라이언트를 문제해결 노력에 참여시키는 것에 관해 지도한다.
- 실습생에게 클라이언트의 특정 문화에 적절한 기술을 적용하는 방법에 대해서 지도한다.

3) 클라이언트체계의 사정 기술

- 실습생이 클라이언트의 사정과 관련된 부분을 학습할 수 있도록 지도한다.

4) 개입 혹은 치료계획의 기술

- 실습생에게 개입계획을 실제 클라이언트를 면접할 때 활용할 수 있는 기술을 지도한다. 예컨대, 개입면접을 이끌어 나가기 위한 대인관계 의사소통을 활용하는 전략, 다양한 자원을 동원하고 활용하는 전략, 구체적인 개입기법들을 적용하는 것 등이다.

5) 개입 및 치료 계획의 적용 기술

- 개입면접을 이끌어 나가기 위해 대인관계 의사소통을 활용하는 전략을 포함한다.
- 경제적 · 물리적 · 사회적 혹은 심리적인 자원들을 동원하는 전략을 포함한다.
- 다양한 구체적 개입기법들을 적용하는 능력을 포함한다.

6) 평가 및 종결 기술

- 실습생이 클라이언트에 대한 개입의 효과를 평가할 수 있도록 지도한다.

- 실습생이 클라이언트와의 종결에 있어서 필요한 기술을 학습하도록 지도한다.

7) 집단에의 개입 기술

- 이 기술에는 지도내용을 선택하고 조직화하는 기술, 명확히 제시하는 기술, 집단의 목적을 추구하기 위해 집단역동을 활용하는 기술 등이 포함된다.

8) 의뢰와 사례관리 기술

- 의뢰기술은 기관이 제공하지 않는 서비스를 찾아서 확보하는 능력이다.
- 이와 관련해서는 잠재적 자원에 관한 지식, 관료주의적 직원들과 타협하는 기술, 필요한 서비스가 제공될 수 있도록 추천하는 인내력 등이 제시될 수 있다.
- 사례관리는 앞의 기술에 부가하여 복합적 서비스 제공자들 사이를 조정하는 관리 및 대인관계의 기술을 필요로 한다.

9) 옹호활동

- 클라이언트를 대신하여 주장하고, 논쟁하고, 흥정하고, 환경을 조작하는 활동이 포함된다.
- 이 기술은 의뢰 기술의 상대적인 확장 및 연장으로서 이를 언제 사용해야 할지를 알아야 한다.

■ 실습지도 과정 및 단계 ■

- 과제중심 실습지도 모델 -

1. 시작 단계(첫 번째 회합)

1) 사회적 단계

① 실습지도자는 학생의 불안을 감소시키고 안전하고 신뢰 있는 실습지도 관계를 발전시키기 위해서 사회사업 계약 기술을 활용한다. 이러한 것에는 환영하기, "신변잡기 이야기"하기, 그리고 학생이 많은 변화(예를 들어, 학교 개강, 기록, 실습 배치에 대한 불안)에 어떻게 대처할 것인가에 대한 간략한 검토 등이 포함된다.

사회적 단계에서 실습지도자는 실습 초기에는 관계 형성에, 실습 중기과 종결기에는 지지적 수퍼비전에 초점을 두어야 한다. 실습지도자는 클라이언트와 관계 형성을 할 때 활용하는 사회사업 계약 기술을 적용한다. 앞에서 제시했듯이 실습지도 회합을 시작할 때 다음과 같은 주제로 시작하는 것은 실습지도자와 실습생의 관계 형성에 도움이 된다.

- 만나서 반가워요.
- 기말고사가 끝난 직후 실습을 바로 하게 되어 힘들지 않은가요?
- 실습 기관에 올 때 교통은 편리한가요?

실습지도자는 감정이입과 정상화 기술을 활용하여 학생의 두려움을 확인할 것이다. 이러한 것은 불안의 수준을 감소시키기 위해서 그리고 실습을 시작하기에 앞서 방해가 될 가능성이 있는 이슈를 겨냥하기 위해서 중요하다. [Kadushin(1992)은 수퍼비전에서 두 가지 요소의 중요성을 논의했다. 즉 기술 개발과 정서적인 지지이다. 관계 형성 단계는 이러한 모델의

실행을 시작하기 전에 학생의 정서적인 욕구에 초점을 맞추는 것이다.]

2) 실습지도에 있어서 표적 목적의 설정

① 표적 목적은 협동해서 선택한다. 세 가지 이상의 목적을 선택해야 한다(실습생들의 개인적인 상황을 고려하여 조정의 여지를 두도록 한다).

- 표적목적을 선택할 때의 고려사항은 본 모델에서 제시하는 핵심적인 내용에 근거하여 선택한다는 점이다. 특히 실습지도가 이루어지는 장소가 지역사회복지관임을 감안할 때, 이러한 핵심적인 내용은 지역사회복지관의 사업 목적과 분야에 중점을 두어야 한다. 실습지도자는 이러한 것에 근거하여 학생과 가장 처음 배우고 싶은 것, 이번 실습 기간 동안 이루고 싶은 목적 등에 관한 논의를 통하여 학습계약(양식2)을 한다.

② 목적들은 우선순위를 매긴다(실천 순서에 따라 순위를 결정한다).

③ 상술한 핵심적인 내용 및 기술에 있어서 전문적인 발달에 대한 부분은 모든 실습생들이 선택하도록 한다.

④ 표적목적은 주 1회 세우도록 한다. 이를 위해서 실습지도자 1명이 4명 정도의 실습생을 담당하며(이는 실습지도자의 업무량과 기관의 상황에 따라 조절되어야 함), 1회합은 30분-1시간 이내로 진행한다.

3) 표적 목적을 달성하기 위한 과제의 개발

① 학생과 실습지도자는 목적을 이루기 위한 과제를 의논해서 함께 결정한다.

② 실습의 시기별로 볼 때, 초기에는 강의를 통한 이론적인 학습에 관련된 과제가 적합하다. 실습 중기와 종결기에는 클라이언트 체계 개입에 직접적으로 관련되는 부분들이 과제로 설정한다.

③ 과제 개발 단계에서 실습지도자는 앞에서 제시한 것과 같이 표적목적에 따라서 구체적인 과제를 개발해야 한다. 이 때 Fortune(1994)이 제시한 실습지도의 핵심적인 내용 및 기술에 근거하여 이러한 다섯 가지 범주가 모두 포함되도록 해야 한다. 또한 이 단계를 원활히 진행하기 위해서

실습생 전체를 대상으로 하는 집단 모임에서는 다음과 같은 부분이 주요하게 다루어야 한다.

- 사회복지사윤리강령에 대해 논의하고 윤리적 딜레마 상황에 대한 토론
- 기관 분석틀과 지역사회 분석틀, 문제해결 모델에 대한 교육
- 팀별 활동(실습생 2-3명으로 한 팀을 구성함)

이러한 부분들은 앞서 언급한 것과 같이 실습 초기에 대부분 진행하는 것이 바람직하다. 또한 클라이언트 체계 개입(개별 사례 및 집단활동프로그램)에 관련된 이론적인 부분도 실습 초기에 교육하도록 한다. 실습 중기와 종결기에는 실제적인 클라이언트 체계 개입을 실시하도록 한다.

④ 과제는 각 목적마다 3개를 기준으로 하되 표적 목적의 설정 단계와 마찬가지로 실습생들의 개인적인 상황을 고려하여 조정한다.

표적 목적에 근거한 과제의 예를 살펴보면 다음과 같다.

■ 전문적 발달을 위한 교육 내용에 관한 과제
· 사회복지사가 내 적성에 맞는지 신중히 생각해 본다.
· 내가 생각하기 싫어하는 나의 단점에 대해서 생각하고 정리한다.
· 사회복지사로서의 나의 강점과 약점을 파악한다.
· 나의 편견과 고정관념에 대해 항목을 작성한다.
· 실습 기간 동안 내가 학습한 부분에 대해서 평가한다.
· 실습일지와 교육자료, 과제를 바탕으로 실습 평가서를 작성한다.

■ 행정적 측면의 지식과 기술을 학습하기 위한 과제
· 복지관의 사업을 분석한 후에 지역사회에 적합한 것인지 확인한다.
· 지역사회복지관의 프로그램에 대해서 구체적으로 파악하고 정리한다.
· 기관의 성향을 파악한다(직원, 복지관 분위기, 기관의 유동인구 등을 관찰한다).
· 사업을 담당하는 사회복지사와 면담을 통해서 사업 현황과 문제점을 파악한다.
· 사업계획서를 읽고 각 사업의 특성을 비교 분석한다.
· 기관분석 보고서를 작성한다.

■ 정책적 측면의 교육 내용에 관한 과제
· ㅇㅇ구의 지역적인 특성을 파악한다(인터넷 검색 실시).
· 지역사회분석 보고서를 작성한다.
· 지역사회분석 보고서를 바탕으로 지역사회의 사용가능한 자원을 정리해본다.
· 지역사회 관련 이론을 한 가지 이상 읽는다.
· 기관에 영향을 미치는 사회복지정책에 대해서 학습한다.

■ 기본적 대인관계의 기술을 학습하기 위한 과제
· 항상 먼저 인사하고 밝은 표정으로 실습생들을 대한다.
· 집단활동프로그램을 계획할 때 함께 의견을 내서 서로 공유한다.
· 지역사회분석을 할 때 필요한 자료를 찾는데 있어서 역할분담을 한다.
· 하루에 한 사람에게 칭찬의 말을 한다.
· 티타임을 가짐으로써 그날의 일들에 관해 토론하고 어려운 점들을 나눈다.
· 동료들이 힘들 때마다 격려의 말을 해준다.

■ 클라이언트 체계 개입을 위한 일반적 기술을 학습하기 위한 과제
· 사회사업 실천론 책에서 문제해결과정이해 및 상담기법, 기록, 집단사회사업방법론을 읽는다.
· 상담면접의 기초, 즉 초기, 중기, 말기 과정을 읽는다.
· 클라이언트의 가정 환경을 파악하기 위해 가정방문을 실시한다.
· 집단활동프로그램을 실제로 진행하기 전에 연습을 해 본다.
· 청소년카페(복지관내 청소년 문화공간)에 일주일에 4회 이상을 방문한다.
· 집단활동프로그램의 참여 대상자와 친밀감의 형성을 위해 매일 청소년카페를 방문한다.
· 클라이언트에게 종결을 알리고 평가를 실시한다.
· 개별 사례 면담을 문제해결모델 적용 사례분석을 통해서 평가해본다.
· 클라이언트와 개별 면담 종결 후 사후관리를 동복지관에 연결시킨다.
· 집단성원과 종결을 준비하고 관계를 마무리한다.
· 집단활동프로그램에 대해서 평가한다.

4) 과제 수행상 나타날 수 있는 장애물에 대한 논의

① 과제 수행의 잠재적인 장애물을 토론한다. 학생은 자신이 당황할 수 있는 상황을 예상해본 후에, 장애물을 해결하기 위한 대안들을 생각해야 한다.

② 역할극이나 복잡한 서류작성을 하는 것과 같은 회합 과제는 학생이 보다 편안한 느낌으로 외부 과제(실습지도 회합 밖에서 실시하는 과제, 예컨대, 실제 실천에서 이루어지는 과제들)를 수행하는 것에 도움이 된다.

③ 이 단계는 실습생들이 클라이언트를 만날 때 일어날 수 있는 상황에 대해서 미리 예측하게 함으로써 여러 가지 대안을 고려할 수 있도록 도움을 주는 것으로 나타났다. 그러므로 실습지도자는 실습생이 과제 수행시의 장애물을 생각하지 못할 경우 적극적으로 이를 유도해야 할 필요가 있다. 실습지도자는 실습생에게 클라이언트를 만날 때 일어날 수 있는 상황에 대해서 질문을 한다. 질문의 구체적인 예는 다음과 같다.

- 과제를 수행할 때 무엇이 문제가 될 것 같나요?
- 과제를 성공적으로 마치려면 무엇이 필요하나요?

5) 실습지도자와 실습생의 학습계약

① 실습지도자와 학생은 학습계약서를 작성한다. 학생과 실습지도자는 함께 목적을 정의하고, 학생과 실습지도자 모두가 실행해야 할 외부 과제에 대한 상호 이해를 해야 한다.

② 실습지도자는 학생에게 클라이언트와의 각 회합 후에 완성해야할 과제평가서를 제공한다.

- 실습지도자는 사회사업 면접에서 필요한 계약기술과 실습생들을 대상으로 지도해야 하는 전문적인 발달을 위한 핵심적인 내용에 대한 지식을 필요로 한다.

2. 중간 단계

(각 회합은 다음과 같은 형식으로 이루어진다)

이 단계는 지속적인 정서적지지, 과제가 성공적인 수행의 여부에 대한 평가, 그리고 사례에 대한 검토를 실시하는 것이 특징이다. 과제 수행의 장애물이 나타나고 이러한 장애물을 다루는 방법들이 공식화될 것이다. 목적 달성을 향한 과정이 논의될 것이다. 과제는 표적 목적을 달성하기 위해서 지속적으로 공식화될 것이다. 외부 과제가 계획되고 이러한 것은 회합의 사이사이에 수행될 것이다.

1) 사회적 단계

2) 과제 검토

① 실행한 과제의 달성 정도를 평가한다. 실습지도자는 과제를 충분히 혹은 완전히 실행한 학생들은 축하해 주어야 한다. 만일 과제가 수행되지 않았다면, 혹은 일부 달성했다면, 실습지도자와 학생은 장애물에 대해서 논의하고, 이러한 장애물을 다루는 방법을 고려하며(장애물을 해결하기 위한 과제를 정할 수 있다), 대안이 될 수 있는 과제를 고려한다.

② 이러한 과정은 실습지도자가 학생과 함께 학생이 매긴 과제평가서(양식3)의 각 과제의 점수에 대해서 논의하면서 진행한다.

3) 표적 목적 설정

일단 과제가 검토되면, 장애물에 대한 논의가 이루어지고, 과정이 평가되며, 다음 계약에 대한 표적 목적을 선택한다. 이는 협동적인 과정이 되어야 한다. 실습지도자는 학생이 실천하려는 목적에 대한 제언을 하고, 학생은 다음 회합 전 까지 달성해야할 세 가지 목적을 고려하고 선택하며 우선순위를 정한다.

4) 과제의 개발

학생과 실습지도자는 목적을 달성하기 위한 과제를 함께 결정한다. 실습지도자는 핵심 내용에 근거하여 목적을 성취하는데 활용할 수 있는 다양한 과제를 제시한다. 또한 학생은 문헌 조사나 생활 경험을 활용할 수 있다. 각각의 목적에 따라 세 가지 과제를 선택한다. 과제가 행동중심 용어로 세분화될 수 있어야 하고, 가능하다면, 경험적이어야 한다(예를 들면, 클라이언트와 감정이입적인 반응들을 활용하는 과제는 클라이언트와의 실천 중에 "아동의 어머니와 최소한 다섯 번"을 하는 것으로 정의한다).

5) 장애물에 대한 논의

① 학생과 실습지도자는 목적을 이루기 위한 과제들을 고려한 후, 과제 수행을 방해할 수 있는 장애물들을 정의한다. 만일 학생이 이러한 장애물들을 생각하지 못할 경우, 실습지도자는 "만일 ...일이 생긴다면"이라고 질문한다.

② 회합 동안 실행하는 과제는 발견된 장애물을 해결하기 위한 새로운 방법들을 실천해 볼 수 있을 뿐만 아니라 나타날 수 있는 장애물들을 예측하는 방법으로서 도움이 된다.

③ 지난 회합 이후 동안 나타난 장애물들을 조사하고, 이러한 장애물을 어떻게 해결할 것인가에 대해서 함께 결정한다.

6) 회합 동안 실행하는 과제

회합 동안 실행하는 과제로는 역할극이나 모델링을 활용할 수 있다. 이러한 방법은 장애물을 규명하고 제시하는데 활용될 수 있다. 또한 실제 실천에서 활용하기에 앞서 실습지도 회합 동안 과제를 연습해보는 것은 학생에게 도움이 된다.

7) 학습계약

세 가지 목적들이 선택되고, 이와 관련된 과제들이(세 가지) 선택되면, 학생과 실습지도자는 학습계약을 완료한다. 목적들은 우선순위가 매겨지고 가장 중요한 순서를 정한다. 또한 학습계약에는 시간제한을 포함한다. 실습지도자는 학습계약서를 작성하고, 과제평가서를 학생에게 제공한다.

- 결정적 사건 기록

실습지도자는 본 연구 모델을 실행할 때 나타나는 장애물, 모델에 도움이 될 수 있는 사건들, 그리고 모델에 대한 제언을 포함한 중요한 사건 보고서를 작성한다.

- 실습지도자는 실습생에게 정서적인 지지를 제공할 수 있는 지지적 수퍼비전에 대한 기술을 물론, 상술한 실습지도의 핵심적인 내용을 지도할 수 있는 이론적인 지식을 필요로 한다.

3. 종결 단계(마지막 회합)

이 단계는 지속적인 정서적지지, 과제가 성공적인 수행의 여부에 대한 평가, 그리고 사례에 대한 검토를 실시하는 것이 특징이다. 앞의 단계들은 관계 형성에 중점을 두었고, 이 단계는 그러한 것을 종결하는 것이 특징이다.

실습지도자는 실습지도 관계의 종결에 대한 자신의 감정을 탐색하고 자신이 어떻게 "종결"을 다룰 것인가를 탐색해야 한다.

1) 사회적 단계

실습생에 대한 지속적인 정서적 지지와 더불어 이 단계에서 실습지도자는 학생들에게 클라이언트와의 회합이 얼마나 남아 있는가를, 그리고 실습지도자와 학생이 함께 해야 할 시간이 얼마나 남았는가를 상기시켜야 한다. 실습지도자는 이러한 종결에 대한 감정을 탐색해야 한다.

2) "종결" 준비

① 실습지도자와 학생은 사례에 대해서 논의하고, 종결에 대한 강한 정서적 반응이 있을 수 있음을 논의한다. 또한 학생은 자신에 어떤 강한 반응을 유발할 수 있는 클라이언트의 질문에 대답할 수 있어야 한다.

② 실습지도자는 적절한 방식으로 학생이 제출해야 할 서류작업을 완료할 수 있도록 학생을 격려해야 한다.

③ 이 단계의 마지막에는 최종 평가를 실시한다. 실습지도자와 학생은 달성한 것과 강점을 논의하고, 지속적인 실천을 위한 표적 목적을 선택하는 시간으로서 평가를 활용해야 한다. 실습과 실습지도자에 대한 학생의 지각과 감정에 대한 학생의 피드백은 적절하게 탐색되어야 한다.

3) 과제 검토

중간 단계를 참고한다.

4) 표적 목적 설정

중간 단계를 참고한다.

5) 과제의 개발

- 과제는 과거의 성공을 탐색하고 성장을 명시하고 강점에 초점을 맞추고 미래에 대한 계획을 개발하고 생산적인 방법으로 종결할 수 있는 내용이 포함되어야 한다.

6) 장애물에 대한 논의

① 중간 단계를 참고한다.

② 이 단계에서 장애물들은 종결 관계에 대한 학생의 감정을 반영할 것이다. 이것은 학생과 함께 규명된 양가감정의 근원과 장애물을 탐색하기 위한 목적에 의해서 과제들을 고려한다. 종결에 대한 양가감정은 클라이언

트와의 관계, 실습지도자와의 관계, 동료집단과의 관계, 혹은 일반적으로 종결에서 나타날 수 있는 생각으로 인한 것이다.

7) 학습계약

중간 단계를 참고한다.

- 결정적 사건 기록

실습지도자는 본 연구 모델을 실행할 때 나타나는 장애물, 모델에 도움이 될 수 있는 사건들, 그리고 모델에 대한 제언을 포함한 중요한 사건 보고서를 작성한다.

- 실습지도자는 실습생에게 정서적인 지지를 제공할 수 있는 지지적 수퍼비전에 대한 기술을 물론, 상술한 실습지도의 핵심적인 내용을 지도할 수 있는 이론적인 지식을 필요로 한다.

참고문헌

강석정. 2001. "브랜드 자산가치의 형성에 미치는 영향요인에 관한 연구". 『마케팅과학연구』 8: 233-267.

김성재 · 김후자 · 이경자 · 이선옥. 2000. 『포커스 그룹 연구방법』. 서울: 현문사.

김영석 · 강내원 · 박현구 공역, 2005. 개혁의 확산. E. M. Rogers. 2003. *Diffusion of Innovations.* 서울: 커뮤니케이션북스.

김용규. 1995. "신제품 확산 모델에 관한 문헌적 연구". 『경영논총』 39(1): 59-83.

김청택 · 김동일 · 박중규 · 이수진. 2002. "인터넷 중독 예방상담 및 예방 프로그램 개발 연구" 정보통신 일반정책연구 02-GP-11.

김홍재. 2005. 『제품연구개발론』. OK Press.

노진영 · 이춘택. 2003. 『학술정보검색』. 도서출판 보성.

박온자. 2005. 『정보원과 정보이용』. 아세아문화사.

박준식. 1998. 『정보서비스론』. 계명대학교출판부.

박준식. 2003. 『참고정보원』. 도서출판 태일사.

배현석 역, 2001. 미디어 내용분석 방법론. (Riffe, D., S. Lacy, and F. Fico. 1998. *Analyzing Media Messages: Using Quantitative Content Analysis in Research*). 서울: 커뮤니케이션북스.

서인해. 2003. "프로그램 개발을 위한 새로운 패러다임: 개입조사 모델 적용 가능성과 과제". 『한국사회복지행정학』 추계학술대회 및 워크샵 자료집. 3-23.

서인해. 2004. "사회복지 프로그램 개발을 위한 새로운 패러다임: 개입조사(Intervention Research)모델의 적용 가능성과 과제". 『한국사회복지행정학』 6(2): 1-26.

서진환. 2004. "정신보건센터의 사회복지 실습과제 개발 연구: 개입연구 방법을 적용한 사례관리 프로그램 개발". 『사회복지연구』 24: 93-124.

성숙진 · 유태균 · 이선우 공역, 1998. 사회복지조사방법론. (A. Rubin, and E. Babbie. 1997. *Research Methods for Social Work*). 서울: 나남출판.

송혜향. 1992. 『메타분석법』. 자유아카데미.

양원석. 2005. 『사회복지 브랜드 전략』. 서울: 나눔의집.

LG 경제연구원. 2006. 성공을 꿈꾸는 한국인이 사는 법. 서울: 청림출판.

오성삼. 2007. 『메타분석의 이론과 실제』. 건국대학교 출판부.

유은광. 1993. "질적 연구방법론과 일상생활 기술적 연구방법". 『간호학회지』 23.

이승원 · 노동조 · 이상렬 · 박현주. 2005. 『인터넷 정보자원 주제별 학술정보검색론 2』, 에듀

컨텐츠.

이시연. 2001. "사회복지전공학부생 실습지도 모델 개발에 관한 연구". 서울여자대학교 사회사업학과 박사학위논문(미간행).

이시연 · 이용창. 2002. "지역협력사업의 현황 및 발전방안에 관한 연구-수서 · 일원지역의 협의회 사례를 중심으로". 『태화임상사회사업연구』 9: 45-82.

이시연 · 최윤정 · 권현진. 2006. "청소년 음주 예방을 위한 포커스집단 연구". 『한국사회복지학』 58(1): 319-346.

이용숙 · 김영천 · 이혁규 · 김영미 · 조덕주 · 조재식. 2005. 『교육현장 개선과 함께하는 실행연구방법』. 서울: 학지사.

이재규 역, 2002. Next Society. P. F. Drucker. 2002. *Managing in the Next Society.* 서울: 한국경제신문.

정무성 역, 2004. 사회복지 프로그램 기획과 관리. (P. M. Kettner, Moroney, R, M., and Martin, L. L. 1999. *Designing and Managing Programs: An Effectiveness-based Approach* (2nd ed.). Sage Sourcebooks for the Human Services, Vol. 11). 나눔의 집.

지은구. 2005. 『사회복지 프로그램 개발과 평가』. 학지사.

최명민 · 현진희 · 전혜성, "의료사회복지사를 소진으로부터 보호하는 요인은 무엇인가?". 『한국사회복지학』 57(4): 343-370.

한국사회복지대학협의회. 1995. 한국사회사업(복지)대학협의회총람.

한국아동학회. 2007. 한국아동학회 소식. 제31호.

한상완. 2000. 『디지털시대의 정보조사제공학』. 구미무역주식회사 출판부.

홍성태. 2003. "마케팅". 강수택 외 68인. 『21세기 지식키워드 100』. 서울: 한국출판마케팅연구소. pp. 104-108.

Abramson, J. S., and A. Fortune. 1990. "Improving Field Instruction: An Evaluation of a Seminar for New Field Instructors." *Journal of Social Work Education* 26(3): 273.

Alter, C., and J. Hage. 1993. *Organizations Working Together.* Newbury Park, CA: Sage Publications.

Andreson, M., and L. Hein, 1987. *Integrated Product Development.* Berlin: Springer-Verlag.

Bailey, D., and K. M. Koney. 1996. "Interorganizational Community-based Collaboratives: A Strategic Response to Shape the Social Work Agenda". *Social Work* 41(6): 602-611.

Bailey-Dempscy, C., and W. J. Reid. 1996. "Intervention Design and Development: A Case Study." *Research on Social Work Practice* 6(2): 208-229.

Bass, F. M. 1969. "A New Product Growth Model for Consumer Durables." *Management Science* 13(5): 215-227.

Berger, R. M. 1986. "Social Work Practice Models: A Better Recipe." *Social Casework: The Journal of Contemporary Social Work* January: 45-54.

Billing, N. S. 1989. Social Work Students as Case Managers: A Model of Service Delivery and Training". *Hospital and Community Psychiatry* 40(4): 411-413.

Bogo, M., and E. Vayda. 1998. *The Practice of Field Instruction in Social Work*. 2nd Edition. New York: Columbia University Press.

Burns, T., F. Creed, T. Fahy, and S. Thompson. 1999. "Intensive versus Standard Case Management for Severe Psychotic Illness: A Randomized Trial". *The Lancet* 353: 2185-2189.

Buse, D. C. 2003. *Functional Adaptation and Skills Training Program for Older Adults with Schizophrenia: A Study of Daily Living Skills Knowledge Aquisition and Retention.* Ph. D. Dissertation. The University of Utah.

Campbell, J. M. 2000. *Becoming an Effective Supervision.* Philadelphia, PA: Accelerated Development.

Capko, J., and R. Anwar. 1998. "Six Steps to Conducting a Successful Focus Group". *Group Practice Journal*, 47: 26-29.

Carroll, M. 1996. *Counseling Supervision.* New York: Cassell.

Caspi. J. 1997. T*he Task-Centered Model for Field Instruction.* Ph.D. Dissertion, School of Social Welfare, State University of New York at Albany.

Chrislip, D. D., and C. E. Larsen. 1994. *Collaborative Leadership: How Citizens and Civic Leaders Can Make a Difference*. San Francisco: Jossey-Bass.

Cohen, J. 1977. *Statistical Power Analysis for the Behavioral Sciences* (Revised Edition). New York: Academic Press.

Comer, E., A. Meier, and M. J. Galinsky, 2004. "Development of Innovative Group Work Practice Using the Intervention Research Paradigm". *Social Work* 49(2): 250-260.

Congdon, R. J. 1977. *Introduction to Appropriate Technology*. Emmaus, PA: Rodale Press. Craven, P. A., and R. E. Lee. 2006. "Therapeutic Interventions for Foster Children: A Systematic Research Synthesis." *Research on Social Work Practice* 16: 287-304.

Craven, P. A., and R. E. Lee. 2006. "Therapeutic Interventions for Foster Children:

A Systematic Research Synthesis." *Research on Social Work Practice* 16: 287-304.

Elliot, R. 1984. "A Discovery-Oriented Approach to Significant Change in Psychotherapy: Interpersonal Process Recall and Comprehensive Process Analysis." in *Patterns of Change: Intensive Analysis of Psychotherapy Process*, edited by L. N. Rice, and L. S. Greenberg. New York: The Guilford Press.

Emery, E. M., G. P. Ritter-Randolph, A. L. Strozier, and R. J. McDermott. 1993. "Using Focus Group Interviews to Identify Salient Issues Concerning College Students' Alcohol Abuse." *Journal of American College Health* 41: 195-198.

Fairweather, G. (1967). *Methods for Experimental Social Innovation.* New York : John Wiley.

Fairweather, G. W., and L. G. Tornatzky, 1977. *Experimental Methods for Social Policy Research.* Oxford, England: Pergamon Press.

Fawcett, S. B., Matthews, R. M., and Fletcher, R. K. 1980. "Some Promising Dimensions for Behavioral Community Technology". *Journal of Applied Behavior Analysis* 13: 505-518.

Fawcett, S. B. 1990. "Some Emerging Standard for Community Research and Action." pp.64-75. *in Researching Community Psychology: Integrating Theories*, edited by P. Tolan, D. Keys, F. Uhertok., and L. E. Jason. Washington, DC: American Psychological Association.

Fawcett, S. B. 1991. "Some Values Guiding Ccommunity Research Action." *Journal of Applied Behavior Analysis* 10: 739-746.

Fawcett, S. B., Y. Suarez-Balcazar, F. E. Balcazar, G. W. White, A. L. Paine, K. A. Blanchard, and M. G. Embree, 1994. pp. 25-56. *in Intervention Research: Design and Development for Human Service*, edited by J. Rothman and E. J. Thomas. New York: Haworth Press.

Feist, S. C. 1999. "Practice and Theory of Professional Supervision for Mental Health Counselors." *Directions in Mental Health Counseling* 9(9): 105-120.

Fischer, J. 1978. *Effective Casework Practice: An Eclectic Approach.* New York: McGraw-Hill.

Flanagan, J. C. 1954. "The Critical Incident Technique." *Psychology Bulletin* 51: 327-357.

Ford, R. C., S. A. Bach, and M. D. Fottler. 1997. "Methods of Measuring Patient Satisfaction in Health Care Organizations." *Health Care Management*

Review 22: 74-89.

Forness, S. R., and K. Kavale, 1994. "Meta-Analysis in Intervention Research-Methods and Implications", pp. 117-132. *in Intervention Research: Design and Development for Human Service*, edited by J. Rothman, and E. J. Thomas. New York: Haworth Press.

Fortune, A. E. 1985. "Planning Duration and Termination of Treatment". *Social Service Review* 59(4).

Glaser, B., and A. Strauss. 1967. *The Discovery of Grounded Theory.* Chicago: Aldine Publishing Company.

Glass, G. V. 1976. "Primary, Secondary and Meta-Analysis in Social Research." *Educational Researcher*, 5: 351-379.

Glass, G. V., B. McGaw, and M. L. Smith. 1981. *Meta-Analysis in Social Research.* Beverly Hills, CA: Sage.

Goodyear, R. K., and M. L. Nelson. 1997. "The Major Formats of Psychotherapy Supervision." pp. 328-344. in *Handbook of Psychotherapy Supervision* edited by C. E. Watkins Jr. New York: John Wiley & Sons.

Gottman, J. M., and H. J. Markman. 1978. "Experimental Designs in Psychotherapy Research." in *Handbook of Psychotherapy and Behavior Change* edited by S. L. Garfield, and A. E. Bergin. New York: John Wiley.

Gray, B. 1989. *Collaborating: Finding Common Ground for Multiparty Problems*. San Francisco: Jossey-Bass.

Hang, M. R. 1971. "Notes on The Art of Research Management." pp. 198-210. *The Organization, Management, and Tactics of Social Reseach*, edited by R. O'Toole. Combridge, MA: Schenkman.

Havelock, R. G. 1973. *Planning for Innovations through Dissemination and Utilization of Knowledge.* Ann Arbor: Institute for Social Research, University of Michigan.

Haynes, R., G. Corey, and P. Moulton. 2003. *Clinical Supervision.* CA: Brooks/Cole-Thomson Learning Inc.

Hemming, M., and Yellolees, P. 1997. "An Evaluation Study of Clinical Case Management Using Clinical Case Management Standards". *Journal of Mental Health* 6(6): 589-598.

Herson, M., and D. H. Barlow. 1976. *Single-case Experimental Design: Strategies for Studying Behavior Change.* New York: Pergamon Press.

Jenkins, S. 1990. "Developmental Research: Model or Method?." pp. 218-221. in

Advances in Clinical Social Work Research, edited by L. Videka-Sherman, and W. J. Reid. NASW PRESS.

Kadushin, A. E. 1992. *Supervision in Social Work*. New York: Columbia University Press.

Kanz, J. E. 2001. "Clinical-Supervision.com: Issues in Provision of Online Supervision." *Professional Psychology: Research and Practice* 32(4): 415-420.

Koopmans, J. 1995. "The Use of the Reflecting Team to Enhance Student Learning." pp. 229-233. in *Social Work Field Education: Views and Visions*, edited by G. Rogers. Dubuque, Iowa: Kendall/Hunt.

Kraener, H. C. 1981. "Coping Strategies in Psychiatric Clinical Research." *Journal of Consulting and Clinical Psychology* 49: 309-319.

Krippendorff, K. 2004. *Content Analysis: An Introduction to its Methodology*. 2nd Edition. Thousand Oaks: Sage Publications, Inc.

Krueger, R. 1994. *Focus Group Interviews: A Practical Guide for Applied Research*. CA: SAGE Publication, Inc.

Krueger, R. 1998. *Analyzing and Reporting Focus Group Results*. The Focus Group Kit 6. CA: SAGE Publication, Inc.

Liddle, H. A. 1991. "Training and Supervision in Family Therapy: A Comprehensive and Critical Analysis." pp. 638-697. in *Handbook of Family Therapy*, edited by A. S. Gurman, and D. P. Kniskern. New York: Brunner/Mazel.

Liddle, H. A., and R. C. Schwartz. 1983. "Live Supervision/Consultation: Conceptual and Progmatic Guidelines for Family Therapy Trainers." *Family Process* 22(4): 477-490.

Marlow, C. 2001. *Research Methods for Generalist Social Work*. 3rd Edition. Belmont, CA: Books/Cole.

Marshall, C., and G. Rossman, 1989. *Designing Qualitative Research*. Newbury Park, CA: Sage.

Mayadas, N. S., and W. D. Duehn. 1977. "The Effects of Training Formats and Interpersonal Discriminations in the Education for Clinical Social Work Practice." *Journal of Social Service Research* 1(2): 147-161.

Montalvo, B. 1973. "Aspects of Live Supervision." *Family Process* 12: 343-359.

Morgan, D. L. 1998. *The Focus Group Guidebook*. The Focus Group Kit 1. CA: SAGE Publication, Inc.

Mullen, E. J. 1983. "Personal Practice Models in Clinical Social Work." *Handbook of Clinical Social Work*, editedy by A. Rosenblatt & D. Waldfogel. San

Francisco: Jossey-Bass.

Mullen, E. J. 1994. "Design of Social Intervention." *in Intervention Research: Design and Development for Human Service*, edited by J. Rothman, and E. J. Thomas. New York: Haworth Press.

Muller, E. J. 1978. "The Constraction of Personal Models for Effective Practice: A Method for Utilizing Research Finding to Guide Social Interventions. *Journal of Social Service Research* 2(1): 45-63.

Naleppa, M. 1995. "Task-Centered Case Management for the Elderly in the Community: Developing a Practice Model." Ph.D. Dissertation, School of Social Welfare, State University of New York at Albany.

Neuendorf, K. A. 2002. *The Content Analysis Guidebook*. Thousand Oaks: Sage Publications, Inc.

NOHSC, 2003. *Evaluating Government OHS Interventions*. A one day NOHSC Workshop, 14 May 2003, Canberra. http://www.nohsc.gov.au/Research Coordination.

Paine, S. C., G. T. Bellamy and B. Wilcox, 1984. *Human Services That Work: from Innovation to Standard Practice*. Baltimore: Poul H. Brookes.

Patti, R. J. 1981. "The Prospects for Social R & D An Essay Review." *Social Work Research & Abstracts* 17(2): 38-44.

Patton, M. Q. 2002. *Qualitative Research and Evaluation Methods*. 3rd Edition. Thousand Oaks: Sage Publications, Inc.

Protinsky, H. 1997. "Dismounting the Tiger: Using Tape in Supervision." pp. 298-308. *in The Reasonably Complete Systemic Supervisor Resource Guide*, edited by C. L. Storm, and T. C. Todd. Needham Heights, MA: Allyn & Bacon.

Rapp, C. A., and R. Chamberlain. 1985. "Case Management Services for the Chronically Mentally Ill". *Social Work* 30: 417-422.

Reid, W. J. 1978. *The Task-centred System*. New York: Columbia University Press.

Reid, W. J. 1979. "The Model Development Dissertation." *Journal of Social Service Research* 3: 215-225.

Reid, W. J. 1985. *Family Problem-Solving*. New York: Columbia University Press.

Reid, W. J. 1988. "Evaluating an Intervention in Developmental Research." *Journal of Social Service Research* 11(1): 17-37.

Reid, W. J. 1992. *Task Strategies: An Empirical Approach to Clinical Social*

Work. New York: Columbia University Press.

Reid, W. J. 1994. "Field Testing and Data Gathering of Innovative Pracitce Interventions in Early Development." *in Intervention Research: Design and Development for Human Service*, edited by J. Rothman, and E. J. Thomas. New York: Haworth Press.

Reid, W. J., and L. Epstein. 1977. *Task-centered Practice*. New York: Columbia University Press.

Rogers, E. M. 2003. *Diffusion of Innovations*. New York: Free Press.

Rogers, E., and F. F. Shoemaker, 1971. *Communication of Innovations*. New York: Free Press.

Rooney, R. H. 1994. "Disseminating Intervention Research in Academic Settings: A View from Social Work." pp. 353-369. *in Intervention Research: Design and Development for Human Service*, edited by J. Rothman, and E. J. Thomas. New York: Haworth Press.

Rothman, J. 1974. *Planning and Organizing for Social Change: Action Principles from Social Science Research*. New York: Columbia University Press.

Rothman, J. 1980. Social R and D. Englewood Cliffs, NJ: Prentice-Hall.

Rothman, J. 1980. *Social R and D: Reserch and Development in the Human Service*. New Jersey: Prentice-Hall. Inc.

Rothman, J. 1990. "Modes of Research for the Development of Interventions." pp. 222-227. *In Advances in Clinical Social Work Research*, edited by L. Videka-Sherman, and W. J. Reid. Washington, DC: NASW Press.

Rothman, J. 1994. "Planning for Intervention Research." pp. 83-98. *in Intervention Research: Design and Development for Human Service*, edited by J. Rothman, and E. J. Thomas. New York: Haworth Press.

Rothman, J. 연도미상. "Intervention Research." http://www.edu/home/marson/intervention-research/html.

Rothman, J., J. Damron-Rodriguez, and E. Shenassa, 1994. "Systematic Research Synthesis: Conceptual Integration Methods of Methods of Meta-analysis." pp. 133-154. *in Intervention Research: Design and Development for Human Service*, edited by J. Rothman, and E. J. Thomas. New York: Haworth Press.

Rothman, J., and E. J. Thomas. 1994. *Intervention Research: Design and Development for Human Service*. New York: Haworth Press.

Rothman, J., and A. Tumblin. 1994. "Pilot Testing and Early Development of a

Model of Case Management Intervention." pp. 215-243. *in Intervention Research: Design and Development for Human Service*, edited by J. Rothman, and E. J. Thomas. New York: Haworth Press.

Royse, D, B., A. Thyer, D. K. Padgett, and T. K. Logan 2001. *Program Evaluation : An Introduction*. 2nd Edition. Belmont, CA: Books/Cole.

Rubin, A., and E. Babbie. 1997. *Research Methods for Social Work* (3rd ed.). Pacific Grove, CA:Brooks/Cole Publishing Company.

Sackett, D. L., S. E. Straus, W. S. Richardson, W. Rosenberg, and R. B. Haynes. 1997. *Evidence-Based Medicine: How to Practice and Teach EBM*. 2nd Edition. Edinburgh: Churchill Livingstone.

Shadish Jr., W. R., T. D. Cook, and L. C. Leviton. 1991. *Foundations of Program Evaluation*. Newbury Park: Sage.

Scherl, C. R., and J. Haley. 2000. "Computer Monitor Supervision: A Clinical Note." *American Journal of Family Therapy* 28(3): 275-282.

Schmidt-Posner, J., and J. M. Jerrell. 1998. "Qualitative Analysis of Three Case Management Programs". *Community Mental Health Journal* 34(4):381-392.

芝野松次郎(Shibano, M). 2002. 『社會福祉實踐モデル開發の理論と實際』 有斐閣.

Smith, R., D. Mead, and J. Kinsella. 1998. "Direct Supervision: Adding Computer-Assisted Feedback and Data Capture to Live Supervision." *Journal of Marital and Family Therapy* 24(1): 113-125.

Stewart, D. W., and P. N. Shamdasani. 1990. *Focus Groups: Theory and Practice*. CA: SAGE Publication, Inc.

Strauss, A., and J. Corbin. 1998. *Basics of Qualitative Research: Techniques and Procedures for Developing Grounded Theory*. 2nd Edition. CA: SAGE Publication, Inc.

Thomas, E. J. 1978. "Generating Innovation in Social Work: The Paradigm of Developmental Research." *Journal of Social Service Research*. 2: 95-115.

Thomas, E. J. 1984. *Designing Interventions for the Helping Professions*. CA: Sage Publications, Inc.

Thomas, E. J. 1985. "Design and Development Validity and Related Concepts in Developmental Research." *Social Work Research & Abstract* 21(2): 50-55.

Thomas, E. J. 1989. Advances in Developmental Research. *Social Service Review* 63: 578-598.

Thomas, E. J., and J. Rothman, 1994. "An Integrative Perspective on Intervention Research." pp. 3-23. *in Intervention Research: Design and Development for Human Service*, edited by J. Rothman, and E. J. Thomas. New York: Haworth Press.

Videka-Sherman, L. 1988. "Metaanalysis of Research on Social Work Practice in Mental Health." *Social Work* July-August: 325-338.

Von Hippel, E., S. Thombe, and M. Sonnack. 1999. "Creating Breakthroughs at 3M." *Harvard Business Review* 77:3-9.

Weber, R. P. 1990. *Basic Content Analysis*. 2nd Edition. Newbury Park: Sage Publications, Inc.

Whang, P. L., R. K. Fletcher, and S. B. Fawcett 1982. "Training Counseling Skills: An Experimental Analysis and Social Validation." *Journal of Applied Behavior Analysis* 15: 325-334.

찾아보기

[ㅇ]

[ㅈ]

[ㅎ]

〈기타〉

[저자 약력]

• 홍순혜
이화여자대학교 영어영문학(사회사업학 부전공) 학사
서울대학교 사회복지학 석사
미국 미네소타대학교 사회복지학 박사
〈현재〉 서울여자대학교 사회사업학전공 교수
〈저서〉 학교와 사회복지실천(공저), 가족복지론(공저)
빈곤아동과 삶의 질(공저), 영화와 사회복지(공저)
학교사회사업: 효과적 개입방법과 실천방안(공역)

• 이시연
서울여자대학교 사회사업학 학사, 석사, 박사
태화사회복지연구소 연구원
〈현재〉 서울장신대학교 사회복지학과 교수
〈저서〉 사회복지실천기술론(공저), 임상사회사업(공역)

개입연구

2007년 6월 5일 초판인쇄
2007년 6월 10일 초판발행

저 자 홍순혜 · 이시연
발행인 유 성 렬
발행처 **청목출판사**
서울특별시 영등포구 신길동 233-96
전화 (02) 849-6157(代) · 2820
FAX (02) 849-0817
등록 제318-1994-000090호

파본은 바꾸어 드립니다. 값 15,000원

http : //www.chongmok.co.kr

이 책의 무단전재 또는 복제행위는 저작권법 98조에 의거, 3년 이하의 징역 또는 3,000만원 이하의 벌금에 처하게 됩니다.

ISBN 978-89-5565-196-6